シナリオ構造論

野田高梧

FILM ART
フィルムアート社

シナリオ構造論　目次

序説

概論

基本 I

基本 II

序説

映画の発生

絵といい、彫刻といい、音楽といい、あるいはまた文学といい、演劇といい、いずれも三千年、四千年の歴史をもっているのに、映画は誕生後まだ六十年にもならない。

ことにそれが「声」をもつに至ってからの歴史は、やっと二十年に手がとどいたばかりである。問題はそれが若いという点にある。

エジソンとリュミエール兄弟とどっちが先であったか、それはこの場合たいして問題にならないが、ともかくも十九世紀の末に、それまではスクリーンの上に静止していた幻灯の映像が、突如として実物さながらに動きはじめたということは、おそらく彼等発明者たち自身でさえ予期しなかったであろうほどの、素晴しい、大きな出来事であった。

その発明が人類にもたらした功績のうち、わけても大きな二つの功績は、それの「動く写真」としての独特の記録性が、近代の科学、わけても医学や理学や工学などの、進歩の上に貢献しつつあるその大きな利用価値と、もう一つは、それ以上に、直接民衆を対象とする文化材として、いいかえれば「動く写真」というような形而下的な存在としてではなく、「まとまった観念」を内包する形而上的な存在として、民衆のこころの奥に確固たる地盤を占めるに至ったそのことである。

映画史のつたえるところによるとルイとオーギュストのリュミエール兄弟は、彼等の発明後ほんの七、八年しかたたない時期において、すでに次のような嘆声を発したといわれている。

——一九〇〇年以後シネマトグラフの応用は演劇をめざして進み、舞台演出の真似をはじめたので、その用意をしていなかった自分たちは、ついに製作を中止するよりほか仕方がなかった——。

この言葉は、つまり、ジョルジュ・メリエスやレオン・ゴーモンやシャルル・パテなどという当時の新人たちが、シネマトグラフの性能をその原始的な状態から解放して、将来のそれの在り方に向かって進めはじめたことに対するリュミエール兄弟の驚嘆の表明であったともみられよう。

発明の当初、試作品として公開されたフィルムは、エジソンのヴァイタスコープの場合では、渚に砕ける波だとか、そのころ評判だったドロリタという女のダンスだとか、大男と小男の拳闘だとか、あるいはまたクシャミで紙きれを吹きとばすフレッド・オットーという男の顔、これは偶然にも世界最初のクローズアップになったといわれているが、等々、せいぜい三十五フィートから五十フィートぐらいまでのものだったと伝えられているし、リュミエール兄弟のシネマトグラフの場合にしたところで、彼等の写真工場の女工たちが羽飾りのついたボンネットをかぶって「まるでゾラの小説のなかにでも出てきそうな恰好で」その工場から出てくるところだとか、駅に到着する列車の動きだとか、海水浴の風景だとか、これとてもまた十七メートル前後の簡単な実写にすぎなかったといわれている。

当時、リュミエール兄弟のその新しい発明品に心をひかれたジョルジュ・メリエスが、それを種に一儲けしようと考えて、その権利の譲り受けを申し込んだのに対して、オーギュスト・リュミエールは、かえってメリエスの投機心を懸念して、この発明品は今のうちこそ科学的な珍らしさもあって、多少は金儲けの材料にもなろうが、おそらくそれ以上の商業性があるとも考えられないから、うっかりするとあなたは破産するかも知れないと、まじめな顔で忠告したという話がのこっている。

このオーギュストの忠告は、彼がその発明品の持つ形而下的な価値のみを重くみて、それの形而上的な面における将来性を見通し得なかった過誤から出ているものだというべきであろう。とすれば、彼等が発明した「動く写真」は、それが発明されたというその事よりも、むしろ、それの持つ特性を駆使することによって、「まとまった観念」を伝達させ得るということを発見したその発見の方に、より多くの文化的な意義があるといっても決して過言にはなるまい。

とはいえ、しかし、リュミエール兄弟にしてからが、公然そういう事に無関心だったわけではない。私の聞いている範囲では、「作為」のあるいわゆるストーリー・フィルムなるものを世界で最初に作りはじめたのも彼等であり、たとえばそれは次のような類のものであったといわれている。

——撒水夫がホースで水を撒いているところへ、子供が来て、そのホースの一端をふむ。水が出なくなる。撒水夫がホースの筒口を覗《のぞ》く。と、子供が足をはなすので撒水夫が濡れ鼠になる——。

これは一八九五年の十一月十六日、ソルボンヌで映写された世界最初の公開作品のなかの一つだが、さらに一八九七年（明治三十年）三月、東京神田三崎町の川上座で、「自動幻画」という名称で公開されたリュミエール作品のなかにも『悪の報ひ』という大げさな題の、次のような一巻があった。一巻とはいっても、勿論《もちろん》これも十七メートル前後のものである。

——一人の男がベンチに腰をかけて新聞に読み耽っている。と、もう一人の男が来てその男のポケットからはみ出しているハンカチに何かいたずらをし、知らん顔でそのベンチの一方に腰をおろす。新聞の男はやがて汗を拭こうとしてハンカチをとりだし、いたずらがしてあるのに驚いてハッと立ちあがる。その途端にベンチが跳ねあがって、相手の男がモンドリ打ってころげおちる——。

今から見れば一顧にさえ値しないようなこんな簡単な作品も、しかし見方によっては、リュミエール自身無意識のうちに、早くもシネマトグラフの性能をそれの写真的範疇から解き放して、今日の映画の在り方に向かって一歩をふみださしめた試みの一つであったとも考えられよう。

つづいて、一九〇〇年の秋、ジョルジュ・メリエスが二十の「動く画面」をつなぎあわせて『シンデレラ物語』“Cinderella”を作りあげた時には、たといそれが、その有名な物語の「動く挿画」のようなものにすぎなかったにしろ、もはやそれは単なる「動く写真」ではなくて、メリエス自身「人為的に配列された場面群」と呼んでいるように、それら二十のショットから成る「動く画面」によって構成された一つの「まとまった観念」の表出であったと考えるべきであろう。その『シンデレラ物語』は次のような構成を持っているものであった。

1　台所で働くシンデレラ
2　仙女（フェアリー）
3　鼠が馬に変わる
4　南瓜が馬車になる
5　宮殿の舞踏会
6　真夜中を告げる時計
7　シンデレラの寝室
8　時計の踊り
9　王子と銀の靴
10　シンデレラの代母
11　王子とシンデレラ
12　教会への到着
13　結婚式

14　シンデレラの姉達
15　王様
16　結婚式の行列
17　結婚式の舞踏会
18　天球
19　変身（トランスフォーメーション）
20　シンデレラの勝利

なお、これにつづいて彼が製作した『ジャンヌ・ダルク』“Jeanne d'Arc”は十二の画面、『クリスマスの夢』“La Songe de Noël”は二十の画面、そして更に一九〇二年の『月世界旅行』“Voyage dans la Lune”は『シンデレラ物語』の約二倍の長さで八二五フィートもあり、三十の画面から成っていて、そこまで進むともはやそれは単なる挿画的な画面の配列以上に、立派に一つの物語を構成しているものであった。

1　天文学倶楽部における会議
2　月世界調査旅行の計画
3　工場。ロケットの建造

4　煙突の林立する鋳造所、巨砲の鋳造
5　ロケットに乗り込む天文学者たち
6　巨砲に装塡されるロケット
7　発射。見送る人々
8　月へ向かっての空中飛行
9　月の「眼」へ
10　月世界到着
11　火口原。爆発する火山
12　北斗七星、双子座、土星など
13　大吹雪
14　火口を降りる
15　大きな茸の岩窟
16　月世界の人々
17　捕虜になる学者たち
18　月世界の王国、軍隊
19　脱走
20　追跡

21　月世界からの脱出
22　落下
23　大洋へ墜落
24　海底
25　救助
26　祝賀の行列
27　歓迎と賞讃
28　海兵隊と砲車隊の行進
29　記念碑除幕式
30　歓呼する群集

エジソンの場合にしても、一九〇二年には、彼の協力者の一人であったキャメラマンの、エドウィン・ポーターが九つの画面から成る全長五〇〇フィートの『アメリカの消防夫の生活』"The Life of an American Fireman"を作っている。

1　消防署の署長室

夕刊をよみ終わった署長が事務机の前でうとうとしている。その画面の壁の部分に別の画面が円形の枠のなかに現れる。そこでは母親が赤ん坊を寝かしつけている。その傍のガスの火がカーテンに燃え移る――。この二重露出の方法は特に「夢の風船」"dream-balloon"と呼ばれ、一般に、人物の心理とか夢とかを表現する技法の一つとして、その後もしばらく用いられたものであった。――やがて署長は目をさますと不安そうに室内を歩き回る。

2　街路の火災報知器の接写

そこへ男の手が現れて、その蓋をあけ、鈎《かぎ》をひいて電流を通じる。

3　消防署の寝室

一列にならんだベッドで眠っている消防夫たちが警報を聞いて飛びおき、たちまち身仕度を整えて、中央の穴の真鍮の柱を伝わって階下へすべり降りてゆく。

4　ポンプ置場

消防夫たちはそこの六つのドアを開いて、急遽、廐《うまや》から馬を引きだし、ポンプにつないで、出動準備をいそぐ。

5　その外景

ドアが真一文字に開かれて、勢い立ったポンプが走り出てくる。

6　現場への道

次から次と先を競って現場へ急行する消防車。

7　火災現場

消防隊がいずれも全速力で続々到着する。ホースからは水が矢のようにほとばしり、梯子が二階の窓にかけられる。

8　室内（寝室）

炎と煙に包まれて右往左往している母親と子供、母親は必死に救いを求めるがついに煙に巻かれて昏倒する。瞬間一人の消防夫がドアを破って現れ、母親を抱いて窓から梯子づたいに救い出す。

9　再び7の場面

救い出された母親は、子供を助けてくれと必死に頼む。消防夫は再び梯子をかけのぼり、やがて無事に子供を救い出して、母親に渡す。母親は両腕にしっかりとその子供を抱きしめる。

これはポーターが、メリエスの作品によって、幾つかの画面の適宜な配列が一つの物語を構成し得るということを暗示され、その暗示に基づいて製作したものだといわれているが、いわばその一つ一つの画面は1と8と9を除いては、単なる実写の断片にすぎないものでありながら、それらを適宜に一定の方向に配列することによって、そこに一つの「筋」（プロット）をまとめあげている点では『月世界旅行』よりも更に幾歩か前進しているものだといえよう。こうなってくると、「動く写真」はいよいよもって単なる「動く写真」とのみは考えられなくなってくるわけである。

ポーターは、それにつづいて更に、序曲を別にして十四の画面から成る一一〇〇フィートの『アンクル・トムス・ケビン』"Uncle Tom's Cabin"を作り、翌一九〇三年には、アメリカ映画史における最初の里程標的作品だといわれている七五〇フィート十四場面の『大列車強盗』"The Great Train

Robbery"を作っている。

この『大列車強盗』は、至るところで非常な人気をよび、どこへ出しても押すな押すなの盛況だったため、早くもそこに目をつけたアドルフ・ズーカーやワーナー兄弟、更にカール・レムレやマーカス・ロウなどという資本家たちが、それを動機として、それぞれ映画製作に乗り出すことになったという曰く因縁のある作品である。

1　ある駅の電信室

ふたりの覆面した賊が侵入してきて電信技師を脅迫し、まもなくその駅を通過するはずの列車に向かって臨時給水の指令書を書かせる。列車がはいって来て止まるのが窓から見える。

2　給水塔附近

臨時給水を終わった列車がやがて動き出そうとすると、それまで水槽の蔭にかくれていた賊の一味がひそかに列車に忍びこむ。

3　郵便車内

ふたりの賊がはいってきて、乗務員との間にピストルの撃ちあいをやり、ついに乗務員を殺して、ダイナマイトで金庫を爆破し、行嚢《こうのう》と貴重品とを奪ってゆく。

4　機関車と炭水車

列車は四〇マイルの速力で走っている。ふたりの賊が郵便車を襲っている間に、他のふたりの賊は炭水車と機関車を襲い、ひとりが機関手をホールドアップしている間に、もうひとりは火夫と格闘をはじめ、炭水車の上で必死に争うが、これもまた火夫を倒して、それを車上から投げおとし、さらに機関手を脅迫して列車を止めさせる。

5　機関車

機関手は賊どもにピストルを突きつけられながら機関車を列車から放して、百フィートほど前方へすすめる。

6　荒野の中

賊は乗客を列車からおろして金品を強奪し、一人の客が逃げようとするとそれを射殺し、空にむかってピストルを放ちながら機関車の方へ走ってゆく。

7　機関車のある所

賊は機関車に乗りこみ、遥か彼方へ逃がれ去ってゆく。

8　数マイル離れた場所

賊はそこで機関車を停め、山の中へ逃げこんでゆく。

9　美しい谷間

賊はその丘の斜面を駆けおりてきて渓流を渡り、馬に乗って荒地の彼方へのがれ去ってゆく。

10　電信室

手足を縛られ、猿轡《さるぐつわ》をはめられた電信技師は苦心の末に、ようやくの思いで発信器のキイを顎で叩こうとするが力つきて気絶する。そこへ彼の娘が弁当をもってきて、彼の縄をほどき、彼は急を告げるためによろめき出てゆく。

11　西部型の酒場

大勢の男女がカドリールを踊っている。そこへ突然、半死半生の電信技師がころがりこんでくる。踊りはたちまち混乱にかわり、男たちはそれぞれ銃を持って飛びだしてゆく。

12　険阻な丘

その丘を馬上の賊の一隊がおどろくべき速さで駆けおりてくると、つづいて一団の人々がそれを追跡してきて互いに馬上の撃ちあいになり、賊のひとりは撃たれて馬から真っさかさまに落ちる。

13　荒野の一角

ようやく追跡をのがれてきた三人の賊が、馬から飛びおりて、行囊その他の盗品を調べはじめる。そして彼等がそのことに夢中になっていると、そこへ追跡者の一団が音もなく忍びより、再び双方必死の争いになって賊どもはすべて殺される。

14　賊の頭目のクローズアップ

物語のなかでは既に殺されてしまった賊の頭目、それはそのころ紐育《ニューヨーク》の十四番街の曲芸小屋に出ていたジョージ・バーンズという俳優が扮していたのだが、この第十四番目の画面では、そのバーンズの扮した頭目が再びクローズアップで現れて、真正面から観客に狙いを定めてピストルを撃つ――。

勿論、当時はまだ一場面を一ショットとして撮影していた幼稚な時代であり、従って右にあげた十四の場面はそのまま十四の画面の配列によるもので、かつ、その最後につけ加えられているクローズアップのように、明らかに見世物的な刺激を与えようとした狙いもあったとはいえ、しかし、ここまで発展して来ると、それはもう立派に現在の映画の在り方と同じ道へ進んで来ていることがわかろう。

かくして、「動く写真」はついにヨーロッパにおいてもアメリカにおいても「映画」としての基盤を固め、爾後《じご》、僅々《きんきん》五十年たらずの間に今日のこの素晴しい成長ぶりを示すに至ったのである。まことに驚くべき成長の速度だといえよう。

映画の文法

映画の成長とともにシナリオもまた成長した。

しかし、それが真に旺盛な成長力を示すに至ったのはむしろ、映画がその見世物的位置から脱けだして、次第に芸術的存在としての方向をたどりはじめたころからであったといえる。年代的にいえば一九二〇年前後からのことである。

抑々《そもそも》シナリオという呼称は文芸復興期（十六世紀）のイタリアにおける即興喜劇Commedia dell'Arteの俳優たちが「劇の主題」や「段取」や「人物関係」などを書きとめておいた覚書をそう呼んだことに発するものだといわれているが、映画の場合におけるシナリオも、その初期においてはほとんどそれと同じ程度の存在たるにすぎなかった。

歴史的には、一九〇三年、ジュール・ルメートルが『ギイズ公の暗殺』“Assassinat du duc de Guise”や『ユリッスの帰国』“Le retour d'Ulysse”などのシナリオを書き、その年エドモン・ロスタンもまたギリシアの神々が下界におりてきて自動車事故で難渋するというようなシナリオを書いたと聞いているが、しかしシナリオ・スタッフという名称が初めて記録にみえるのは、一九〇九年、紐育《ニューヨーク》活動写真会社がそのスタジオを西部に移した際、その移住した一行のなかに「支配人、監督、俳優、脚本部員、大道具……」という一節があるのが最初のようである。

してみれば、映画製作機構内におけるシナリオ部門の独立がそれ以前にあったであろうことは明らかだし、メリエスやポーターが彼等の初期の作品を作った頃にも、覚書程度のシナリオがあったであろうことは想像に難くないが、それにしても、その時分にはそれほどまでに単純だった映画の内容が、今日では、ほとんどいかなる作品でも、シナリオなしでは撮影できなくなったほど複雑になってきたことを思うと、いかに映画がその短い成長期間を無駄にせず、孜々《しし》として、取りこむべきものを取りこみ、育てるべきものを育てつつ、常に新しい発展へ向かって、その若さいっぱいの力で生きつづけてきたかに思いあたる。

問題はそれが若いという点にある。と私が最初に書いたのはそのためであり、私たちが頼みとするのはその若さであり、そしてその若さをわすれては映画はその半分以上の価値を失うものだといってもいい。小説も戯曲もすでに老成の域に達しているのに、ひとり映画のみは今もって若いのである。

いや、若くなければならないのである。
溌剌《はつらつ》と奔放と自由とは若さの持つ特権であり、従って映画の世界ではいろいろなことが刻々として過去に葬られてゆく。たとえば一見確固たるものの如くに考えられているような手法でも、もしそこに一人の天才が現れてそれ以上の手法を創案すれば、それでもうわけなく引っくり返ってしまうのが映画の世界である。

極端な例かもしれないが、普通、映画の場合には、作者自身の主観を直接表明するような、いわば「私映画」とでもいうべき一人称的な表現はあり得ないという考え方が、かつては一種の不文律のように誰もの頭にしみこんでいたにもかかわらず、サッシャ・ギトリーの『とらんぷ譚』"Le Roman d'un Tricheur"のような作品が現れると、その作品の良否やギトリーが天才かどうかは別として、その一見不文律のように考えられていたことも一応くつがえされてしまうのである。参考までにその作品の一節を引いてみるが、これは全編ほとんどサイレント的な手法と形式に終始しているナラタージュ映画で、悪くいえばサイレント映画への逆行とも見られ、主人公たる「僕」の言葉と共に画面が展開し変化するのである。次の一節はその「僕」の少年時代に、彼が小銭を盗んだために夕食の時の茸のご馳走をたべさせてもらえず、そのためにかえって彼だけが命拾いをして、ほかの十一人の家族がみんな茸の中毒で死んでしまう、そのあとの部分である。

――この話が早くも村を一巡した。それがどんな非難を巻きおこしたかはご想像にまかせよう。

葬式の日、僕は十一の棺のあとから頭をさげて歩いたが、不思議に涙は一滴も出なかった。

（葬式のあとについて、坂になった敷石路をおりてゆく少年の彼）

僕は内心、これでは僕が十一人を暗殺したように思われやしないかと大いに不安だったが、折しも僕のうしろで誰かがこんな話をはじめた。

――どうしてあの子だけ死ななかったかごぞんじですか。

――泥棒したからですよ。

その通り、僕は泥棒したから生きていたので、ほかの者は、つまり、正直だったから死んだのだという結論になる。

（ベッドの中で一点をみつめて考えつづけている少年の彼）

その晩、僕は誰もいなくなった家でただひとり寝ながら、正義について、窃盗行為について、僕の考えをまとめようとした。そしてこれは幾分逆説的ではあるが、少くとも、その四十分の思索の間に、僕は僕自身の意見を変化させることが出来なかった――。


勿論、こういう手法が劇映画の常道でないことは誰しも感じるであろうが、しかし、これが一層洗練されてイギリス映画のシネ・ギルド作品『逢びき』“Brief Encounter”（ノエル・カワード原作、デヴィッド・リーン監督）の方法にまで進展してくると、それは明らかに一人称的映画の一つの常法として通用することになる。善良で平凡な中年の細君ローラが、毎週木曜日に汽車で買物に出かけてゆくミルフォードの町で、ゆきずりの男とのふとした交渉から、ひそかに恋愛への冒険に興味を感じ、夫の前をとりつくろって、ひとり木曜日ごとの逢瀬に胸を躍らせるが、男にも細君があり子供があって、結局は男もローラも最後の理性までは失わず、あぶない一線でふみとどまって、ローラはまた何も知らない夫と平和な家庭の細君としておさまる。話としてはただこれだけのものだが、構成としては、ローラが、南アフリカのヨハネスブルグへ行くという男と最後のわかれを告げて家に帰り、子供たちを寝かしつけたあと、ラジオから流れるラフマニノフのピアノコンチェルトを聞きながら、いつものようにクロスワードパズルに耽ける好人物の夫とさしむかいで、自分は繕いものの針を運びながら、男との今日までの数々の逢びきの日の思い出を心で追い、その心の声が、夫には聞こえない彼女だけの追想として、画面と共に展開されてゆくという形をとっている。男はアレックといって、これも毎日、ミルフォードの町へ汽車で通っている病院づとめの医者である。

次の一節はローラが、四度目に男とあって、初めて一緒に食事をし、一緒に映画を見、一緒に駅へ来て、お互いの汽車が出るまでの間、その古ぼけた喫茶店でひとやすみする。その間の描写である。

発車を予告するベル――

ローラ「ああ、あなたの汽車ですわ」

アレック「ええ」

ローラ「乗り遅れると大へん……」

アレック「いやぁ、構いません」
ローラ「どうして？」
アレック「どうって別に……なに、いいんですよ」
ローラ（つとめて気にしないふうに）「――とても楽しかった……。おかげで今日の午後はとても楽しくすごせましたわ」
アレック「僕もです。とても愉快でした。でも、医者の話なんかまでしちゃって、面白くなかったでしょ？」
ローラ「あたくし頭がわるくて、よくわかりませんでした」
アレック「またお目にかかれますね？」
　汽笛が聞える。
ローラ「ああ、あれ向こう側のフォームのでしょ？　あなた、駆けてらっしゃらないと。どうぞあたくしにお構いなく。あたくしの方は少しあとになりますから」
アレック「ね、またお目にかかれますね？」
ローラ「ええ、お目にかかれますとも。なんでしたら日曜にでもレッチワースへいらっしゃいません？　きっと家中で喜んでおもてなししますわ」
アレック「ね、お願いです」
ローラ「なに？」

アレック「次の木曜日、またおんなじ場所で……」
ローラ「さぁ、でもあたくし今度は駄目だと思うんですけど……」
アレック「お願いです、是非……」
ローラ「汽車が出ますわ」
アレック（立上る）「じゃ失礼」
ローラ「駆けてらっしゃらなきゃ」
アレック（手をとって）「さよなら」
ローラ「またあそこで……」
アレック「ありがとう！」
　男が喜んで駆け去るとローラも楽しそうに微笑する。そして立上るとプラットフォームの方へ出てゆく。

プラットフォーム

　ローラはあっちこっちと見て、やっとアレックの姿を見つける。

客車

　窓から上半身をのり出しているアレックが、ローラの方へ手を振る。
　汽笛――。そして列車が動き出す。

プラットフォーム

ローラ、立ったままで手を振り、いつまでも見送っている。

その画面にかぶせて——

ローラの声「私はそこに立ったまま、汽車が見えなくなるまでじっとしていた。暗闇のなかへテール・ランプが溶けこんで見えなくなった。私は想像した。あの人はチューリーの駅でおりて、切符を渡して、町を通って、自分の家につく。ドアの鍵を回すと、奥さんのマドラインが玄関へ出迎える。いいえ、それとも身体の調子がわるくて、二階の自分の部屋に引きこもったままかも知れない。あの人の話だと、奥さんは小柄で、おとなしくて、弱い人だという。私はあの人がカードマ（二人が一緒に食事をした料理店）で奥さんのことを褒めた時、何かヒヤリとした。あの人はそのまま口をつぐんだ。少くとも私にはそう思えた。そしてその時から、何か危険なことが私に起こりそうな気がしてならない……」

向こうの線路を汽車が通り、その濛々《もうもう》たる蒸気が画面いっぱいに立ちこめてローラの姿を包む。

停っている三等車

ローラが来て、のりこむ。

その車内

窓の外を景色が流れ、ローラがそこに腰かけている。

ローラの声「私は一番前の車にのった。一刻も早く家へ帰りたかった。誰か私を見ていた人でもなかったかと、あたりを見回したが、誰も私の秘密を知っていそうもなかった。私はホッとした」
向こう側にいる牧師が、本をひろげて、その本越しにローラの方をじろじろ見る。ローラも本を出す。
ローラの声「一人だけ、向こうの隅に牧師さんがいて、なんとなく私の方をじろじろ見る。私はわけもなく顔が赤くなり、本を出して読むふりをしていた」

レッチウォース駅

降車客が改札口からぞろぞろ出てくる。ローラの姿も見える。
ローラの声「私は汽車が着くまで考えつづけた。もうミルフォードへ行っても二度とあの人に逢うまい……」

街路

ローラが歩いてくる。
女の声「あら、今晩は。ジェッソンさん」
しかしローラの耳にはその声も入らない。
ローラの声「見も知らない行きずりの男とつきあうなんて、それだけでもバカげた下品なことだ……」
ローラはやっと相手の女が近づいたのに気がつき、目をあげて微笑する。
ローラ「あら、今晩は」

そして歩きつづける。

ローラの声「やっと私は元気になった。私は活発に愉快に家へ歩いてきた。私はひとりで空騒ぎしてたのだ。でも、なんでもないことだったんだ」

家の前

ローラ、来て、玄関へ入ってゆく。

（なお、ついでに書き添えておくが、一人称映画のもう一つの例として『湖中の女』“The Lady in the Lake”があげられる。スティーヴ・フイッシャーの脚本、ロバート・モントゴメリーの監督になるもので、キャメラを主人公の眼として、全編を描写している点が一人称映画といわれているゆえんなのだが、しかしそれは単なる演出技巧の上だけのことで、真の一人称映画というべきものではないと私は考えている。）

こういう一、二の例をもってしても、映画の世界における内容と表現には絶えず新しいものが創案され、きのうまでは新鮮だったものが今日は古くなり、きょうは溌剌としているものが、あしたはすでに過去のものになってしまうというような場合が少くないということだけはわかるであろう。そしてそれこそは、映画が誕生後まだ日も浅く、今なお成長の途上にあるということの証拠にもなるのである。

従ってシナリオの場合においても、それの作法と呼ばれるような、方程式的な規準があるはずはなく、むしろ無いのが当然である。

グスタフ・フライタークはその著『劇作法』（末吉寛氏訳）の巻頭に、

――戯曲の作法が確固不動なものでないことはほとんど言うを要しまい――。

と書き、川端康成氏もまたその著『小説の構成』の最初に次のように書いている。

――小説には作法などというものはない、「小説作法」の著者はよくこういいたがるものである。

この初学者にとって極めて残酷な言葉もたしかに一面の真理を持っている――。

そして更に古くは、明治四十二年に出た田山花袋氏の『小説作法』の開巻劈頭《かいかんへきとう》にもまた次のような一節がある。

――いやしくも作法らしいものが頭脳に出来てくれれば、もうその小説は型に嵌《は》まっている。新しい生気をその中から得ることは、もう出来ない。天才は忍耐だとフローベールがいったが、実際忍耐と修練のほかに作法はない――。

戯曲や小説のように、長い過去の歴史の上に育ってきているものにおいてさえ、今なおまだそういうことがいわれているのである。況《いわ》んやシナリオの若さをもってして、早くも「作法」の型に囚われるようなことがあっては絶対にならないし、もし仮に「作法」の存在を認めるとしても、それはそこに作られてゆくシナリオの一作一作が、作っては崩し、崩しては作りつつ、次から次へと進展してゆくための仮の足場のようなものであるべきである。

が、しかし、いま仮に、手近にあるシナリオの幾つかを、その主題や内容には関わりなく、ただ漫然と読みあわせてみると、そこには、主題の扱い方やストーリーの運び方、一節一節の切り方や場面転換の方法、人物の組みあわせや会話の緩急、さてはクライマックスへの盛りあげ方やラストシーンの結び方等々に、一定の法則とはいえないまでもなんとなく共通した約束のようなものがあることが感じられよう。とすれば、その約束のようなものこそ、とりもなおさず作法ではないかという疑問が出てくるかもしれない。

いうまでもなく、その約束のようなもの、それこそ、さきに挙げたリュミエール以来メリエス以来、更にはポーター以来、現在までの作家たちが映画の表現能力を探究しつつ、創案し、失敗し、修正し、そして幾多の苦い経験の上にどうにか今日までに築きあげて来た公約数的な、いわばシナリオの文法とでもいうべきもので、別の名で呼べばそれがシナリオの技術なのである。

では、そういう文法、そういう技術はどういう方法によって築きあげられてきたのであろうか、それを説明するのに私は今シナリオの場合における適当な例を持ちあわせていないので、いささか長くはなるが、小山内薫氏の『脚本の味わい方』という文章のなかからその実例を引用させてもらおうと思う。これはアメリカのチャールズ・キャッフィンがイプセンの『ヘッダ・ガブラー』を解剖したその文章を、更に小山内氏が解説したものの一節である。

第一幕――序の幕

幕のあいたところは、午前の九時頃で、ヘッダとジョージ・テスマンが旅行から帰って来た翌る朝である。しかし、幕が上った時、私達はそんなことは知らないのである。実際、私達はなんにも知らないのである。私達の心は真白な紙と同じようで、これから何か印象を受けようと待ち望んでいるのである。すぐと一つの印象が記される。舞台は明らかに上流の紳士の住居である。快い家具の飾りつけがまず目にはいる。暖かい太陽の光が硝子戸から中へ差しこんでいる。明るくそして晴れ晴れとしている。二人の女が出て来た。一人は女中らしい。

第一段

脚本によると、はいって来たのは伯母のテスマン嬢と女中のベルタである。しかし私達は脚本の「ト書き」を読まないでも、それが分かって来なければならない。すなわち、芝居を見ているだけで、それが知れて来なければならない。そんなら、どうしてそれを知ることが出来るだろうか。しばらく二人の会話を聞いていて、そのうちに手掛かりを得なければならない。しかしそんなことは私達の期待を満足させるに必要な知識のごく一小部分である。今の二人、それからまた他の人物が、だんだんと舞台の上に現れてくる。私達はそれらの人物の話すことやする事に注意する。けれども、この芝居の始まる前に、その人達にどんなことがあったのだか、それをある程度まで知らないことには、その人達の話す事やする事はまるで私達には分らないだろう。それ故に、序の幕は現在を説明するために過去の充分な報告を含んでいなければならない、諸君はイプセンがこの点において驚くべき熟練を得ていることに注意しなければならない。

イプセンは現在の理解に必要なだけしか過去を話さない。決してそれ以上を話さない。しかし、イプセンの特色は、ただに「何を話すか」ということだけにあるのではない。「それをいつ話すか」という点に、優れた特色があるのである。すなわちここでほんの少し話すかと思うと、また他の所でほんの少し話すといったふうである。どうかするとある事がただ暗示されるだけのことがある。それは、一度に十分な知識を与えてしまうと、見物が安心してしまって、かえって舞台の効果が薄くなるからである。

ある種の作者は私達が知りたいと思う過去の事実を不手際にそして明らからさまにさらけ出してしまう。ところが、イプセンはそうしない。巧みに私達の細かい研究を要求するように書く。例えば、この芝居の第一幕を繰り返し幾度でも読んでみるがいい。そして、いつ如何にして、必要なる事実の煉瓦の一片一片が、一軒の家に組み立てられてゆくかを注意するがいい。実際、イプセンにあっては、対話のあらゆる部分がことごとく肝要で、とてもそれを摘要するなどということは出来ない。しかし、まあやってみよう。

一人の貴婦人が散歩服を着て、はいって来る。そのあとから一人の女中が花束を持って来る。そして、その花束をピアノの上に置く。

一番初めの言葉はこうである。二人ともまだ寝ているんだろう、この一言で、私達の注意はすぐと呼び覚まされる。「二人とも」――誰のことだろう、いったい「二人とも」というのは。（第

一段の解説、下略）

第二段

ジョージ・テスマンが空の旅行鞄をさげてはいってくる。親密な挨拶がある。やがて、判事ブラックの名が初めて出る。判事は波止場へ新夫婦を迎えに来ていてくれた。そしてテスマン嬢を家まで送ってくれた。馬車はヘッダが持って帰った箱の山でいっぱいになってしまったのである。このヘッダという名前を初めて私達に紹介するのは、彼女の夫である。そして同時に、しかも無意識に、彼女の贅沢とわがままとを暗示するのも、彼女の夫である――。（以下略）

映画の場合における技術の発見も、全くこれと同じように、一つ一つの作品が次々に分析され解剖されてゆく間に、いつともなくそこに共通の約束、すなわち公約数的な「技術」「文法」が生まれてくることになったのである。しかもそれは、前にも述べたように、決して「かくあるべし」というように固定したものではなくてきょう今この瞬間においてさえ、どこかでより以上に新しい創案がなされつつあるかもわからないものなのである。

――私は自分の小説のなかでどんな法則でも勝手に作り出そうと思っている――

これはヘンリー・フィールディングの言葉だが、この言葉はそのまま直ちにシナリオの場合にも当てはまるかも知れない。

従って、私がこれから述べようとするところのものも、決してシナリオの「作法」ではなく、もししいて作法という言葉にこだわるならば、それは「作法のようなもの」であるにすぎない。とはいうものの、しかし、私は決して既成の技術や文法を軽くみるものではない。

——劇は画や彫刻と同じように文学から離れても存在し得るという主張は、いささか過言ではあるが、しかしただ過言であるというだけで、必ずしも真理を含んでいないものではない。画家は第一に画としての効果を求め、彫刻家は第一に彫刻としての効果を求めるが、それと同じく劇作家が第一に求めるものは劇的効果でなければならない。勿論、他の一面において、造型芸術の多くの傑作がその画としての、あるいは彫刻としての性質以外に、更に詩的な性質を持っていることは拒《こば》めない事実である。いやしくも傑作として認識されるほどのものなら、ただ技術的な効果を現わしている以上に、何物かを持っていなければならない。だからといって、しかしこの技術的な効果なくしては決して傑作として許すことは出来ないのである。画に色調がなく、彫刻の凸凹がなく、ただ詩的な性質を持っているというだけではそれが美しいとはいえないのと同じ理由で、その詩的性質がいかに卓絶していても劇的技術の堅実な構成の上に作られたものでなければ戯曲の傑作とはいえないはずである——。

これは、ブランダ・マシューズがその著『戯曲の発達』の中で述べている言葉だが、シナリオ作家の場合もまた、彼が観客の心に感動を与え得るようなシーンを誤りなく選択し得る技術を会得し得ないならば、彼の原稿用紙の上の文学的才能はついに無用のものとなるであろうし、かつまた、いかに彼がそのシナリオの外形を文学的に豊富に飾り立ててみたところで、それはことごとく徒労に帰するに相違ない。いわば、贅沢を極めた装飾が、誤った設計の上に建てられた建築に対してはなんらの効果を示さないのと同じことである。ここに至ってシュレーゲルの「劇場的天才は一般のいわゆる詩的天才とは性質の違ったものである」という言葉が味わい深いものになってくる。

ところが日本では、どういうものか映画の場合にかぎって、この数年来、批評家などの間に、そういう技術的練達の面が軽くみられ、稚拙な面白さとか素人っぽい良さとかいうものが素朴ということと混同されて、必要以上に偏重される傾きがあった。それは勿論シナリオのいわゆる玄人作家たちが、あまりにも在来の陳套《ちんとう》な内容や技術にのみ頼りすぎて、いささかその不勉強ぶりを暴露した結果による反動でもあろうが、しかしそれにしても、素人っぽさや稚拙さを直ちに素朴という観念に結びつける頭の悪さは、今後充分に反省さるべきであろう。素朴とはあらゆる芸術家が常に心しなければならない芸道の真諦《しんてい》であり、決してつたなさまでもむきだしにするような、そんな生半可なものではない。

それについて、私は次に里見弴氏のある随筆のなかの一節をひく。

——そこへゆくと、科学の方面の仕事の、玄人と素人では、てんで相撲にならないどころか、お話相手もつとまるまい。自己流でやりだした三枚目の盆や五つ目の手提袋が、存外《ぞんがい》何某美術展覧会の工芸部に入選しない限りでもないが、どんなに器用な男だろうと、精密機械の工場にはいって三月や半年ではまだまだやっとお使い小僧の域を脱しまい。外科の手術などでも、三人や五人の患者を殺したおぼえのない医者では信用が薄いくらいのものだ。この方面では熟練ということが絶対にものをいう。稚拙の面白味のある開腹術をうけたり、素人らしいよさのある操縦士の飛行機に乗せられたりして喜ぶ人間はまずあるまい。玄人と素人がはっきり区別される点、科学の仕事は、あぶなげのない感じで頼もしい――。

技術を修得することの重要さについては、さらに項を改めて述べるとして、次にもう一言、付け加えておきたいことがある。

およそシナリオなどというものは、少しばかりの文才と、少しばかりの映画的感覚さえ持ちあわせていれば、いや、映画的感覚などは全然欠けていても、多少とも映画の習慣に馴染《なじ》んでさえいれば、誰にでも一応らくらくと器用に書いてのけられるものであり、見たところ筋も通り、形も一通りは整えられるものかもしれない。更にもっと乱暴ないい方をすれば、ペンと原稿用紙さえあれば、シナリオなどは屁の河童《かっぱ》だといえるかもしれない。

だがしかし、そういう類のシナリオに果たして正鴻《せいこう》なシナリオ的感覚があるであろうか。男の煩悶といえばすぐに酒を呑む場面を思い浮べ、夜更けといえばすぐに犬の遠吠えを空想するような、こんな陳腐なあり合わせの映画的感覚なら、むしろ持ちあわせない方がましである。

この「シナリオ的感覚」という言葉は、あるいは奇異にひびくかも知れない。しかし、私は一般に映画的感覚と総称されているもののなかに、特にシナリオ的感覚と呼ばれるべきものが明らかに存在していると思うのである。

シナリオは、頭で考えているだけでは決して書けるものではない。机に向かってペンをとって、原稿用紙のマス目を一字一行と埋めてゆく間に初めて書けるか書けないかの分かれ目にぶつかるのがシナリオである。書ける時には一行のあとに湧然として次の一行がうかんでくる。が、書けない時には一字の次の一字を探るために、二日も三日も迷うことがあり、迷った末ついにペンを投げすてることさえ稀ではない。そうなっては、いかに百千の理論、百千の手法に通暁していたからといって決して書けるものではない。

ちゃんとしたプロットがあり、コンストラクションもある程度まで予定されていながら、なおかつ時としてこんなふうに手も足も出なくなるのがシナリオである。なぜだろうか。――「シナリオ的感覚」の不足である。

「シナリオ的感覚」というものは、シナリオを構成する文字と文字との間、行と行との間、節と節との間に、溌剌として躍動すべきもので、これなくしては真のシナリオは書けるものではなく、この感覚が枯渇したが最後、その作家はそれっきり一つところに膠着してしまうものだといっていい。

誰にでも書けるはずのシナリオも、妥協なく、誤魔化しなく、常に新鮮な感覚をたたえて真剣に書いてゆこうとするには、なかなかもって容易なわざではないのである。

独創性の基礎

あらゆる芸術上の仕事がそうであるように、シナリオもまた独創をもって第一とする。従って、そこに一定の型などがあってはならないことは当然であろう。

が、しかし、独創とは必ずしもいっさいの伝承的な約束を無視して何もかもを丸裸の第一歩から始めるという意味ではない。芸術上の伝承的な約束というものは、いわば囲碁における定石のようなもので、定石に精通してこそ初めて新しい定石を生み出すことが出来るのである。別の言葉でいえば、それはまた、前にも述べたように芸術上の文法のごときものだともいえよう。文法を知って文法を破るところに真の独創がある。いたずらにそれを無視したために余計な回り道をして、結局はそれと同じところへ戻ってくるというようなことでもあるとすれば、それこそ独創以前の準備行動だけで疲れてしまうというようなことにならないとも限らない。たとえば画を描く場合、素描はいかに描くべきかとか、どの色とどの色とを混ぜ合わせればどういう色が出るかというような基礎的な知識は、決して「型」としてではなく、一つの手段として伝承されていいことである。基礎が固まっていない限り、真に根底のある新しいものが生まれて来るはずはない。まず文法を識《し》ることである。

最近、私は尾形光琳の「鳥類写生帖」なるものを見る機会を得たが、その筆致の精密さは驚くばかりのもので、数十種に及ぶ鳥類の一羽一羽について、頭部、羽部、脚部、尾部などを一つ一つ取り出して詳細に写してあり、たとえばその羽にしても、ひろげた場合、たたんだ場合など色彩筆致ともに細心に描いてあって、全く実物そのままの写生であり、これがあの寛闊《かんかつ》にして瀟洒《しょうしゃ》な「燕子花図屏風」や、「紅梅白梅図」などを描いた人の同じ手に成ったものかと、しばらくはその図巻の前を立ち去りかね、この基礎あってこそ、あの独創的な装飾性への飛躍が自信をもってなされたのであろうと感じたことであった。

ところが、われわれの間にはとかくそういう基礎的なものをおろそかにして、いきなり新奇な独創へ飛びこもうとする無反省な野心がありすぎる。のみならず、稍々《やや》ともすればそういう基礎的な知識を固めることを無視する傾向さえないとはいえない。中には、それがせっかくの個性的なものをへしまげて、独創性を傷つける危険性を多分に持っていると考えている人も少なくないようである。

が、しかし、真の個性とか独創性とかいうものは、それが強ければ強いほど、押さえても押さえきれるものではないのだし、たとい一時は何かの蔭に覆われてその頭角が見失われたかのように感じられようとも、いつかは必ず嶄然《ざんぜん》として、その本性を現わすべきものであろう。そのために基礎的な知識が災いするなどとは考えられない。ルオーとかマチスとかピカソとかいえば、近代のフランス画壇におけるいっさいの伝習的なものを破壊して、真に自由な独創の上にその業績を築きあげた人たちだが、その人たちの基礎的な勉強ぶりについて、春陽会の三雲祥之助氏が次のように述べている。

――ルオーでもマチスでも初期にはアカデミックなオーソドックスな仕事を相当長くしていた。そしてそのオーソドックスな仕事が手に入ったものである。ピカソの少年期に描いた女の子の画でも実にしっかりしたうまいものである。あれほどの根底技術があったればこそ、その技術を捨てなければならないと考えた時に、自信をもって惜しげもなく捨てて他の道の探求にすすめたのである。捨てたというよりも各自の技術それ自身の当然の脱皮かもしれないのである。(中略)

ピカソ、マチスの画風と一般にみなされているものは、彼等の強い個性の上に築き上げられた

数十年間の労作と思索との到達点なのである。（中略）

われわれは彼等がいかに彼等の素質や感覚を造型化したかというところを理解して、自己の仕事の反省の材料にするのは必要なことであるが、基本的な技術もないのに、彼等の到達点から出発しようとするのはとんでもないことである。それはどこまでやっても進歩も飛躍もないある意味での初歩をやっているにすぎないのだ。――

私はこの三雲氏の文章を引用しながら再び光琳の写生帖のことを思い起こすのだが、それと同時にシナリオもまたおなじ道を歩むものだと考えずにはいられない。

真に独創的なシナリオを書こうと思うならば、いたずらに世に誇ることのみに齷齪《あくせく》せず、まずじっくりと根底を固めるべきである。

既往の理論と技術のなかからおのれの血となり肉となるものを伝承することは、やがておのれ自身の独創を燦然《さんぜん》と輝かし出すための準備行動であり、いたずらに災いされることのみを恐れて、受けつぐべきものをすら受けつがないのは愚の骨頂であろう。要はおのれの腹の据え方ひとつである。

これも三雲氏の文章のなかに書かれてあることだが、かつてマチスが研究所を開いた時、研究生たちがみんな一様にマチスばりの画を描きはじめたので、マチスはすぐにその研究所を閉じてしまったという話がある。しかしこれはマチスに過誤があったのではなくて、マチスの力量に圧倒された研究生たちが、簡単におのれの個性を見失ってしまったその弱さがいけなかったのだといえよう。もって他山の石とすべきである。

概論

映画とは

シナリオを書こうと志すひとびとが、何よりも先に知っていなければならないことは、映画とはなんぞやという問題である。

と、こういえば、おそらく誰しも、それを知らないでシナリオを書こうなどと思う者がどこにあるかと反駁したくなるに違いない。が、しかし、事実は、映画の何たるかを見極めずして、あるいは忘れて、シナリオを書こうとする人、または場合が、決して少なくないのである。

シナリオはよく建築の設計図や音楽の楽譜にたとえられる。それについて今ここではっきりいえることは、設計図は決して建築そのものではなく、楽譜は決して音楽そのものではないということである。ところが、シナリオを書こうとする人、または場合は、うっかりするとその設計図なり楽譜なりを直ちに「映画」として考えるような錯覚におちいりがちである。

一九三五年の末に、フランスで、小説家、劇作家、映画のプロデューサー、映画監督、シナリオ作家、キャメラマン、映画俳優、等々、多くの人々に向かって「映画の作者 auteur は誰か?」という質問を出したことがあった。その時に集まった解答は、いずれも興味あるものではあったが、しかし要するにそれぞれの解答者がいずれも自分の属する部門をこそ最も重要なものだとのみ主張して、結局はそれらの解答から、映画の作者が誰であるかを帰納することは出来なかった。その中のシャルル・スパークの解答というのを次に引用してみよう。シャルル・スパークがフランスのシナリオ作家の中でのベテランであることは今更ここで述べるまでもあるまい。

——一つの映画が成功するためには、私はその寄与の四〇%をシナリオ作家に、三五%を俳優に、二五%を監督に、と分かつべきものだと考える。これはいいかえれば、そのどれもが五〇%を持つことが出来ないということである——。

このスパークのパーセンテージの与え方の適否についてはいろいろ議論もあろうが、しかし、どれもが五〇%を持ち得ないという主張に関しては誰しも抗議すべき論拠を持ち得まい。ソヴィエトの全連邦国立映画大学の監督科のテキストの中にも、それと同じ意味のことを述べた一節がある。

——映画は協同労作の結実である。演劇が脚本に従って劇場に上演されるのと同様に、映画はシナリオに従って撮影される。そのシナリオを書くのが作家ないしは映画劇作家、すなわちシナリストである。そして映画は撮影団によって製作され、その撮影団の芸術指導者たる監督が作家の理念を具象化するのである。しかし監督一人だけが映画を作る者だなどと速断してはいけない。映画は監督をはじめ、俳優、美術家、作曲家、キャメラマンなど、すべての関係者の創作力の結実なのである――。

ところが、これが実際の場合になると、シナリオ作家はシナリオ作家で勝手に自分の仕事だけを「映画」だと考えがちになるし、監督は監督で彼が俳優を指導したりキャメラマンを指揮して演出の仕事をすすめてゆくそのことが直ちに「映画」であるかのごとき錯覚におちいりやすい。のみならず、これをキャメラマンの側からみても、対象をキャメラで捉えることそのことが「映画」だと考えがちであるし、俳優にしてもまた彼等が「映画」を作るのだという幻覚を抱きがちなものである。が、しかしいうまでもなく、それらのどれもが映画そのものではないということはわかりきったことであろう。

では、映画とはいったい何をいうのであろうか。

むずかしい理屈はともかくとして、映画とは投影される「動く影」以外のものではない。声も音もいわば声の「影」であり音の「影」である。色彩映画の「色」にしてからが、決して「色」そのものではなく、投影が終るとともにはかなくも消えてなくなる色の「影」以外の何物でもないのである。

もう一歩押していえば、序説の項でも述べたとおり、その「動く影」は単なる活動写真であり、その活動写真が何等かのまとまった観念によって統一された場合が映画であるというべきかも知れない。が、それにしてもその原型が「動く影」であることにおいては変わりはない。従って、映画は一定の形を備えた実在ではなく、それが投影される時においてのみ現れる光と影との流動から生まれる時間的並びに空間的な現象であり、それ故にこそ、また、それが一般に感覚的な存在だといわれているわけでもある。

と、こういえば、その「動く影」なるものこそ、映画製作についてのあらゆる仕事の究極の目標であり、それを別にしてはシナリオもなければ演出もないということが頷けるであろう。

ことにシナリオを書く場合、片時も忘れてならないことは、そのシナリオを基本としておこなわれる演出者の技巧とか俳優の動作とかキャメラの技術などというものは、いずれも究極の「動く影」としての表現を目標としている過程的な操作であり、時としてシナリオの専門家たちが一演出家の技巧や一俳優の技量などを対象として書いているかの如くにみえるのは、さしあたりその方が手段的に便宜だからで、たといそういう場合にしたところで、真の目標としてねらっているものは最後の結実たる「動く影」以外のものではないということである。この事実を常にはっきりと頭に置いていないかぎり、決して立派なシナリオは書けるものではない。

映画美について

以上述べたところから推《お》して、映画の形態上の美しさというものもまた、光と影との流動する間から生まれて来るものだということがわかるであろう。

もっとも、しかし、近代の批評界は、いかなる芸術作品に対しても、それの持つ形態上の美しさ以上に、その題材の特質とか制作の契機とかいう方を重くみて、その形態の内部にひそむ真とか実とかいうものの在り方の中にこそ本当の美しさを見出そうとしている。が、しかし、正しくは、たとえば映画が美しくなければならないということは、それが内包する真とか実とかいうものが形態的にも充分に感覚化され、同時に感覚的なものもまた充分に精神化されて、そこに内容と形態との完全な一致融合があり、その一致融合の間から生まれて来る美しさ、その場合の美しさこそが映画としての本当の美しさであると考えるべきであろう。

要は、ある人生の真実を描かんがために、背徳、不信、醜穢《しゅうわい》、等々の題材が選ばれたとしても、それが芸術として映画的に再構成される以上は、すでに、背徳、不信、醜穢、等々の「現実」からは離脱して、そこに美的感覚を呼びおこすだけの力を持っていなければならないものであり、そうあってこそ初めて芸術作品としての高さも深さも増すものであり、そしてそのためには、すぐれた内容とすぐれた表現とが過不足なくピッタリと結びついて、そこからその作品の美しさが輝き出して来なければならないはずのものである。

ところで、われわれの感覚を主にして考えてみると、絵には絵としての独自の美しさがあり、音楽には音楽としての独自の美しさがあるように、映画にもまた映画としての独自の美しさが感じられる。そしてそういう美しさというものは、なんといっても、それぞれのものの所属する芸術分野における独自の表現形態から一番多く感じられるものであり、いささか誇張したいい方をすれば、絵を習うとか音楽を習うとかいうその「習う」ということの内容も、いわばそういう形態美の表現技術を習得するという意味以外にはないともいえよう。

従って、私がここに述べようとする映画美の問題にしても、要するに、そういう映画の形態上の美しさというものが果してどこから生まれてくるものであるかということ以上には筆を進められない。と、こういえば、前に、映画の真の美しさは、内容と表現との完全な一致からこそ生まれるべきはずのものだといったその言葉と矛盾するようにも聞こえようが、しかしここではあえてその矛盾に目を閉じて、便宜上、しばらくその二つのものを切り放して考えてみたいと思う。というのは、つまりはそれが映画技術の根本をなすものだからである。

——およそ文学において構造的美観を多量にもち得るものは小説である——。

これは谷崎潤一郎氏の言葉だが、私は今この言葉を借りて、いろんな意味で次のように置きかえてみたい。「およそ芸術作品の中で構造的美観を最も多量に持ち得るものは映画をおいて他にはない」と。

これは、しかし、決して単なる言葉の綾としていうのではない。事実、映画ほど他の諸芸術のそれぞれの要素を一つに取りこんでいるものはないのだし、また、その美しさの拠ってきたるところも、それの絵画的な、彫刻的な、建築的な、文学的な、音楽的な、そして更には演劇的なそれぞれの要素が、まず第一には一コマごとの構図を持って一つの動く画面（カット）としてのまとまとまりをもち、次にはそういう画面の幾つかの集成によって一つの場面（シーン）を構成し、更にそういう場面の幾つかの集積が一つの節（シークェンス）を築き上げ、そのうえ更にそういう節の幾つかが積みかさなって、そこに初めて一連のまとまった映画が形づくられる点にかかっているのであり、同時にまたそういう光と影との絶え間ない流動による現象的な構造の間から以外には、映画の形態上の美しさというものは生まれるものではないからである。

そこで更に一歩を進めて、その構造美の拠って来たるところを考えてみると、第一には画面の構図、第二には画面と画面との接続方法、第三にはテンポの緩急、第四には律動感の強弱、第五には部分と全体との比例、第六には適時的な状況の変化、第七には抑揚、第八には調和、第九には量感等々、それらの諸条件が光と影との交流の間に渾然いったいとなって発散するもの、それが映画の外貌の美しさだといえよう。

従って、シナリオの筆もまたそれらのものを探究しつつ進められなければならない。序説に述べた「シナリオ的感覚」なるものの溌剌たる躍動が必要とされるのもそのためであり、シナリオ構成のむずかしさもまたそこにあるのである。

文学性について

映画が、芸術の範疇に入り得るか否かという問題に関してはもはや論議するまでもなかろう。かつてそういう問題について多くの批評家たちが熱心な論争をくりかえしていたことすらが、今からみれば無駄であったとさえいえる。が、しかし、映画とは別に、シナリオそのものの芸術性に関しては、いまなお一部の人たちの間に、不思議な、そして微妙な錯覚が残存しているのではないかと考えられる。

かつてシナリオ文学ということがしきりに唱えられていた当時、それを主張する人々のなかには、シナリオの叙述形式を小説と戯曲との中間のような形にして、それをもってシナリオもまた文学たり得るというふうに考えている人たちがあった。今でもそういうふうに考えている人が全然ないとはいえない。残存している錯覚というのはそのことである。

シナリオの芸術性というものをそういうふうに考えることは、しかし、みずから身を低くしてシナリオの位置を小説や戯曲の下位に列せしめようとするものであり、その人たちが意図している目的とは反対に、かえってその自立性を脆弱ならしめるものだといえる。いうまでもなく、シナリオはシナリオとして何ものにもおもねらず、そのままの姿においてのびのびと成長し、堂々と前進すべきであり、かつて戯曲がそうであったように、そのままでは人目に触れがたい現在の状態から、やがて一般が先方から進んでそれを理解しようとするようになるまで、媚びず、堕さず、謹厳に、冷静に、孜々《しし》としてその質的な向上を目指して精進すべきである。現実の状態が、その持てる力を充分に発揮し得られないような悪い条件を幾つか持っているからといって、何も慌ててみずから詐術を弄するにはあたらない。

しかも現に、つい十五、六年ほど前までは、シナリオが読物として雑誌に掲載されるなどということはほとんどまれであり、わけてもそれを含味熟読しようとする人がどれだけあったかははなはだ疑問であったのに、いまでは毎月の映画雑誌のどれかには必ずシナリオが掲載され、しかもそれが掲載される方が、明らかに雑誌の売れゆきがいいという話さえ聞いている。これが映画雑誌以外のものにまで発表される機会を持つようになるのもあともう一息であろう。が、そのためには、一層その本来の姿を堅持して、ひたすらに自重し精進すべきでこそあれ、決していたずらに功をいそいで、小説や戯曲の糟糠《そうこう》をなめるべきではない。

思うに、映画が常に文学と関連して考えられる第一の理由は、たまたまそれら二つのものが同じ基盤の上に立ち、同じ眼で物を見、同じ耳で物を聞くということに起因するものであろう。が、要するに、文学といい、映画といい（あるいは美術といい、音楽といい）それらはいずれも同一の祖先から出発して、それぞれの異なった家系を立てているものだといえよう。血統は同じでも道統が違うのである。ややともすれば映画を文学と同一基準に置いて考えようとする錯覚は、この二つのものが祖先を同じくしているという点のみを重くみて、それぞれの道統による専門性というものを迂闊《うかつ》に見逃してしまうところから起こっているのであろう。が、わけても映画は文学よりも遥かに若く、今、ようやくその青年期の半ばに手が届きかけたというくらいの時期にあるものであり、それが真の完成の姿に達するまでには、まだこれからどのくらいの年月を必要とするか知れないのである。仮に考えてみただけでも、色彩の問題、立体性の問題等々、今もって割り切れないままになっているものがたくさんある。

勿論、映画は明らかに文学性を持ってはいる。が、しかし、それは決して文学性のみをもって本来の姿としているものではない。絵画的な、彫刻的な、あるいはまた建築的な点などからいえば多分に造型美術的な性質を持っているし、また、そのリズムやテンポなどの点から考えれば音楽性をも多分に併せ持っている。にもかかわらず、主として文学性のみが云々《うんぬん》されがちなのは、両者の対象観照の態度とその発想の様相が、とりわけ近似した立場に置かれているからにほかならない。だから、厳格にいえば、文学性というような、誤解を生じ易い言葉を使うよりは、それをそっくりそのまま芸術性という言葉に置き換える方がいいかも知れない。

が、それはそれとして、ともかくも、映画が文学性を持っているという意味は、決してそれが文学の一分野だという意味ではない。おのずから別のものなのである。それを混同することは文学にとっても迷惑であろうし、映画にとってもまた迷惑な話である。

現在、映画が文学に身を近づけて、そこから何ものかを吸収しようとしているのは、勿論その身を肥やさんがためではあるが、それとても厳密にいえば、直接文学から栄養を摂取しようとしているのではなくて、文学を媒体として、文学以前のものを吸収しようとしているのだという方が正しいであろう。たとえば近頃のアメリカ映画の多くが、そのストーリーを小説や戯曲に借りながら、しかもその原作とははなはだしく相違した様相を示しているのも、いわば、そのことの一つの現れだといえないこともなかろう。勿論、現在の映画の多くが文学に寄生しているという事実は、残念ながらそれを認めないわけにはいかないが、しかし、仮相と実体との差別だけは飽くまでもはっきり認識している必要がある。

従ってシナリオの場合もまた、当然、映画のこの芸術上の位置を離れては考えられないことになる。たとえばそれが活字として発表される場合にしても、ただ単に従来の専門的な形から脱却して、誰にでもわかるような一般的な形に変ったからといって、ただそれだけで急に文学としての位置を占め得るなどと考えたら、それこそ物笑いの種以外の何ものでもあるまい。ジュール・ロマンの『ドノゴ・トンカ』や『リマージュ』、マルセル・パニョルの『セザール』、芥川竜之介氏の『誘惑』や『浅草公園』、更には山本有三氏の『雪』などという作品が、形としては決して奇矯《ききょう》を衒《てら》わず、極めて普通なシナリオの形をとっていながら、なおかつそこに文学作品としての価値を立派に主張し得ていることを思い合わせれば、そこにおぼろげながらでも映画と文学との差を感得することが出来るであろう。

念のために、次に『誘惑』の一節を引いてみよう。

10 前の洞穴の外部。芭蕉や竹の茂ったほかには何もそこに動いていない。そのうちにだんだん日の暮になる。すると洞穴の中から蝙蝠《こうもり》が一匹ひらひらと空へ舞い上ってゆく。

11 この洞穴の内部。「さん・せばすちあん」がたった一人岩の壁の上に懸けた十字架の前に祈っている。「さん・せばすちあん」は黒い法服を着た四十に近い日本人。火をともした一本の蠟燭は机だの水瓶だのを照らしている。

12 蠟燭の火かげの落ちた岩の壁。そこには勿論はっきりと「さん・せばすちあん」の横顔も映っている。その横顔の頸《くび》すじを尻《し》っ尾《ぽ》の長い猿の影が一つ静かに頭の上へ登りはじめる。続いてまた同じ猿の影が一つ。

13 「さん・せばすちあん」の組合わせた両手。彼の両手はいつの間にか紅毛人のパイプを握っている。パイプは始めは火をつけていない。が、見る見る空中へ煙草の煙を挙げはじめる。……

14 前の洞穴の内部。「さん・せばすちあん」は急に立ち上り、パイプを岩の上へ投げつけてしまう。しかしパイプは相変らず煙草の煙を立ち昇らせている。彼は驚きを示したまま、二度とパイプに近よらない。

15 岩の上に落ちたパイプ。パイプは徐《おもむ》ろに酒を入れた「ふらすこ」の瓶に変ってしまう。のみならずそのまた「ふらすこ」の瓶も一きれの「花かすていら」に変ってしまう。最後にその「花かすていら」さえ今はもう食物ではない。そこには年の若い傾城が一人、艶めかしい膝を崩したまま斜めに誰かの顔を見上げている。……

16 「さん・せばすちあん」の上半身。彼は急に十字を切る。それからほっとした表情を浮べる。

これくらいの引例ではほとんど何もわかるまいが、しかし、これは明らかに文学が映画の表現形式を借りて発想されているものだといえる。なおついでに些《いささ》かの蛇足と余談とを付け加えるなら、ジュール・ロマンがシナリオを書くようになったのは、第一次世界大戦のあと、それまで彼が常用していた戯曲という発想形式にあきたらなくなって来たためだという話を、私は芥川氏の生前、氏自身の口から聞いたことがある。そして更に私がその話を聞いたあと、くわしくいえば氏の自殺の数ヶ月前、つまり昭和二年の三月に発表されたものが「或るシナリオ」と傍註された『誘惑』と『浅草公園』との二つの作品だったのである。あれやこれやを思い合わせると、何かそこに芥川文学の行きつくべき最後の形があったように考えられないこともない。

余談はさておきともかくもシナリオが文字をもって書かれ、文章をもって綴られる以上、例えば戯曲が「演劇」を目標として書かれながらなおかつ、「演劇」から独立してそれ自身の立場を持っているように、シナリオもまた「映画」のために書かれながら、それ自身としての独立した立場を持つべきものだと私は考える。

たとえば「彼はよろめいた。彼は空腹だったのである」という文書があったとする。しかしこれは文学的な表現であって、決してシナリオ的な表現ではない。シナリオの場合は「空腹だった」ということが、直接、画面として感じられるように書かれなければならない。「レストランの入口の飾り棚にいろんな料理の見本がならべてある。彼はふらふらとそこに近づく。出て来た客がじろりと彼を見てゆく。彼は飾り棚の料理をじっと見て思わずゴクリと唾をのむ」とでもいうように、勿論これはたいへん拙劣な表現だが、しかしともかくもこんなふうに、目で見ただけで「彼は空腹だった」というそのことが画面として直感されるように、あくまでも客観的に表現しなければならないのがシナリオである。

シナリオが「映画」という媒体を通さずに、「活字」によって直接一般の批判の対象になるということは、勿論シナリオの効用範囲が拡張されることであり、シナリオ作家にとっては、その作品の真価が何ら他の力によって曲げられることなく、そのまま公開の席に登場し得るという意味で、まことに喜ぶべきことであるが、しかし、その場合にしたところで、シナリオが「文学」の範疇に入るべきか「映画」の部門に属すべきかは、もっぱら作品そのものの性質によって決定されるべきものであり、文字として発表されるというただそれだけの理由で、軽々に「文学でございい」と断じ得られるわけのものではなかろう。

よしまた「文学」の範疇に入るにしたとしても、それは前にも述べたように、そしてまた戯曲がそのために何等その本来の形を変えてはいないように、そのことだけのためにその本来の目標たるべき「映画」を忘れて、小説や戯曲に秋波を送るような卑屈な振舞いをなすべきではなく、シナリオはあくまでもシナリオそれ自体として、そのままの形で、旧来の文学のジャンルのなかに、新しいジャンルの創設をこそ要求すべきである。そうあってこそ初めてシナリオ文学という名称も生きてくるのだと私は思う。

大衆性について

映画が大衆性を持つということを、何か映画が堕落することででもあるかのように考えたがる人々がある。勿論、初めから観客に媚びんがために、そしてそこから興行成績を挙げんがために作られるような映画は、決して映画の本道を歩いているものだとはいわれない。

が、しかし、映画製作の膨大な機構というものは、決して観客を離れては存在し得ないものである。よしんば存在し得ると仮定しても、観客を予想しないで映画を考えることはあまりにも奇矯すぎる。映画は観客と結びついてのみ初めてその存在の理由を持つべきものである。

映画の位置を高からしめんがために、それの大衆性を排撃するという考え方は、由来、大衆性と通俗性とを混同することの誤りに起因しているもので、一見、それの芸術性を孤高に保たしめんがための、最も廉潔《れんけつ》な考え方であるかのように見える。しかし、事実は、それが良い作品であればあるほど、速やかに象牙の塔から脱け出して、一人よりは十人、十人よりは百人、百人よりは千人、万人の糧とならなければならないはずであり、決して一部の興味、嗜好、教養などを同じくする人々のみに訴えて、それをもって能事終われりとすべきはずのものではない。

のみならず、それが真に良い作品であればあるほど、必ずその良さに比例して、数多くの観客を動員し得るはずであり、一見、良い作品であるかの如くに見えながら、しかもある程度までの僅少な観客をしか集め得ない作品というものは、仔細に検討すれば必ずどこかに、観客から遊離するような欠陥を持っているものである。と同時に、よしんば多少の欠陥はあろうとも、その作品全体の良さがその欠陥を蔽《おお》ってしまうほどのものであれば、現在までの実例にてらしても、必ず相当な数の観客を吸収している。

が、改めて断るまでもなく、これはしかし決して、映画の良否が観客の数によって決定されるという意味ではない。そういう逆説は映画の場合には成り立たないことが多いし、事実また、膨大な観客を吸収していながら、その実、作品としては良くないものが決して少なくないからである。いやむしろその方が遥かに多いとさえいえる。が、しかし、同時にまた、そういう作品を一概に頭から軽視してかかることも危険でないとはいえない。そういう作品が何故に膨大な観客を動員し得るかという原因のなかには、必ずしもそれの低俗さの故ばかりではなく、そのほかに更に強力な吸引力がひそんでいる場合が少なくないからである。大衆とは決して自分を別にしたものではない。自分をも含めた社会全体の謂《い》いである。そのなかにはいわゆるノガミやラクチョウの夜の女もいれば総理大臣もいる。最低賃金になやむ労働者もいれば肥えふとった資本家もいる。学生も教授も闇屋の親分もバラック長屋のおかみさんも、ことごとく含めて一丸にしたものが大衆である。

では、良い映画といい、良くない映画という、その良否の分かれ目はいったいどこにあるのであろうか。

そこで、映画の「面白さ」ということが、それの大衆性と結びついて、問題の表面に浮かびあがってくる。それに関する故伊丹万作氏の言葉を借りてみよう。

——いったい、暗いものは暗いなりに、深刻なものは深刻なりに、それに相応する面白さは必ず有るものである。何等かの意味で面白さの出ていない作品は、どんなに意図が立派でも一人前の作品とはいい難い。良いものなら良いものほど面白くして、多くの人に見せなければいけないはずである。我々は過去において、映画を面白く見せる技術を多少は身につけて来ているはずである。良いものを作る時に限ってそのやうな既得技術を一切捨ててしまわねばならぬ理屈はないはずである。本当に良い映画を形成する基礎的な条件は、まず良く判ること、次に面白いこと、これである。——

ところで、ある人には面白いと感じられることが、他の人には全くそれと反対の結果をもたらすというような現象を、私たちは今までに幾度となく見もし、また私たち自身としても経験して来ている。要はその人の教養、経験、境遇等、もっぱらその精神内容の程度によって決定されることで、はたからどうこうできる性質のものではない。が、たとえばある一つの映画が誰からも良いといわれる場合には、たとい、それぞれの人々がその映画から受けとる印象はそれぞれに違っているとしても、その平均値としては、そこに何らかの意味での最大公約数的な「面白さ」というものがあるはずである。従って、良い映画であればあるほど、当然、それに比例する豊富な「面白さ」を持っているべきもので、今までともすれば、ある種の作品が、それほど面白くはないが深さがあるというような理由で推奨されたりしたことがあったのは、映画本来の存在理由からいっても明らかに間違っていたのである。

　そこでもう一度、話を前に戻して、良くない映画でありながら膨大な観客を吸収するものがあるのは、いったい、どういうところにその「面白さ」の秘密があるかを考えてみよう。

　まず、それらのものの大部分には、主題の深さがない。いい換えれば、間口だけは広くとってあっても、その奥行が浅いのである。旧態依然たる義理人情の世界とか、陳套《ちんとう》な愛情の経緯とか、そういう常識的な問題を扱って、概して平易ではあるが、真に胸を打つような重厚味に欠けている場合が多い。そしてしかも、その技法においても、在来使い慣れたあの手この手を型通りに駆使して、主題の追求よりも物語の発展に主眼を置き、時には波瀾万丈、泣かせたり笑わせたり、観客の心理をいたずらに抑揚せしめて、ひたすらその嗜好に媚びようとしているものが多い。

　もっとも、しかし、私はそういう「面白さ」にしたところで、それを一概に排斥してしまうものではない。が、もし、映画の大衆性というものが、そういう「面白さ」のみに終始するものだとしたら、そういう卑俗さを排除することこそ、それの芸術性を孤高に保つことにもなり、また、そうすることが作家的良心と呼ばれることにもなるであろう。が、真の大衆性というものは決してそういう卑俗な「面白さ」のみに在るものではない。

映画の真の「面白さ」は、何よりもまずそれの独創性に基づくべきものである。独創性があるということは、陳腐でないということであり、陳腐でないということは、対象を観察する作家の眼に独自の鋭さがあり、従ってそれの批判にも独自の解釈があり、ひいては主題そのものにも独自の深さがあるということである。そういう独創性が、綿密な、周到な、新鮮な、そしてすぐれた技法と結びつけば、そこには必ず、一般の人々に充分に理解し得られる独自な「面白さ」が生まれてくるはずである。今までに良い映画とか芸術的な映画とかいわれたもののなかに、一般には面白くないとか難解なものとかされていた作品があったのは、要するにそれがその独創性を充分に噛みくだいて表明することを怠っていたからで、つまりそれがその作品の欠点であり、必ずしもその責めを大衆の側にのみ負わすべき筋合いのものではなかったのである。一般の観客大衆というものは、与えられた映画に対しては、出来るだけそれを理解しようと努め、そして与えられたままに素直にそれを受け入れようとしているものだからである。

しかも映画そのものの向上という面からこれをみても、いたずらに作家のみがひとり高きにあって、いかに声を大きくして叫ぼうとも、大衆がそれについて来ないかぎり、映画は決して進みはしない。映画の進歩は映画だけが進むのではない。映画と大衆とが一つになって、たとえば三角形の底辺が、その頂点へ向かって引き上げられてゆくように、漸進的に向上してゆくべき性質のものである。映画の芸術性というものも結局は、それが大衆性と溶けあってこそ初めてその光輝を増すものだといえる。そしてまたそういう映画こそ、その「面白さ」によって広範な大衆を動員し、しかも「面白さ」以上のものを与えて、その生活内容を豊かならしめる真の良い映画だといえるのである。

真の良い映画というものは、決して難解なものであってはならないし、また「面白さ」に欠けているものであってもならないはずである。

倫理性について

映画は、観衆の感覚に訴えてその美意識の対象となる一方、またその知性に訴えて倫理的判断の対象ともなる。

かつて、しばしば青少年に対する映画の悪影響が云々《うんぬん》されたり、あるいは、中等学校などで近年なおその生徒たちに、映画の観覧を禁止していたものが相当にあったりしたのなども、勿論そういうことをした当事者側の頑迷や無理解や無反省による場合が大部分であったとはいえ、しかし、顧《かえり》みれば製作者の側にもその倫理的な立場においての責任が全然なかったとはいえない。終戦直後、接吻映画や裸体映画がしばしば問題の俎上にあげられたのもまた、それと同じ原因によるものだといえよう。

が、そうはいっても私は決してここで映画をもって道義昂揚の機関たらしめよなどというのではない。ただ、そこに扱われる題材とそれを扱う作家の態度との関係において、作家は常にその倫理観を明確に把持《はじ》していることが必要だということだけをいいたいのである。夏目漱石氏の『文学論』のなかに次のような一節がある。

——吾人今かりに耶蘇《やそ》を描くとせん。人己の右頰を撃てば左頰を出し、左頰を撃てば右頰を出す底の修養を具え、虚懐謙譲にして毫も抵抗することなき無上有徳の人物を作り上ぐるも容易なり。または気魄なく卑屈優柔にして死に至るまで愚痴を並べ、婦女子の如く神の救を求めたる軟骨漢とも書き上ぐる事を得べし。耶蘇は耶蘇なり。耶蘇は一にして二あるにあらず。されども此の耶蘇を見る立場の異なるより、此の耶蘇を解釈するの見識の一に限られざるより、吾人は絶対的反対なる道徳的批判を彼に与うるを得べし。事実其物を列挙するのみにて然あるべしといふなり。およそ彼が故にしかりといふにあらず。余は事実を曲げ、虚妄を列ねて叙述を左右し得る具有したりし謙譲温厚等の性質は、一方において吾人の賞讃に価するものなると同時に、他方面においては吾人の最も軽侮する性質なるべきをもってなり——

おなじ一人のキリストを、たとえばおこない高き聖者として観《かん》ずるか、あるいは優柔不断な愚痴の徒として見るかは、偏《ひと》えに作家その人の倫理観の在り方によって決するもので、いいかえれば、作品の持つ倫理性というものは決してそこに扱われる題材の性質によるものではない。さらに敷衍すれば、たとえいかなる背徳的な事件が描かれようとも、それを扱う作家の主観が正しい方向にさえ向かっていれば、それは少しも不徳な作品にはならないし、またそれと反対に、誰がみても美しく正しいと感じられる題材でも、作家の考え方一つでは、不義不徳な色に塗りつぶしてしまうことも出来るのである。

『ああ無情』"Les Misérables"のジャン・ヴァルジャンは、彼が犯した行為だけをとりだしてみれば、明らかに殺人犯であり、脱獄者であり、またそれ等もろもろの過去の罪禍をみずから秘し隠している点では、たとえ彼自身としてはいかなる理由を持っていようとも、その理由なるものも要するに単なる自己弁護の域を出ないものだともみられよう、そういう彼を「博愛の君子人」として描き、痛ましき「慈善家」として扱ったのは、作家ユーゴーの倫理観のあり方以外の何ものでもない。そのことについても漱石氏は「善き方面のみを写せば其人は人ずきのよき道徳的善人となるべく、もしまたその暗黒方面のみをとり出す時は其人は最も嫌うべき道徳的に醜穢なる人物と成り終るべし」といっている。

それに関する更にもう一つの例を『文学論』のなかから引用させてもらう。

――一例を挙げん。茲《ここ》に幼きより叔父の世話にて育てられ、なおその監督下にある一少女あり。同じ家につかえる家庭教師と思い思われしが、この女には襲うべき巨額の富ありて一方は無一物の貧生なれば、此の縁組はいかにしても不釣合たるを免れず、叔父の耳に入れては事の成就する望なきを知り、両人ひそかに夫婦の約束を結び、かくして約束成りて後、彼等がその所存を叔父に打ち明けたりとせよ。まず常識をもって此の場合を裁すると仮定するに、叔父が彼等の所為をもて己を踏みつけ己を侮辱したるものと怒るは無理なるべきか。吾人は信ず、天下何人も以上の筋書を見て両人の無法を責め、叔父の心根を憐《あわれ》まざるものはあらざるべし。しかるに吾人が作品に対する場合には事実全くこれに反し、吾人は此不埒なる若者二人に真心より同情を寄せざるべからざるよう、作者に余儀なくせらるるをいかにせん――

そしてその実証としてシャーロット・ブロンテの『シャーレイ』"Seirley"の一節が引用され、それにつづいて次のような結論が与えられている。

――されど退いて考うれば叔父の処置及びその憤怒は果して此の如く吾人の嘲りに値すべきか。また思え、此等若輩の為せし仕打ちは左程吾人の同情を惹くに足るべきや。（中略）ここに現われし会話のみにても多少の潤色を経れば、その意味を変ずることなくしてその結果より生ずる情緒を反対になすことを得、すなわち叔父を立派なる人間に、此の男女を放逸の徒と感ぜしむるは一寸の匙加減にして、さしたる難事にあらず――

このいかにも漱石氏的な匙《さじ》加減という表現こそ、つまりは作家その人の倫理的な批判をさすものであり、これによってみても、同じ一つの題材が、作家の態度の在り方によって、いかに多様に色づけられるものであるかがわかろう。いずれにせよ、作家の倫理観というものが、その作品の在り方を決定する上で、いかに明確に把握されていなければならないものであるかは、以上の例をもってしても十分に頷けるはずである。

従って、その作中の人物の正不正、善不善に対して常に明確な識別力を持ち、確固たる判断を加えてゆくことは、作家としての最も重要な任務の一つであり、作家自体が不誠実でない限り作品そのものが不道徳な色をおびるなどということはあり得ないわけである。

そういう意味から、作品の倫理性がしばしば問題にされるのはモーパッサンのいくつかの小説であろうが、それについてトルストイは次のように述べている。

――作家は、人生における正しい事と間違った事とについて、明確な、そして動《ゆる》ぎなき観念を持っていることが必要である。ところがモーパッサンはそれを持っていなかった。いやかえって彼はそういうものを抱懐することを望ましくないことだとさえ考えていた――

しかし、モーパッサンの場合は、それがまた、彼の作品の倫理性の基礎になっていたのだともいえようが、ただここで特に注意しなければならないことは、作家の巧妙な筆致が、ややともすると、その倫理性の希薄さを覆って、その希薄さをかえってその作品の深さであるかのように錯覚せしめる点である。ことに敗戦に伴う思想的混乱が、制度や法規の急激な改変と相まって、日本人全体の倫理観をすら混迷せしめている今日、作家が何らの誤魔化しなき確固たる倫理観の上に立つべきことはそれこそ文字どおりに焦眉の念を要することだといえよう。

――長い戦争の期間と、それにつづく敗戦の今日の現実を通して、私たち日本人がこれまで考えてきたような「人間」は、私たちの頭のなかで急速に解体しつつある。冷厳な現実の威力の前に、私たちがこれまでさんざん聞かされ、考えさせられて来たような立派やかな、善意に満ちた「人間」は、化けの皮がはげてしまった。自分の醜い裸身を、白日の下に寒々と晒しているのがいまの日本人である。（中略）それでは、どうしたら、人間の実体が把握出来るだろうか。それには、私は、この激動する現実のなかに虚心に自身の肉体を曝す以外にないと思うのである。私たちの頭のなかにある既成の人間観や、もったいぶった倫理学は、かえって本当の人間の把握の邪魔になるばかりだ。ところが、そういう既成の権威はなお、外部ばかりでなく、私たちの内部にも勢力を張っているのだ。そういう意味で、私たちが、真の人間探求を決意するならば、その瞬間から私たちは内外の敵との血闘に、鮮血を浴びつづけねばならぬにちがいない。二つの時代にまたがる過渡期の日本人である私たちの背負っている、これは宿命である。自分の頭が信用出来ないならば、私たちはこの激動の現実に無心に肉体を没入させ、肉体で感じ肉体で考えるより仕方がないではないか。そうかといって、このことは、堕落やデカダンスをいうのではない。堕落やデカダンスの意識は、すでに一つの成心であるから、人間を考える上で、ある固定性を持っている故、私は反対だ。私たち日本人は、まだ人間とはなんであるかがわかっていないのだ。白であるか、黒であるか、それをこれから探求するのだ。固定的に考える必要はない。人間探求の仕方は絶対に成心をしりぞけ、嬰児のような新鮮な感覚と、拘束されない自由な魂とをもってなされなければならぬと思う――

これは田村泰次郎氏がその小説集『肉体の門』の巻末に誌しているその創作態度の表明であり、そこには氏の倫理観の在り方が要約されてもいるし、かつまた、それに対する私自身の賛否は別として、ともかくもそれが敗戦後の日本人の傾向の一面を代表しているものであることも感じられるが、しかし、そういう考え方の上に立っている氏を担ぎあげて、それに便乗する亜流の輩の、何等の倫理的確信もなきいたずらなる跳梁に至っては、うたた、眉を顰《ひそ》める者、必ずしも私ひとりとは限るまい。

以上、引例が文学作品のみに終始したのは単なる便宜のためで、作品の倫理性が題材とは無関係に、作家の態度そのものによって決定されるという点は、映画の場合においても少しも変わりはない。不健康、不道徳な題材が作家の健全な倫理観によって美化されもし、健康にもなり、更にはある点までの倫理的な高さをも示し得ている実例を、われわれはアメリカのギャング映画などの場合において特にいくつか見ることができよう。要は作家の倫理観に立脚した洞察力の問題である。

なお、ついでながら、表現の上品さや下品さもその題材とは関係がないということをここにつけ加えておこう。はなはだしく下品な事柄でも極めて上品な表現方法をもって描かれ得るということは、たとえば『源氏物語』における閨房の描写と徳川期におけるいわゆる春本のそれとを比較してみるだけでも充分にわかるであろう。これもまた作家の態度ひとつである。

基本Ｉ

虚構の真実

日華事変の初めのころ、文字どおり死を賭して戦線を馳駆《ちく》した勇敢なキャメラマンたちの、それこそフィルムの一コマ一コマに血がにじんでいるようなニュース映画や記録映画が次々に上映されて、しかもその惻々《そくそく》として胸を打つ特異な迫力が、その時その時に上映されていた劇映画のそれを遥かに凌駕したり、更にはまたそれとおなじころに、ベルリンでのオリンピック競技をめぐるさまざまな様相をドイツ人特有の視野によって、(厳密には多分にナチス的な面から）捉えた記録映画『民族の祭典』"Fest der Voölker"が上映されて、それがまた並々ならぬ迫力を持っていたりしたことなどから、「事実」の持つ迫力と「劇」の持つそれとが比較対照されることになり、結果は、「虚構」の上に立っている劇映画の迫力などというものは、たとえばニュース映画で砲弾が炸烈《さくれつ》するその瞬間の一カットの「事実」が持つ迫力にさえ及び難いものだという結論が導きだされ、一般の人々の間では勿論のこと、批評家の一部にさえそれが信じられるようになったことがあった。

のみならず、それからひきつづいて『上海陸戦隊』とか、『土と兵隊』とか、あるいはその後における『ハワイ・マレー沖海戦』とか、『加藤隼戦闘隊』とかいうような、いわゆる記録映画的な効果をねらった作品がつぎつぎと新しい魅力をもって登場しはじめると、批評家たちのなかには、かくのごときものこそ真の劇映画であり、今後の劇映画はすべてかくあるべく、従来のそれの如く虚構の上に成り立っている劇映画などというものは、もはや単なる過去の残骸としてのみその余喘《よぜん》を保つべきものだというような独断をあえてする人さえ出てきて、そのためにそのころの映画製作の指導権を握っていた検閲関係の内務官僚たちまでがその説に左袒《さたん》するというような傾向まで生じてきたものであった。

もっとも私自身にしても、たとえば一工兵伍長として呉淞《ごしょう》地区の渡河《とか》戦に参加した新劇の友田恭助氏が、その戦死の直前に、偶然にも読売新聞社のニュースのなかに捉えられた緊迫した風貌に接したり、あるいはまた、占領後の上海戦線のまだ砲煙の消えやらぬ凄愴な風物を印象的にキャッチした『上海』などという記録映画に接したりすると、事実、胸の奥まで食いこむように迫力を感じたものではあった。

が、しかし、そういうものの持つ迫力と劇映画の持つそれとが、果してそういうふうに同一の観点から比較対照されていいものであろうか。問題はまずそこにあるし、よしんばそれが正しいとしても、要するに『事実』というものは所詮はその時のみにおける一時的な現象であり、その時期における周囲の事情との関連が多分に作用するものだけに、それからずっと時を経た後になっても、なおその当時と同じ力をもって迫り得るかどうかははなはだ疑問である。

映画の基礎が「実写」にあるという説は勿論正しいし、ニュース映画がその時その時における事物のありのままを捉えるのに対して、記録映画はそのなかから更に「真実」をつかみとるものだという点で、その精神が劇映画のなかに取り入れらるべきだということもまた充分に大切なことではあるが、しかし、現に今、静かに眼を閉じて、私たちが過去において接した数々のニュース映画や記録映画の印象と劇映画から受けたそれとをおもむろに思い起こしてみると、おそらく誰しも劇映画から受けた印象の方が遥かに強いことを感じるであろう。日華事変勃発当時の劇映画がその迫力においてニュース映画の下にあったということは、たまたまその時期における劇映画の質が落ちていたというだけのことで、それが全体の標準になるべきはずのものではない。

要するに、私たちがある「事実」なり「事件」なりに接して、単なる好奇心の満足以外に何か特に深い感動を受けるという場合は、その「事実」「事件」というナマの素材のなかから、私たち自身、不知不識《しらずしらず》の間に「真実」をひき出して、その「真実」に感動しているのであって、ニュース映画や記録映画が私たちの胸を打つゆえんもまたそこにあるのだといっていい。たとえば渡河直前の友田氏の決死の風貌や、ドイツ選手と他の国の選手とのせりあいに興奮したヒットラーが無意識に膝頭をさすり出すその動作や、あるいはまた、リレーのバトンを取り落した女流選手がその途端に頭を抱えてのけぞる悲痛な動き等という「事実」に私たちの心が強く惹きつけられるのも、つまりはそういう一時的現象としてだけではなく、その現象のなかに人間本然の姿を見出して、そこに「真実」なるものを発見するからにほかならない。しかも、劇映画本来の強みは、そういう意味の「真実」を跡づけてゆく点にあるのである。

それは、しかし、決して「事実」を軽視するという意味ではない。「事実」はどこまでも「真実」への緒口《いとぐち》として尊重されなければならないし、それはまたそれとしての原始的な魅力や説得力にも充ち、また常に「真実」との密接な関連において普遍性とも繋がっているといえよう。

しかし厳密に区別すれば、「事実」はそのままの形では単なる日常経験の範囲を出ない一時的な現象であり、普遍性もなく、従って形而下的な経験たるにすぎないものだが、「真実」は普遍的であり、現実の圏内を越えた形而上の真理の世界に属するものである。簡単にいえば「事実」は経験するものであり、「真実」は直観するものだともいえよう。元来が比較対照されるべき性質のものではない。が、しいて比較するとすれば「事実」の持つ迫力はそれが現実の出来事であるという特殊性において原始的な印象力を持ち、「真実」はそれが人間全体に対する真理を含んでいるという点で普遍的な浸透力を持っているともいえよう。従ってその印象性においては「事実」の方が強く、その浸透性においては「真実」の方が強いともいえるかも知れない。

芸術作品の価値を判断する規準は、それがいかに適確に事実を伝えているかという点にあるのではなくて、それがいかによく真実を語っているかという点に存すべきものである。従って立場をそこに持っていないかぎり、いかに迫力に富んだ事件がいかに印象的に伝えられていようとも、そこに芸術的な価値を見出すことはできないわけだし、同時にまた「真実」の掴み方さえ確かならば、たといそれが奇怪な空想の上に組み立てられた架空な物語であろうとも、芸術的価値の上からは遥かに重い位置を与えられるべきものだともいえる。

そう考えてくると、事実の報道を目的とするニュース映画や記録映画の現実性と、真実を語ろうとする劇映画の芸術性とを同一の規準によって比較対照しようとすることの誤りがおのずから明らかになってくるであろう。それは例えば新聞記事と小説とを比較して、新聞記事が小説よりも印象的であり迫力にも富んでいるという理由でその価値を高しとする誤謬と変わりはない。

更にまた、新聞記事は確固たる事実を基礎とする報道であるが故に尊く、小説は架空な想像の上に築かれている虚構であるが故にその価値が低いと見ることにも明らかな錯誤がある。たとえばここに、世に知られた一人の学者があって、篤実温厚、日夜その専攻科目の研鑽に余念がなかったと仮定しようか。そして今、その学者が彼の日頃の篤実さとは全く反対な背徳無道な罪を犯したと仮定しようか。新聞記事はその事実をその事実としての正確さにおいて報道するであろうし、読者は仮にその記事が相当な迫力をもって彼の胸を打ったとしても、所詮はそれを単なる社会現象の一つとして、その人物の性格的な矛盾に特異な好奇心を唆《そそ》られる程度にすぎまい。が、しかし、この「事実」が「真実」を探究する芸術家の眼によって見直され、その思索の結晶たる一個の作品として再現されることになると、それはもはや一片の社会現象たるの域を越えて、たとえばロバート・ルイズ・スティヴンスンの代表作として映画化もされた『ジキル博士とハイド氏』"Dr. Jekyll and Mr. Hyde"のように事実以上に真実なるものとして新聞記事よりも遥かに高い位置を占めることになるのはわかりきったことであろう。そうなればたといそれが虚構の上に築かれた物語であろうとも、その真実さの点において、事実以上に強靱な力を持ち、そこに描き出される人物は現実的な存在でこそなけれ、真実的な存在としての確固たる生命を持ってくるものだといえよう。

砲弾の炸裂する一カットの事実は、なるほど、現実における一つの出来事としては、市井の片隅に碌々《ろくろく》として生きている一凡人の生活を描いたフィルムの架空性よりも遥かに印象的であり、その迫力の点においてもまた遥かにすぐれているかも知れない。が、その一凡人を描く作家の解釈に独自な見解があり、その見る眼に狂いがなく、その構想に矛盾がなければ、それはその真実さの点において遥かに前者を凌ぐものがあるはずである。レオナルド・ダ・ヴィンチの描いたモナ・リザはその幽遠な微笑とともに今もなおわれわれの間にはっきりと生きているが、そのモデルになったゲラルディンは十五世紀末のフロレンスにおける一修道院長の妻としてその一生を儚なく終わった一女性にすぎなかった。

言葉の上でこそ虚構と呼び、架空と称し、絵そらごととはいうものの、その虚構、その架空、その絵そらごとによって表現されるものは、人生の真理であり真実である。そこに描かれるものは現実の世界に姿を借りた不易不変の世界である。とすれば、虚構は既に虚構でなく、架空は既に架空でなく、絵そらごとは既に単なる絵そらごとではない。

昔、無声映画がまだ盛んだったころのエルンスト・ルビッチの作品『陽気な巴里っ子』“So This is Paris”のなかの一場面に、たまたま妻君に弱味を掴まれた夫が「あなたは小さくなっていらっしゃい！」という妻君の一言でたちまち赤ん坊ほどに小さくなって、妻君のあとからチョコチョコついてゆくという一カットがあったが、そういう一見他愛なくみえるギャグのなかにさえ、真実は厳然として存在し得るのだし、その真実さの点においては、砲弾の炸裂する凄惨な事実の一カットよりもかえってこの一片のギャグの方が遥かに強く胸を打つともいえよう。

形を虚構に借りて真実を語る、それが作家の仕事であり、そこに作品の強さがある。前にも述べたように、記録映画的な手法が劇映画のなかに取り入れられることの意義も、つまりは記録映画が混沌たる現実の蕪雑《ぶざつ》な現象のなかから「真実」を掴みとろうとする意志を持っているというその一点にかかっている。真実を語るということなくしては、作家はついに戯作者たるの位置に墮ち、作品はついにニュース映画の一片にさえ及び難いものとなり終ろう。

事実の整理

——作品の上での写実は「真実」の完全なイリュージョンを与えることによって成り立ち、次々に起こる「事実」をありのままの乱雑さにおいて写し取ることによっては成り立たない——

これはモーパッサンの言葉だが、彼は更に次のようにもいっている。

——真実は時とすると真実らしく見えない場合があるから、作家はその真実らしさのためにしばしば事実を訂正しなければならない——

この言葉は幾分奇矯な響きをもっているようにも見えるが、作家の描くべき世界が日常経験の世界ではなくて、直観にもとづく世界だという一点に思い至れば、その真意がどこにあるかはおのずから了解されよう。作家が掴んだ「真実」をよりよく語り、より適確につたえるためには、その作品の語らんとする主題の方向を乱す一切の「事実」は、それを訂正することもまた当然のこととしなければなるまい。

絵が写真と異なる点はその描かんとする主題の印象を乱す一切の夾雑物《きょうざつ》を排除して、しかもその上任意に事実を訂正することによっていっそう鮮明に主題を浮びあがらせている点にある。そういう取捨が行われていればこそ、写真よりも絵の方が遥かに生鮮な真実味を感じさせ得るのである。ルノアールの赤やセザンヌの緑にはそこに捉えられているものの現実における色彩よりもいっそう真実なものがある。必要以上の瑣末な描写に丹念を極めたり、事実になずんで無差別にそれを取り入れることの危険さは、それが作品の迫真性を希薄ならしめる点にある。由来、すぐれた作品が、たとえばあり得べからざる奇怪な出来事を描きながらも、少なくともその作品に接している間だけは、われわれをその特異な雰囲気のなかに巻きこんでしまって、毫《ごう》もその実存性についての疑いを抱かしめないというそのことに思い至れば、その点がなおいっそう明らかになろう。

スティヴンスンは彼がその知人の創作を見てやる際に、はなはだしく不自然な個所にぶつかると、常に必ず、それが実際にあった事件であるかどうかを問いただしたというが、それはおそらく、そこに描かれている事件が真実性を持っていないことをとがめる言葉ではなくて、モーパッサン流にいえば次々に起こる事実をありのままの乱雑さにおいて写し取っていることに対する皮肉だったのであろう。

卑近な例をあげれば、私の手元に送られてくるシナリオに対して、私がその不自然さを指摘すると、その作者はほとんど十人のうち九人までが、これは自分または自分の知人の上に起った実際の出来事だから不自然なはずはないと答えて不満そうな顔をする。が、反語的ないい方をすれば、それが実際に起った出来事であるが故にいっそう不自然な感じを持つのだともいえよう。なぜならば、作者はその出来事の表面をいかに滑らかに繋ぎ合わせるかということにのみ専念して、その底を流れている真実を掴みとることを見逃しているのみならず、その上さらに、その出来事に絡まる必要以上の事実までをこまごまと書きならべているからにほかならない。

作家がある一つの出来事によって感動させられた結果、それを描いて他の者を感動させようがためには、彼はまずその出来事が彼を感動せしめた原因がどこにあるかを探究して、それの現象としての特殊性のなかに真実としての普遍性を発見し、それを更に彼の空想のなかに溶かしこんで、そこに初めて一つの作品としての構想をまとめあげなければならない。すなわち、事実から真実へ、真実から空想へ、空想から更にそれの具象化へ、と、この心的経過が遺漏なく成し遂げられていないかぎりそれは決してすぐれた作品とはなり得ないであろう。いわばそれは、素材として最初に拾いあげられた一つの出来事が、作家の主観を通して濾過されつつ次第に芸術上の作品へと変貌してゆくまでの原則的な過程であり、その過程を経過して行く間に、それの素材としての原始性や一切の不純な夾雑物がとりのぞかれ、「事実」はその「真実」のために訂正されて、初めてそこに一つの作品としての方向が定められてくるのである。

世にいう才気にあふれた器用な作家たちが、見たこと、聞いたこと、思いついたことをたちまち一つの作品にまとめあげて、一応はその新奇な構想や、光彩にあふれた事件や、流行に合った人物や、近代風な描き方などによって、いわゆる第一線の作家として認められはするものの、その多くがついに第一流の作家となり得ずして終るのは、要するに彼等が彼等自身の才華のために災いされて、素材の整理を疎かにし、作品としての真諦たる「意義ある真実」を語ることを怠っているためにほかならない。真の大作品や真の傑作は決して単なる才気や思いつきなどから生まれるものではない。バルザックは興が乗ってくるとまず筆をおいて机の前をはなれ、冷静になるのを待って再び筆をとったというが、この大作家にしてこの慎重さを持っていたというこの逸話は、そのままとって座右の銘とすべきものであろう。ゲーテの言葉に次のような一節がある。

——真の芸術家は芸術上の真理を掴もうとして努力する。向こうみずな衝動に従う無軌道な芸術家は自然の事実を掴もうとして努力する。前者によって芸術は最高の頂きにあげられ、後者によって芸術は最低の段階に引きおろされる——

映画の特性（A）

舞台の劇と映画の劇とを比較する場合、俳優の演技が観客の前で演じられるという点は、舞台の上でもスクリーンの上でも全く同じであるが、しかしそれだからといって、両者の大部分が共通しているなどと考えてはいけない。むしろ似ているのはその点だけで、あとのことはことごとくちがっていると考える方が、まだ間違いが少ないくらいなものである。

卑近な例をとってみても、舞台劇には舞台機構という一定の約束に縛られた宿命的な表現の限度があって、たとえばそれが大自然を舞台とする大野外劇のような大きな設計の上に計画されたものであろうとも、所詮は「舞台」という一定の範囲以外に出られないが、それがいったんスクリーンの上のこととなると、文字どおり天馬空をゆくの感をもって、大洋を航行する大艦隊でも大空を飛翔する大航空機群でも、あるいはまた野外に歌う幾百万人の大合唱団でも、自由に如実に現わすことが出来ることはいまさらいうまでもなかろう。

なおまた、舞台の上での「劇」の発展は、一定の時間の間、一定の場面内に集中されることによって、それの独自の力を示すことになるわけだが、映画の場合はその「劇」の構成をあえて一定の場面に集中する必要がないどころか、かえって場面が変転すればするほどそれの流動感が増加して、そのためにいっそう迫力が強くもなるものだと考えられていた時代さえあったくらいである。次にそれに関する一つの例をあげてみよう。

——ある青年が愛する少女の兄の罪をかばおうとして死刑の宣告をうける。少女はその死刑の執行がまじかに迫った時刻になって、その真の犯人が青年でも兄でもなく、実は気の狂った自分の叔父だということを探知してその証跡をつかむ。そして直ちにその真相を上訴すべく州知事のところへ駆けつける。知事はおどろいて、今からでも死刑の取消しが間に合うかどうかと時計をみる。まだ充分に時間がある、と思ったのは間違いで、実はその時計が止まっていることに気がつく。ほんとうの時間はあと数分しかない。いそいで刑務所に電話をかける。ところが刑務所の電話のある部屋は空っぽで、所長はじめみんな死刑執行室へ出向いている。電話は相手のいない空っぽの部屋でしばらく鳴りつづける。と、折よくそこの廊下を一人の刑吏が通りかかって電話のベルに耳を傾ける。が、しかし、なんとその男は前に一度よけいな電話に出たことで上司から叱責されたことがあるので、今度は用心ぶかくもあえて電話口に出ることを差し控える。一方、知事室の方では少女が夢中になってベルを鳴らし、相手を呼びつづける。刑務所では青年が死刑執行室の電気椅子に腰かけさせられる。少女と知事とはますます昂奮してベルを鳴らしづつける。執行室では死刑の用意が刻々と整えられる。電話の部屋ではベルが鳴りつづける。と、やっとのことで刑吏が電話口に出る。執行室の用意は全く整う。刑吏は電話の部屋から飛び出して執行室へ駆けてゆく、執行室では執行人が所長の合図を待っている。そこへ刑吏が駆けつける。が、ドアが固く閉じてある。刑吏は錠前に飛びついてガタガタやる。室内では所長の合図、執行人の手がハンドルを押す、と見える瞬間、ドアが激しく開いて刑吏が飛びこんでくる。で、たちまち形勢が一変する——

これは今から三十幾年も前に、D・W・グリフィスが彼の畢生《ひっせい》の大作だといわれている『イントレランス』"Intorelance"のなかで用いた場面転換の概要で、いわゆる「グリフィスの最後の瞬間の救い」"Griffith's Last Minute Rescue"と呼ばれている技法の一つだが、もとより芸術的にどうのこうのというべき性質のものでもなく、それどころか今からみれば必要以上に煽情的な技巧を乱用している点で、むしろ苦笑をさえ浮かべたくなるようなものであるとはいえ、しかしそういうことは別として、この技法のなかには、映画の場合の「劇」の構成が、舞台のそれとはちがって、必ずしも局面を一つの場所に集中させずとも、時にはそれを幾つかの場面に分散させ、その分散させられた場面々々の方向が同一の目標に向かって進められていさえすれば、かえってそこにより以上の緊迫感を盛り込み得るものだという卑近な実例が見出されるであろう。つまり、映画では幾つかの場所で同時刻に起っている別々の事件を、並行的に示すことによって、局面の発展、劇感の緊迫をよりいっそう強調することができるのである。

更にまた映画では、一見相互の関係がないような、異なった二つの（または二つ以上の）局面を並行させることによって、それぞれの局面の持つ内容とは全然異なった内容を持たせることもできる。拙劣な例であるが、まず最初に、次のような二つの事件の系列があると仮定する。

――**Aの事件**（イ）林の中の荒れ小屋の前に一人の男がやってくる。（ロ）男は四辺の様子を伺いながら小屋の中へ入ってゆく。（ハ）小屋のなかは付近の農家の物置場にでもなっているらしく、藁束や農具などがつまっている。男がそこの片隅から一つの菰包《こもづつ》みを取り出すと、それには欠けた鏡やぼろぼろの衣類や尻切れ草履や汚い面桶《めんつう》などが大切そうに包んである。（ニ）男はまずその辺の埃《ほこり》や煤《すす》をかきあつめて、顔をよごし、手をよごし、足をよごす。（ホ）そして欠けた鏡に顔を映してみて自分がすっかりみすぼらしくなったことに会心の微笑を浮べ、（へ）それからぼろぼろの着物に着替え、尻切れ草履をはき、面桶をもって、すっかり乞食の姿になり終ると、いかにも満足そうに小屋を出てゆく。（ト）鎮守の社はお祭で参詣人が多く、その参道には幾人かの乞食が出ているが、そのなかでも彼が一番きたなく、一番哀れっぽく、従って一番貰いが多い。（チ）彼は得意である。

——**Bの事件**（い）賑やかな大通りに面した美容院の前に一台の立派な自家用車が着く。運転手が飛びおりてドアをあける。（ろ）女がおりて、尊大な態度で美容院へ入ってゆく。（は）美容師は恭々《うやうや》しく女をむかえて鏡の前に案内し、まず第一にさまざまな高価らしい美容器具をそろえる。（に）そして、蒸しタオルやクリームなど、順々に施術にかかる。（ほ）女は自分が見違えるほど美しくなったことに会心の微笑を浮べ、（へ）つづいて着物の着こなしを直してもらうと、心から満足した様子で帰ってゆく。（と）ホテルのロビーは社交人の集まりでお祭りのように賑わっているが、その中でも彼女が、一番華やかで、一番社交的で、たちまち紳士たちの注視の的になる。（ち）彼女は得意である。

いま仮に、右のような二つの系列に区別されているものを、（イ）（い）（ロ）（ろ）（ハ）（は）（ニ）（に）（ホ）（ほ）というふうに交互に並べ、その進行に同時性を持たせれば、その対照的な配置から醸《かも》しだされてくる内容は、それが独立している場合の（A）または（B）だけとして持っている内容とは全然違ったものになるわけである。これはかつてソヴィエトのプドフキンが『アジアの嵐』"Storm over Asia"という作品の中でラマ僧の盛装と英国士官のそれとを対照的に扱って、そこに作者の主観なり批判なりを浮びあがらせようと試みたいわゆるモンタージュの技法を、いまそのテキストが手元にないために、仮に乞食と貴婦人とに置きかえてみたもので、こういうことが出来るのもまた映画の特性の一つなのである。もっともこれは、歌舞伎劇で両花道を使用する場合の「掛合いゼリフ」の効果といくぶん似通っているものがないとはいえないが、しかし、それが決して同質のものでないことは今更説明するまでもあるまい。

（なお、ついでながら、かつてアメリカや日本ではモンタージュという言葉を右記のような技法を呼ぶ場合に限って用いていたのだが、正しくは、モンタージュとは「編集」とか「組み立て」とかの意味で、前にも引用したソヴィエトの映画大学のテキストによると「事件や行動の個々の断片を一定の順序において組み立てて、一つのまったき芸術作品とすること」である。）

そのほか、舞台と映画との更にいっそう大きな相違は、舞台の場合は観客は常に自分の位置（すなわち座席）だけから舞台上の対象を見ることが原則になっているが、映画の場合では、観客は常にその画面が撮影された時のキャメラの視点に立って対象を見ることになっているという点である。いいかえれば、キャメラと被写体との距離は同時に観客の眼と被写体との距離であり、従って観客は常に演出家（あるいは時として登場人物）と同じ視点から対象をみることになるわけである。

キャメラの視点が直ちに観客の視点になるというこのことは、映画の持ついろいろな特性のなかでも最もすぐれた機能の一つで、従ってそれが劇に応用される範囲もまことに広大無辺であるといっていい。すなわち、観客の眼を劇中の人物の睫毛のまたたきに近づけることができる大写しの技法もそれなら、またその睫毛のまたたきからその人物の全身に引いて、それが一兵士であることを知らせ、更に引いて、その兵士が今や大洋を航行中の輸送船の甲板に佇《たたず》んでいること、更にその輸送船は大船団中の一隻であること、等々を示し得るのもそれである。ビルディングの入口を入ってゆく人物のあとについて、一緒にエレベーターにのり、ともに屋上までゆくことが出来るのもそれなら、あるいはまた、鋪道に散っている一枚のプラタナスの落葉が自動車のタイヤにひかれ、そのタイヤにくっついたまま濠端を走り坂を登ってどこまでも運ばれてゆくというような小さな出来ごとを捉えて、それを観客の目にはっきりと印象させ得るのもそれである。

更にまた、そのことから推してもわかるであろうように、舞台では常に場面全体がそのまま全体として観客の前に現れているのが常法だが、映画の場合はその場面の中の必要な部分だけを黄金比率の枠（フレーム）のなかに任意に区切って、ほかの部分を全く観客の目から隠してしまうことができるというのも、またこのキャメラの視点による特性の一つである。さらに蛇足を加えれば、必要に応じて戸棚の中やトランクの中の物までも表示し得ることは、すでに現在までの映画が実際に示しているとおりである。

　ある港町の夜、桟橋から一人の女が投身する。これは舞台ならば、そのままの全景として現すか、さもなければ全然それを蔭の出来事として取扱うか以外には方法がないわけだが、映画では、それを桟橋のはずれの瓦斯灯《ガス》に静かにとまっている一匹の蛾の突然な激しいはためきと、水面に残る波紋のひろがりとによって暗示することも可能である。あるいはまた、砲煙のこもる戦場の草原に咲く一りんの花に伸びる兵士の手が、銃弾の響きと共にバッタリと動かなくなるという象徴的な画面によって、その兵士の悲壮な戦死の瞬間を示すこともできるのである。

　それからまた、舞台にはない「第四の壁」が映画にはあるということもその特性の一つであろう。舞台の習慣に慣れているわれわれは、そこに装置された室内の場面をみても何等不自然を感じないように訓練されてはいるが、少し注意して見れば舞台の上に組み立てられた室内というものは、四方にあるべきはずの壁の一つを欠いているもので、いわゆる第四の壁を取払った形になっているのだが、映画の場合には、たとえば室内の一人物を撮影するにしても、キャメラはその人物の前後左右、あらゆる角度からそれを捉えることができ、従ってその背景となるものは第一第二第三第四のどの壁でもが適宜に選ばれていいということになる。ということはつまり、厳密にいえば四つのうちのどの壁をでも必要に応じて取払うことができ、しかも、観客の見た感じとしては、どの壁もが取払われていないという錯覚を、何等の不自然さもなく感ぜしめ得るのである。

映画の特性（B）

前項で述べたほかに、トリックの問題もまた映画の機械的な、あるいは技術的な、特性の中に数えられるべきものだといえよう。

トリックとは、一言にしていえば「ごまかし」だが、これにもまた、キャメラの操作によるもの、レンズの性能によるもの、フィルムの処理方法によるもの、被写体の特殊装置によるもの、等々いくつかの方法が数えられる。

フランス映画の始祖の一人であるジョルジュ・メリエスが、ある時、といってももう五十年以上も昔の話だが、パリのオペラ劇場前の広場で、そこの繁華な車馬の往来を実写フィルムに収めていると、ちょうどキャメラの前に一台の乗合馬車が現れた瞬間に突然フィルムが引っかかって回らなくなり、すぐまたその故障がなおったので、そのまま再び撮影をつづけて、さてそのフィルムを試写してみると、その乗合馬車が画面に現れるや否や突如として葬儀馬車に変貌するという幻妙不思議な光景に接した。この全く偶然な出来事から「止め写し」というトリックが考案され、机上の品物が瞬間にして消え失せたり、裸体の男が突如として盛装の紳士に変るというような、奇術映画や笑劇映画が盛んに製作され、それを特殊技術の起源として、次々に各種各様のトリックが考案されるに至ったと映画史に見えている。「止め写し」の次に案出されたトリックは「コマ落とし」すなわちサイレント映画における一秒間十六コマという標準数を適宜に減らすことによって、被写体の動きの速度を現実のそれよりも遥かに速くして見せるトリックであり、それによって、たとえばたちまちにして山頂をおおう白雲の去来とか、瞬時にして遠くへ逃げ去ってゆく笑劇の「追っかけ」とか、あるいはまた、見る見るうちに咲き誇る花の蕾とか、更には、数秒の間に結晶する硫酸銅の状態とか、そういう超自然的な動きを表現することが可能になった。

なおまた、この「コマ落とし」から引いて誰にも考えられるであろうことは、被写体の動きの速度を現実のそれよりも遥かに緩くして見せる高速度撮影の技術であろう。が、しかしここではそういう各種各様のトリックが案出された動機や方法を語るのが目的ではない。要はただ、現実の世界にはあり得ないようなことでも、映画の上ではほとんどやってのけられるものだということを記憶していてもらえばいいのである。

たとえば、新田義貞の率いる軍勢が稲村ヶ崎の怒涛を左右にわけてその海中に通じる一筋の道を堂々と進軍してゆくというような光景にしても、映画の上ではフィルムの処理方法ひとつで決して不可能ではなく、現にわれわれは二十数年もの昔において、すでにセシル・B・デミルの作品『十誡』“Ten Commandments”の中でその実例を見ている。その作品の中では、モーゼの祈りによって大海の真っ只中に一筋の道が拓け、それによってイスラエルの民が救われるのである。

また、これも既に二十数年の昔になるが、故島津保次郎氏の蒲田時代の作品『仙人』の中では、仙人の掌の上で人間の男女が相争うというトリックが用いられている。これは特殊に装置されたレンズと鏡とによるトリックで、シュフタン法と呼ばれ、たとえばこの方法によって普通の写真とセットとを巧妙に結合させると、そこに素晴しい大景観を現出させることも出来るのである。ドイツ映画の『メトロポリス』"Metoropolis"の中ではその方法が大セットの遠写に用いられている。

その他、実物大の城壁と模型の天主閣との合成によって大阪城を現出せしめた例もあり、ミニチュア・セットとスクリーン・プロセスとの合成によってツェッペリン機上でのダンス・パーティを撮影した例もある。戦時中、日本でもそういうミニチュア・セットや合成の技術が相当に発達したことは、当時の『ハワイ・マレー沖海戦』とか『加藤隼戦闘隊』とかいう映画を回顧してみれば、誰しもすぐ肯けるであろう。なおまた、超自然の巨大な怪物がスクリーンの上を横行する実例は『ジークフリード』"Siegfried"や『キング・コング』"King Kong"などによって、とうの昔に試験ずみになっている。しかも今や、そういう技術はそれぞれの専門家によってますます研究され、ますます発達しつつある。

と、こう述べてくると、映画の表現力は、対象が「形」を持っているものである限り、ほとんど不可能といわれる限度がないかのようにも見えるが、しかし、それにもおのずからなる限度というものがないのではない。

私の手元へある寄稿家から送ってきた童話脚本の中に「鶏と豚が固い握手を交して哄笑する」という条《くだり》があり、作者はそれが現実の鶏と豚であるべきことを必要としているのだが、これなどは現実の鶏や豚に、握手したり哄笑したりする習性がない以上、いかにトリックが進歩し発達しても、おそらく永遠にできない相談であろう。ただし、たとえば飼主を失った馬がかつての飼主の墓前へ行ってその墓標に鼻を擦りつけて懐かしがるというくらいのことなら、それは馬の習性を適宜に利用することによって、別に大した困難を伴うものではない。

映画の特性（C）

以上、二項にわたって述べたさまざまな映画の特性を、ついでにここで、その技術的な操作の面から簡単に説明しておこう。

まず第一にキャメラの絞りの操作によるものをあげれば——

（イ）溶明、暗（F. I., F. O）（Fade in, Fade out）
（ロ）丸絞開、閉（I. I., I. O.）（Iris in, Iris out）
（ハ）ワイプ（Wipe）
（ニ）アイリス・エフェクト（Iris effect）

などがあげられる。このなかでも最も多く使われているのは（イ）と（ハ）の二種で、（ロ）の応用としては適宜な多角形に絞る方法もあり、あるいはこのほかに上下左右や斜めなどから幕を引くように絞る方法もある。なお、（ニ）のアイリス・エフェクトというのは、主として観客の注意を集めるために、画面のある点に向かって丸く（あるいは適宜な多角形に）絞り、それを閉じ切らないでそのままそこに一部分の画面を残しておく方法だが、これは近頃では大写しをもってそれに代え、その方が目ざわりにもならないし、また品もいいようである。なお、溶明溶暗を、D・IとかD・Oとかいう略語で書く人があるが、これは Disolve in や Disolve out の略で、画面の上に現れる効果としては同じものだと考えていい。

次にキャメラの絞りとフィルムの露出とを併用する技巧には——

（イ）二重露出（D. E.）（Double Exposure）

（ロ）オーバーラップ（OL.）（Overlap = Disolve into）

などがあり、これの別法としてはしばしば二重焼付（Double print）すなわち、二種のフィルムを二重に焼き付けるという方法がとられている。（イ）の応用としては、二重以上、三重にも四重にも重ねることができるわけであり、（イ）も（ロ）も日本での習慣として「ダブる」という言葉が用いられ、時には（ロ）がDISという略語で書かれている場合もある。

次にキャメラの位置の連続的な変化による技巧としては——

（イ）移動（Follow scene）

（ロ）前進（Track up）

（ハ）後退（Track back）

（ニ）旋回（パン Panorama or Panoramic view）

などがある。「前進」も「後退」も勿論キャメラが移動するのだが、だいたい、移動というのはキャメラ全体を動かして撮影することで、旋回というのはキャメラのそのままの位置を軸としてその方向だけを上下など適宜に向け変えることだと思っていて差し支えない。従って、キャメラがクレーンの上に乗って動くとか、あるいは自動車の上や飛行機の上に乗って動く場合はいずれも移動撮影であり、移動撮影中に同時に旋回撮影が行われ得ることも当然である。なお、たとえば、スキーのジャンプなどが撮影される場合、滑走して来た人物が空中に飛びあがると共にその全身にピントが合って、一見、キャメラがその人物に近づいたかのように感じさせる方法が用いられることがしばしばあるが、これはズーム・ショット（Zoom shot）と呼ばれ、特殊レンズの操作によるもので、移動撮影とは違うものである。

なお、ついでながら、たとえばジョン・フォードの監督になる『駅馬車』“Stagecoach”（ダドリー・ニコルズ脚本）とか『荒野の決闘』“My Darling Clementine”（サミュエル・エンジェル、ウィンストン・ミラー共同脚本）とかいうような西部劇の場合などにしばしば用いられている猛烈なスピードの追跡場面、騎馬のインデアンの一群が砂塵をあげて馬車を追い、馬車もまたその追跡からのがれようと必死に疾駆し、その車輪がはずれて崖をころがり落ちてゆく、というような、しかもその一つ一つのカットがどれも移動撮影になっているというあの超スピードの画面は、実は適宜なロング・ショットで撮影されたフィルムのなかの必要な部分だけを、ちょうどわれわれが普通の写真をトリミングして引き伸ばすのとおなじように、オプティカル・プリンターと称する焼付機によって、トリミングして拡大するのである。

次に、キャメラと被写体との距離の変化にもとづく技巧としては——

（イ）遠写（L. S.）（Long Shot）
（ロ）全景（F. S.）（Full Scene）
（ハ）接写（C. S.）（Close Shot）
（ニ）七分身（M. S.）（Medium Shot）
（ホ）半身（B. S.）（Bust Shot）
（ヘ）大写し（C. U.）（Close up）

等々、これはキャメラがその被写体に対して任意にその位置を変え得るかぎり、その遠近によって、思うままに、いくつにでも分けられるわけのもので、たとえば人物の顔の大写しの場合を例にとってみても、顔全体の場合、あるいは耳とか眼とか口とかいう部分だけの場合、等々、いずれも一様に大写しと呼ばれるので、従って、精密な点になれば結局は各人各様の判断によるほかはない。

元来がこういう術語というものは、便宜のために使われているのだから、それにこだわって窮屈な思いをする必要はいささかもないし、ほかに何かもっと適切ないい方があればそれを使う方がいいくらいのものである。たとえば、遠写にしたところで、それの最も遠いものには大遠写（Gorgeous Long Shot）という呼び方があるが、それなら何百メートル以上が大遠写かということになるとそんな小うるさい規則などはどこにもないのである。但《ただ》し（ニ）（ホ）の七分身とか半身とかいうのは日本語に適切な語彙がないためにかりにこういう人物本位のような訳語が用いられているので、必ずしも人物の場合のみに限らず、その対象が何であろうと、画面内の大きさの感じによって、自由に解釈されるべき性質のものである。大体の見当として、座っている人物と、キャメラとの距離が一メートルあれば乳から上、二メートルあれば帯から上、三メートルあれば全身だというくらいの常識だけ持っていればたくさんであろう。現に撮影所ではミド・ポジなどという略語が慣習的に使われているが、これは例えば椅子に腰かけた人物を七分身ぐらいに入れて、同時に室内の一部の模様をも示そうというような場合に用いられている慣用語である。

次にまた被写体に対するキャメラの角度による技巧としては、対象を水平の位置で撮影する普通一般の正常な方法以外に——

（イ）　俯瞰（Tilting or Bird's Eye View）

（ロ）　あおる＝仰角（Worm's Eye View）

という二つがあり、（イ）はその高さと角度のいかんに関らず、とにかくキャメラを下へ向けて撮影する場合、（ロ）はその反対に上へ向けて撮影する場合に用いられる術語である。たとえばその俯瞰が飛行機の上から地上を見おろすというように、大きく広くなった場合には、特に鳥瞰という言葉を用いる人もあり、同時にまた、人物の肩越しに机の上を写すというような小さな範囲の場合でも、やはり俯瞰は俯瞰である。それと反対に、たとえばレビューの踊り子たちの跳ね上る脚線を舞台下から撮影する場合などに用いられるのが「あおる」という術語で、これもその角度や大きさや高さには関係なく、ともかくもキャメラが上へ向けられる場合にはすべてこの言葉が用いられるのである。但《ただ》し、俯瞰といい、あおるといい、それらはいずれもキャメラの角度が固定している場合に使われるので、もしキャメラがだんだんに上へ向ったり、だんだん下へ向けられたりする場合には、パン・アップ（Pan. up）とかパン・ダウン（Pan. down）とかいう言葉が用いられる。更にまた、右のような場合とは別に、キャメラの角度は水平でも、特にその位置をグンと低くする、あれもまたこの分類の中に加えておいていいかもしれない。

ところで、以上に述べたのは、いずれもキャメラを主体にした場合の技巧だが、このほかにフィルムそのものを主体とした場合の、いわゆる編集による技巧がいくつかある。

（イ）カット（Cut）

（ロ）カット・バック（Cut Back）

（昔、グリフィスが『イントレランス』などを撮っていたころには、時としてスイッチ・バック Switch Back とも云った。）

（ハ）フラッシュ（Flash）

（ニ）フラッシュ・バック（Flash Back）

などというのがそれで、右のうちフラッシュとかフラッシュ・バックとかいうのは、むしろカットやカット・バックの中に含まれるべきもので、普通一カットといえばどんなに短かくても三、四フィートはあるものだが、フラッシュの場合だと長くても一フィート前後、極端な場合は幾コマというように、切り詰められている場合がしばしばある。劇中の人物の脳裡に瞬間的に閃《ひら》めく他の人物の顔だとか物だとかの画面をチラリ切りこむ、あれがつまりフラッシュで、そのフラッシュ的な短い画面を幾つにも切り返してゆくと、それがフラッシュ・バックになるわけである。この技巧を、一番古く、しかも最も有効に用いたのは一九二二年ごろのアベル・ガンスの作品『鉄路の白薔薇』“La Rue”、アレキサンダー・ヴォルコフの作品『キーン』“Kean”などというサイレント映画だったが、トーキーになってからのものではルーベン・マムウリアンの『今晩は愛して頂戴な』“Love Me To-night”という作品の最後の方の追っかけの場面にそれが用いられている。


（遠写） 野原。汽車が驀進《ばくしん》している。

（〃　） 城門。ジャネット（女主人公）が走り出てくる。

（〃　） 野原。驀進している列車。

（〃　） 馬上のジャネット。

（近写） 驀進する列車。

（〃　） 驀走するジャネット。

（〃　） 前景へ驀進してくる列車。

（遠写） 驀走する馬上のジャネット。

（近写） 列車がキャメラの上を越える。

（〃　） 馬上のジャネットがキャメラの上を越える。

（〃　） 列車が一方へ驀進し去ると、すぐつづいて馬上のジャネットが疾駆してくる。

（〃）列車の煙突。

（〃）馬の前脚。

（〃）煙突。

（近写）馬。

（〃）煙突。

（〃）馬。

（〃）ピストン。

（〃）馬の脚。

（〃）ピストン。

（〃）馬の脚。等々、以下九カット、ピストンと馬の脚を互いにフラッシュ・バックして――

（〃）列車の車輪とそれに迫る馬の脚。

（〃）驀進する列車、それと並行して馬上のジャネットが叫ぶ。「モーリス！　モーリス！」


こういう技巧のほかに、手紙とか電報とか新聞記事とかいう類のものの大写しが一連の画面の間に挿まれる場合（ホ）や、人物の顔とか品物とかあるいは思い出の風景とかいう類のものがチラリと閃《ひら》めく場合（ヘ）は、それをとくに

（ホ）　インサート（Insert）

（へ）　オン・スクリーン（On Screen）

などとも呼んでいるが、それも勿論カット・イン（Cut-in）であり、それほど厳密に区別しなくても差し支えない。

以上極めて粗雑に書き並べたが、前にもいったように、こういういろいろな術語はただ術語として一応おぼえておけばいいので、術語にこだわって本質を見逃すようなことがあっては、それこそ虻蜂《あぶはち》とらずで全く無意味である。要は術語など二の次にしても、その奥にある肝腎なものをしっかりと掴みとることが第一である。

しかも、現在の日本のシナリオの様式は、よほど特殊な場合でない限り、そういう煩雑な技術上の指定はそうこまかく書かないのが大体の常識になっている。

次に引用するのは、村山知義氏と阿木翁助氏との共作になる『生活の湖』の一節で、全然術語が用いられていない特殊なシナリオの一例だが、あえてこの様式を推奨するという意味ではなく、こういう書き方でも術語を用いた場合と同じ効果は出せるものだということの実例として掲げておく。

あなたの乗っている飛行機から下を覗いてごらんなさい。美しい青葉の高原のつらなりの中に、大きな銀色の湖が昼さがりの日にギラギラと輝いています。そのほとりに煙突のたくさん立った町があり、そこへ向かってウネウネの線路の上を、虫のようにのろい汽車が走っています。

あなたの乗っている飛行機はこののろい汽車を見捨てていつの間にか湖の真上に来ました。目に入るものはただ銀色の水ばかりです。水ばかりです。さざなみが立っています。ますます近く――。あなたはその皺の一つ一つをも数えることができる――。ああ。湖の底に何か見えはしないでしょうか？

見える。ぼんやりと、だがだんだんハッキリと。停車場の柵が。枕木を黒く焼いた柵だ。その柵に沿って眼を移すと――、駅名を書いた札が立っています。

「しもすわ」

もっと眼を移すと――、プラットフォームにかたまっている一群の人間が現れて来ます。

伊村芳子（二十三才）

その弟、良一（十八才）

山名与助（二十七才）

岡田家の傭人、孫太郎（五十七才）

の四人です。

基本Ⅱ

シナリオの位置

巷間《こうかん》シナリオの重要性が云々されるようになったのは、つい十年ほども前からの事である。

しかし、それだからといって、何も決してその十年の間に初めてシナリオが映画製作機構のなかでの重要な位置を占めるようになったわけではない。おそらくは映画が初めて誕生したその時以来連綿として常に重要な役割を占めていたものに違いないのである。

なぜならば、映画を構成するさまざまな要素のなかで、みずから最初に映画を構成しようとする意志を内包しているものはシナリオをおいてほかになく、その他のものはすべてシナリオの指示するところに従って、初めてその活動を開始するものだからである。建築における設計図がしばしば映画におけるシナリオの位置の説明に引用されるのも、つまりはそれが何よりも先に、みずから一つの建物を建てようという意志を内包しているからにほかならない。設計なくしては一本の鉄材も一塊のコンクリートも、それの建築資材としての実際の働きを持ち得ないからである。

昔、チャップリンはシナリオを持たないといわれた。チャップリンのみならず、活動写真創生の当初、さかんに撮影された短編喜劇や風景のスナップなどの場合にも多分シナリオは用いられなかったであろう。が、しかし、それは厳密にいえば「書かれたシナリオ」がなかったというだけのことで、おそらくそういうものを製作した人々の頭のなかには、チャップリンの場合にしても、必ず「書かれざるシナリオ」があったに違いない。もっともそれはシナリオというよりも撮影のためのプランという方が正しいかもしれないが、それにしてもシナリオというものが、映画という総合体のなかで、どんな位置を占めるべきものであるかはいまさら贅言を要しまい。巷間近年に至って初めてシナリオの重要性が云々されるようになったことのごときは、要するに、世間一般がいかに映画製作機構の実際について無知識であるかということの証左たるにすぎない。

ロバート・リスキンのシナリオなくして『或る夜の出来事』"It Happened one Night"や『オペラ・ハット』"Mr. Deeds Goes to Town"が出来たであろうか。シャルル・スパークの協力なくして『ミモザ館』"Pension Mimosa"や『女だけの都』"Le Kermesse Heroique"が生まれたであろうか。ロッセリーニの『戦火のかなた』"Paisa"はその当時ローマにいたアメリカの新進作家アルフレッド・ヘイスのほか、フェデリコ・フェリーニ、マルチェロ・パリエーロなどというシナリオ作家の協力の上に立っているし、ワイラーの『女相続人』"The Heiress"はルス・ゴーツとオーガスタス・ゴーツとの共同シナリオあっての作品である。『我が道を往く』"Going my Way"は原作者兼演出者としてレオ・マッケリーの名と主演者としてのビング・クロスビーの名のみを高からしめてはいるが、その実フランク・バトラーとフランク・カベットの共作になるそのシナリオが大きな力になっていることは争えない。映画の優秀性は決して演出技術のみによって勝ち得られるものでもなければ、俳優の名技のみによって決定されるものでもない。根本はシナリオの良否にある。

――弱い苗からは絶対に豊かな実りは期待出来ない。弱いシナリオからは絶対にすぐれた映画は出来あがらない。シナリオの弱点は、シナリオのうちに退治しなければ、映画として救うべからざる禍根を残す。これは絶対的である。いかにすぐれた演出力をもってしても、いかに演出にあたって努力しても、それを救うことは出来ない。勿論、演出家がシナリオに対してする努力は別の話であるが、その努力と演出とを混同して考えて、シナリオの弱点を演出でカヴァー出来ると考えている人もいるようだが、それが錯覚であることは説明の要もあるまい。とにかく、映画の運命はシナリオにおいてほとんど決定されるのだ。僕はまずよいシナリオをつかむことが演出術の第一歩だとさえ考えている――。

これは黒沢明氏の文章の一節だが、この言葉は黒沢氏が演出家であると同時にシナリオ作家でもあるだけに、いっそう玩味されるべきだと私は思う。シナリオとは実にそういうものである。

が、一般の人々は勿論のこと、映画批評を専門とする人々の間においてさえ、ややもすればストーリーとシナリオとを混同して、ストーリーのすぐれたものをもって直ちにシナリオの良さに結びつけようとする傾向があることは見逃せない事実である。ストーリーがすぐれていて、その上演出技術が群を抜いていると、それだけでもう良い映画としての刻印を捺《お》されているものが世間には相当ある。

しかし、ストーリーが良いということは必ずしもシナリオが良いということにはならないし、また演出技術がすぐれているということもシナリオが良いということとは一致しない。が、実際においては、えてして、すぐれた演出技術によっておおわれたすぐれたストーリーというものは、そのシナリオまでがすぐれているかのごとき錯覚におちいらしめがちなものである。

いうまでもなく、ストーリーは内容であり、シナリオはそれの表現である。内容と表現と適時適所に渾然一体となって、そこにはじめてシナリオの優秀性が生まれるべきはずのものであり、従って、ドタバタの短編喜劇や荒唐無稽な『狸御殿』などのシナリオが芸術的な作品のシナリオにくらべて、必ずしもシナリオそのものとして劣っているとは断言できない。

シナリオは技術である。要は内容もすぐれ表現もまたすぐれていて、しかもその二つのものが水も漏らさぬ関係に結び合わされてこそ初めてシナリオとしてもすぐれたものになるのであって、決して跛行《はこう》的であってはならないはずのものである。

ところで、正常なキャメラの科学的な現実性は、あらゆる対象をそれの現実における姿のままに捉えるのだから、従ってまた画面内におけるその物象の動きもまたそれの現実における動きと同じく、自然の法則によって支配されているものである、などということは、何も改めていうほどのことでもあるまい。東から西へ向かって吹く風はフィルムの上でも東から西へ向かって吹くのだし、飛ぶ鳥、流れる水、すべてみなフィルムの上のそれがそのまま自然界におけるそれの姿なのである。劇中の人物の行動にしたところで、それはその人物に扮した俳優の動きがそのまま実写としての正確さをもって捉えられているだけのもので、それが劇だからといって、笑った顔が泣いた顔に写るわけのものではない。

が、しかし、そういうふうに自然の法則に従って動いている画面の幾つかのカットが、ある一定の意図のもとに適宜に繋ぎ合わされると、それは早くも自然の法則から離れて、それを繋ぎ合わせた人間の意志によって動いているかのごとき錯覚を抱かせる。極端な例を挙げれば、ダイビングの実写はそれを逆回転するだけでも、水中から人間が飛び出してダイビング・ボードの上に躍りあがるような錯覚を抱かせ得るし、東から西へ吹く風もその前後の画面の繋ぎ方によって西から東へ吹いているような錯覚を起させ得るのである。

それと同じ理由で、自然の法則に従っている一切のものを、人工的な、というよりも芸術的な法則によって統一し、そこに現実の世界とは違ったもう一つの世界を創り出すのが劇映画であり、劇映画のなかの一切の物が一見自然の法則に従って動いたり発展したりしているように見えながら、その実は演出者の意図する法則に従っているものだということは、この上もう説明する必要はあるまい。

ところがそこで、演出者をしてそういう法則を意図せしめるものは何かといえばそれがすなわちシナリオなのであって、いい換えればシナリオは、映画の科学性と芸術性とを結び合わせる第一段階に立っているものであり、現実の人生とは別な、しかし現実の人生よりはいっそう純粋で真実な人生を創り出そうと意図しているものだといえるのである。シナリオが慎重でなければならない理由がそこにあり、虚構の上に成り立つものでありながら少しの「嘘」があってもならないという理由もまたそこにあるのである。

シナリオの技法

一般的に考えて、作家の創作の衝動が起こる場合、その衝動の直接の動機となるものは作品を形づくるべき内容であって、単なる表現の技法というようなものがまず作家の創作欲を刺激して、その後に内容が決定するなどということはほとんどないといってもいいし、あってもはなはだ稀であろう。砕いていえば、何が書きたいかということが最初の問題であり、どういう技巧によるべきかということはその次の問題である。

従って、最初にまず内容があり、その内容をいかに処理すべきかというところから技法が決定されるというのが最も普通の状態だが、それはそれとして、今かりにある作家が一つの内容を掴んだとして、芸術的感興の湧くがままに筆を走らせたとすると、たとえばそれが小説のようなものである場合は、何かほかに特別な支障でもないかぎり、それは必ず完成するであろうが、もしそれがシナリオである場合は、おそらく彼は筆を執《と》って間もなく一歩も進めないような行き詰まりにぶつかるに違いない。理由は彼がその芸術的衝動のみに駆りたてられて、映画の持つ科学的な面、というよりも写真としての冷ややかさを無視してかかったからにほかならない。

シナリオには、そういう芸術的な感興だけでは処理できない冷やかさがあって、もし作家がそれを無視して一気に筆を走らせるとすれば、それは文学的な作品にはなり得ても、シナリオにはなり得ないというおのずからなる限界があるのである。それはひとえに、シナリオにおいては作家の主観をそのまま直接に表明するような叙述が一切ゆるされないという点にかかっている。シナリオにおいては作家の主観的な叙述は必ずなんらかの形に客観化された表現に置き換えられなければならない。そこに劇形態としての、また「写真」としての冷やかさがあり、それを越えての叙述が許されないという限度があるのである。いわばそれがシナリオの宿命だともいえよう。従ってシナリオの作家は、作品の内容が決定すると同時に、それの表現技法も併せて考究しつつ、芸術的にはその衝動と共に熱意をもって、技法的には技術者としての冷静さをもって、その双方を調和させつつ筆を進めなければならないのである。

勿論シナリオにも作家の主観をそのまま叙述する方法として、前に挙げた『とらんぷ譚』や『逢びき』のようにナラタージュという形式はある。それによれば画面は画面として進行し、作家の言葉は作家の言葉として、画面とは不即不離の関係を保って述べられてゆくので、主観の表明も一応は可能であるかのように考えられるものの、しかし、将来ともにすべての映画がそういう方向をとるとは考えられないし、また、その場合にしてもそこに展開される画面そのものは完全に視覚化された表現に移されていなければならないという点で、これも所詮は特殊な場合に限られるものだといわなければなるまい。

とすれば、シナリオが小説その他の叙述的な作品と異る点は、なにもかもが客観的な表現によって書かれ、なおかつそれが色彩映画を対象とするものでないかぎりは色彩感覚をすら除外してかからなければならないものであり、しかもその上その客観的な表現方法のなかにさえ更にまた限界があるということである。というのは、シナリオはその本来の目的からいって読者を対象とするものではなく、映画としての表現を目標とするものなので、従ってそこに書き出されてゆく叙述は、それが映画となる場合の表現と同質のものでなければならないからである。

――彼と彼女はその後も毎日そこで会っていた――

ということの表現は、まさしく客観的ではあるが、しかしシナリオ的な表現ではない。なぜならば、それはこの文章が映画化される場合の表現と同質のものではないからであり、それが同質のものとなるためには「その後も毎日」という記述までが視覚化された「形」によって表現されなければならないからである。

こう考えてくると、ある内容をシナリオの形で表現するということは、はなはだしく自由さのない、いかにも窮屈なことのようにも考えられるであろうが、しかしそれの特殊な性格を飲みこんで、その性格から割り出された一応の映画的表現に関する常識というようなものを身に付けてしまえば、自然、一見闊達《かったつ》さのないかのようにもみえるいろいろな制限に拘束されることも少なくなって、比較的苦労なく自分の感興をシナリオのなかに溶かしこんでゆくことが出来るようにもなり、そう窮屈なものとばかりは考えなくてもすむようにもなってくる。のみならず、短歌や俳句が一定の字数のなかに制限されながら、しかもそこにそれぞれの芸術性を保ち得ているように、そういう制約のなかで筆をすすめてゆくというそのことに、かえってシナリオ独自の価値というものが考えられてもくるし、ことにまたシナリオの場合は、そういう制約のなかでの最高の表現を可能ならしめようと努力することをもって、創作活動のなかの一つの条件と考えるべきでもあろう。そこにシナリオ独自の技法が生まれてもくるのである。

初めてシナリオを書き出したころには、どうすればそれを視覚化できるかわからなかったような心理的な問題なども、やがてさまざまな技法を体得してくると、そう大した苦労もなく書き現わせるようになってきて、どうしてかつてはこのくらいのことにあれほど苦労したのだろうかと考えるようにもなってくるという実例は、事実、私たちの間にも多くの経験者があることである。

そういうことの適切な例になるかどうかはわからないが、劇中の人物を「主人公」とか「脇役」とかいうふうにわけて考える習慣も、それを作家の書き出そうとする芸術的な精神の高さからみれば何かしら低俗な、不純な響きをもって聞こえるかも知れないが、しかし、それを技法の一つとして考えれば、その呼び方にも全然意味がないわけではない。たとえば前にあげた「彼と彼女とはその後も毎日そこで会っていた」というそのことを、その「彼」なるものを主人公として表現しようとする場合、それがもし彼と彼女以外の人物を想定しない場合だったら、シナリオは「その後も毎日」という事の視覚的な表現として、その二人の毎日の会合を次々に幾回にも描出しなければならないわけで、そこに幾分の煩雑さを予期しなければならないことになるが、もし「脇役」なる人物を点綴《てんてい》することが許されれば、主人公なる彼がその脇役に向かって「僕はその後も毎日そこでその彼女と会っていた」と語るとか、あるいはまた、そこの道端にいる靴みがきが「あいつら毎日あそこで会ってやがる」と呟くだけで、最も簡潔にそれを表現することができるわけである。

また例えば、ある男が、郊外の吉祥寺あたりに住んでいる旧師を訪ねるのに、途中、どこかのデパートで手土産でも買って行こうと考えながら都内電車に乗っていると仮定して、これをシナリオでどう表現するか、今もしこの男ひとりだけの場合だとしたら、いかなる旺盛な表現力を持っている作家でも、ただ単に電車に乗っているだけのその男を描く以外には方法がないであろうし、従ってその男が何を考えながら何のために電車に乗っているのかは全然表現できないことになるが、この場合もまたそこに「脇役」なるものを想定して、「やあ、しばらく。どこへ？」「吉祥寺に昔の先生がいるんでね」というような会話でもさせればそれだけでもうその男が電車に乗っている理由は充分に説明できるし、更にその男が途中で下車しようとするのに対して、「おりるのか」「うん、どこかその辺で手土産でも買って行こうと思ってね」というように二人の会話を運ぶとすれば、その巧拙はしばらく措いて、それでその男の考えていることは一応表現されてしまったことになるわけである。

この技法を更にひろげて、シナリオ全体にわたっての人物の配置という問題にまで関連させると、それによって必要な人物の数とか色わけなどまでが大体予定されてくるわけだし、そういう方法もまた作家の描かんとする主題を出来るだけ明確に表出せんがための一つの技法としては許されてよかろう。とにかく、右のような一、二の例から考えても、シナリオの技法を習得するということは、無駄な苦労を省くという点だけでも決して無意味なことではないし、たとえば、いかに立派なテーマをつかみ、いかにすぐれた題材を拾い得たからといっても、もし表現技術がそれに伴わなかったら、そのテーマなり題材なりの良さの半分も現わすことができないことになり、結局はそれが完全な作品になり得ないで終るであろう。

もっともしかし、それがただ単に作品の含んでいるモラルだとか、あるいは作家自身の主張だとかいうものだけを主眼にしたいわゆる演説映画のようなものでいいというシナリオならば、それほどの苦労もいらないであろうし、それこそ有り合わせの、浅い技術だけでもどうにか間に合うであろうが、もし内容と表現とが共に備わった見事なシナリオを書こうとするのならば、そのための技法を修得するためだけにでも、文字どおり鏤骨《るこつ》砕身の努力をつづけるべきである。

シナリオというものは書けば書くほどむずかしくなるとは、私たちの間でよくいわれる言葉だが、それは決して比喩や反語ではなく、その言葉のままの、全くその通りの意味なのである。事実、シナリオというものは、書けば書くほどその時その時の段階におけるむずかしさを増してくるもので、シナリオ作家として相当に長い経験を積んで来ている人たちでさえ常にその処女作を書いた時と同じ程度の苦労を繰り返しているものなのである。かえって五、六篇のシナリオが映画化されたころのいわゆる油がのっているといわれる時分の方が、悪くいえば盲蛇に怖じずとでもいうか、（実はその時分がいちばん粗雑な仕事をする危険が多いのだが）向こう見ずに、大した苦労もなく、楽な気持で書けるものである。

技術の研鑽ということは、どんな仕事の場合にでもおろそかにはなるまいが、わけてもシナリオの場合は、その技術的な巧みさがその部分だけ特に目立って感じられるようなことでは、まだまだ本物だとはいえないのだし、それが渾然とした一つの味に溶けるまでにはおそらく一生かかるであろう。一生かかってもあるいは達せられないかも知れない。とにかく遠くて長い道である。

文章について

次のような一連の文章がある。泉鏡花氏の『白鷺』のなかの一節である。

――その夜、砂子を帰る時、二階をおりる処で、津川は、お篠がまだ其処に奉公しなかった前から、それが馴染の女房に出逢って、芸者を入れまぜに立話をする。

順一はひと足さきに格子を出た。

お篠が送って、忍び返しの釘を白く、塀を青く、月影がさす路地を順一と並んで、つっかけ下駄を沈めて運んで、胸をつと張りながら、ふらふらと歩いたが、すぐに路地口。賑やかな電車通りの、その影法師のような街の、燈がちらちらする裏町で、別れ際にすっと寄ると、袖が袂に触った時、

「……お近い内に……」

「来ます」

と順一がためらわずに云うのを聞いて、何故かさしうつむいた丸髷が月の雫に重そうに見えた。

……

この文章がシナリオの場合にはどういう形に書き変えられるものか、いま、それを山形雄策氏の脚色したものと比べてみよう。もっともそこにはほんの僅かばかりながら情景の相違があるが、しかしそれとても大した違いではない。

○砂子の表

津川が、玄関で、おかみや芸者と賑やかに別れの立話をしているのをよそに、順一とお篠は、月光の隈どる道端に佇んでいる。お篠、ひっそりと情をこめて、

「……お近い内に」

順一、お篠の眼をみて、はっきりと、

「来ます」

お篠、何故か、差しうつむいて、淋しく……（下略）

ところで、鏡花氏の文章には、芥川竜之介氏の言葉を借りていえば、「世間一般が独特とするものよりも独特な」香気と癖があるのだから、その点、この引例はいささか穏当を欠くかもしれないし、

更にまた、人によっては、この思い切った文章の改変をもって、鏡花文学の冒瀆だという者もあるかも知れない。もっとも、私自身にしたところで、この山形氏の方法が最上のものだとも思わないし、それに、シナリオの文章というものも、それはそれなりに練られもし工夫もされ、含みも持たされなければならないものだとは思うが、しかし、それはそれとして、いま、この二つの文章をくらべてみただけでも、いかにシナリオの文章というものが「華を去り実に就く」ものであるかということだけはわかると思う。

いうまでもなく、シナリオというものの本来の目的は、文章によって物語を伝えようとするものではなくて、文章を手段として映画を描こうとするところにある。従って「華を去り実に就く」の「実」の範囲は、飽くまでも、映画としての表現が可能なことをもって限度としなければならない。

1　野良はもう一面の雪である。
2　農家の背戸に降りかかる雪。
3　囲炉裏《いろり》の赤い火と黒い大きな鍋。
4　囲炉裏のまわりに手をかざしている百姓夫婦や子供たち。
いい雪だな。
今年も豊年だぞ。
ぶくっ、ぶくっ。

ぐっつ、ぐっつ。
囲炉裏の上で、
「のっぺ」が、
歌をうたい出した。

5　囲炉裏の端。女房の手が鍋の蓋を取る。白い湯気がぼうと立つ。
6　鍋の中。芋や大根がぐつぐつ煮えている。
7　子供たちの食べたそうな顔。
8　鍋の中。箸が鍋の中をかき回す。それから醤油が注がれる。
9　子供たちの食べたそうな顔。

これは山本有三氏のシナリオ、というよりも特に「Scenario の形を借りて」と断り書きをして書かれた『雪』という散文詩の一節だが、文章としても無駄がなく、描写もまた適確なものの一例として、参考までに掲げておく。

要するにシナリオの文章は、映画としての表現が可能な限度内において、出来るだけ簡潔に、適確に、端的に、しかも欲をいえば、豊かに、そしてその上、演出者に演出上の示唆を与え、キャメラの位置や角度までもある程度まで暗示するように書かれなければならない。それには何よりもまず対象をその具体的な面においてハッキリと掴み、その掴んだものを、少しの無駄もなく、切り詰めた文章に置き換えることが第一である。

一兵卒として南方の孤島に三年、いま彼は懐しい故国の港浦賀に上陸した。しかし上陸と同時に彼の目に映じたものは何であったか。敗戦によって打ちひしがれた故国の、浅間しくも冷やかな現実の姿そのものである。彼は綿のように疲れた足をひきずって、ただ故郷へといそぐ以外にはなかった——

これは最近、ある人から私に送られてきたシナリオの一節だが、いうまでもなく、この文章はシナリオのそれではない。なぜならば、そこには文章をもって映画を描こうという意図よりも、文章をただ単なる文章として作者の観念を伝えようとする意志の力が、遥かに強く現れているからである。しいてこの中からシナリオ的な語句を拾うとしても「浦賀に上陸した」「疲れた足を引きずって」等々以外にはほとんど見出し難い。

シナリオに採用されるべき語句がいかに適確緊密でなければならないかということの参考として、次に谷崎潤一郎氏の『文章読本』の中の一節を引用させてもらう。

——たしか仏蘭西のある文豪の云ったことに「一つの場所に当て嵌《はま》る最も適した言葉は唯一つしかない」という意味の言がありますが、此の最適な言葉は唯一つしかないということを、よくよく皆さんは味わうべきでありまして、数箇の似た言葉がある場合に、いずれでも同じだとお思いになるのは、考え方が緻密でないのであります。なお注意して思いを潜め、考えを凝らして御覧になると、必ずいずれか一つの言葉が、他の言葉よりも適切であることがおわかりになります。たとえそれが散歩のごとき些細な事柄でありましょうとも「散歩」と、「散策」と、「そぞろ歩き」と、「ぶらつき」等々といずれを使っても全然同じであると云うことは有り得ない。ある場合には「散歩」よりも「散策」の方が、またある場合には「そぞろ歩き」の方が、一層適するはずでありまして、そう云う僅かな言葉の差異に無神経であったり、そう云う感覚が鈍かったりしたのでは、よい文章を作ることは出来ません——。

よく達意の文章などといわれるが、シナリオの場合は、達意である上に更に簡潔でなければならない。いわば三角形の一辺を歩いているような、つまり遠回りをしない辞句によってピタリと書かれることが絶対に必要である。しかもそれは「ト書き」すなわち地の文章の場合ばかりではなく、セリフについてもいえることで、たとえば自分自身のことを私とか僕とかいうその一人称の代名詞ひとつを取り上げてみても、ある場合にはおれといい、またある場合には手前とか手前どもとかいう方が適確な感じを出せる場合がしばしばある。ついでながら、いま試みにその一人称代名詞にはどんないい方があるか、思いつくままに書きならべてみても、天皇の場合の「朕」を初めとして、

わたくし、あたくし、わたし、あたし、わたい、あたい、わらわ、わっち、わちき、あっし、こち、こちとら、おいら、わし、おれ、おのれ、うち、みずから、小生、迂生、愚生、予、拙者、拙、身共、それがし、やつがれ、手前、僕、不肖、我、吾人、我輩、儕輩《せいはい》、自分

このほか、わて、おいどん、などという方言まで数えあげればまだまだ沢山あろうし、たとえば、自分ひとりの場合に僕達とか我等とかいうように複数の形でいう場合もあり、あるいは「山田は」とか「花子ちゃんは」とかいうように自分の名前や愛称を使うこともあり、更にまた「本職は」とか「拙僧は」とか「先生は」とか「お父さんは」とかいうように自分の地位をもって代える場合もある。はなはだしい例としては「彼氏は」「彼女は」などと明らかに三人称をもって自分を表明する場合さえないではない。「ミイは」などというものさえある。しかもそのどれもがそれぞれに違った感じを持っているのである。

シナリオの文章やセリフについてもこれと同じことがいえるわけで、例えば「誰々が彼を送って出てくる」と書いた場合と「彼が誰々に送られて出てくる」と書いた場合、あるいはまた、「馬が走る」と書いた場合と「走る馬」と書いた場合とでは、それによって演出される画面が全然違ってくるはずで、そこに脚本の文章の綾があり、含みがあるのである。これは例えば「馬が走る、馬が走る、――走る馬」と書いてある場合にそれによって脳裡に浮んでくる画面を想像してみれば、そこの呼吸がわかると思う。

従って、いかに奔放自在な書き方をするにしても、その辞句の選択にあたっては充分に神経が働いていなければならないわけのものである。

時制の問題

現在用いられているシナリオの文章の時制には、大体、次のような二つの形がある。初めのは八木隆一郎氏と北村勉氏との共同脚本で長塚節氏の原作『土』（内田吐夢氏監督）の一節であり、あとのは池田忠雄氏の脚本で岸田国士氏の原作『暖流』（吉村公三郎氏監督）の一節である。

――第一例――

○畑道

激しい勢いで勘次が駆けて来た。不安に脅えた様子で後を振返り、またすっとんで行った。

他の道を、平造と駐在の旦那がやって来る。

平造「わしらにゃ、もうちゃあんと見当がついていやんす。やる奴ぁてえげえ極っていやんすから」

駐在「そんでもお前、蜀黍《しょくしょ》の粒見っとすぐおらのもんちこと分っかな？」

平造「そりゃ旦那、わしら蜀黍に〆粕どっさりくれてやんすから穂の出来が違いやんすよ」

といきり立って、勘次の家の方へ連れ立って行った。

○地主の家の前

飛んで来た勘次は、堂々たる長屋門に臆して裏の方から入っていった。

○勘次の家の裏

平造は駐在と共に竹藪をがさがさ探し回っていた。おつぎと与吉（註。二人とも勘次の子）は少し離れたところで不安そうに見守っていた。

平造「ありやんした。ありやんした。フンこんなとこさ隠してありやがった——。ほら、旦那、わしらがとこの蜀黍に違いありやせん。野郎にゃこんなの出来っこねえんでがんすから……。その証拠にや、きっと自分の畑の分は一つ穂でも切っちゃいやせんよ」

駐在「こればかり盗って、どうするっちのかなぁ？」

平造「わしらにゃよっく分かってやんすよ。あの野郎ぐれえ仕様のね奴ぁありゃんすめえ、食わせんの惜しくて八十になる舅こと追ん出したんですかんね。おら、その舅の卯平たあ友達だで、よけえ腹が立つんでやんすよ」

○地主の家の中、夜。

おつぎが裏口から入って来た。

お内儀「おお、おつぎかい、御苦労、さ、もっとこっちへおいで」

おつぎはお内儀の傍へ寄って蹲《つくば》んだ。

お内儀「お前、もう知っているだろうね？」

おつぎは涙をためて聴いた。
お内儀「勘次にも困ったもんだ……」
おつぎ「お内儀さん、おとっつあはどこにいんであんしょう?」

——第二例——

○走る自動車の中
啓子と祐三がゆられている。
啓子「じゃ、随分せっぱつまってるんですのね……」
祐三「——まあね」
啓子「でもね、あたしだけだったら平気ですわ。いくら切りつめても、それだけの暮し方は出来るつもりだから……」
祐三「その気でいて下されば、僕も気が強いですよ。まあ、そんなにみじめな目には合わせませんよ。委《まか》しておきなさい」
啓子「ええ」
祐三（ふいと彼女の指を見て）「相当長くかかりますね。まだいけないんですか?」
啓子「ええ、どうしたんでしょうね?　笹島さん、針に黴菌がついてたのかもしれないって仰言るのよ」
祐三「――いつも笹島君が診るんですか?」
啓子「ええ……責任がある責任があるって、熱心にやって下さるんですけど……」
祐三「藪かな……」(笑う)
啓子「まあ口の悪い……」(笑う)

○病院内、廊下

二人、歩いてくる。
病院の者たちが二人に会釈する。
やがて、二人は別れる。
祐三「じゃ、お大事に……」
啓子「ええ有難うございます」
祐三はそこの主事室に入り、桂子はどんどんもっと奥の方へゆく。

○外科診療室

啓子、入ってくる。人々、会釈で迎える。

○手術室の前

手術室の方に笹島と仲間の医員がいる。看護婦が顔を出す。
看護婦「笹島先生、お嬢さまがおいでです」

笹島「そうか」(と立つ)
　その足を仲間がスリッパごと踏みつける。
仲間「おい、指はいったいいつになったら治るんだい？　あんまり引っぱるな」
笹島「よせよ、冗談いうのは」(と照れる)
仲間「君のポーカーフェイスも大したことないな。見えるぞ、外から……。いやな奴だ」
笹島「そっちの方がよっぽどいやな奴だ。どんな想像しようと勝手だがね、治りのおそいのまで
　僕のせいにされるのは迷惑だよ」
仲間「いい訳は沢山だ、早くいけよ」
　笹島、ふんと鼻で笑って出てゆく。

○診療室

　笹島、やってくる。啓子に一礼「お待たせしました」と椅子に招じる。

　一読してわかるであろうように、前者の文章は過去形をもって書かれ、後者のそれは現在形をもって書かれている。前者の中の「平造と駐在の旦那がやって来る」という現在形も、それは決して純粋な現在形ではなくて、描写を生鮮ならしめんがために利用された現在形的過去形と考えるべきものである。

　とすれば、いったい、シナリオの文章の時制というものは、過去形と現在形と、そのいずれを選ぶ

べきものであろうか。

前項でも述べたように、シナリオというものの本来の目的は、「読者」を対象として物語を伝えることではなくて、そこに描かれた事象が「映画」として再現されることにある。いわば映画以前の映画ともいうべきものがシナリオなのだから、従ってそこに繰り展《ひろ》げられてゆく描写の進行は、それによって製作される映画そのものの進行とその質を同じくすべきものである。いま仮にわれわれが一つの映画に接するとして、その映画がわれわれに訴えてくる事件の系列は、常にその瞬間瞬間を現在時として進行する。決して過去の出来事としてではない。

たとえば歴史映画や時代劇などの遠い昔の出来事にしたところで、われわれは決してそれを懐古的な感じにおいて観ているのではなくて、少くともそれに接している間だけは、その時その時をそれぞれの現在時として次から次へと追い縋《すが》って行っているので、それが懐古的な感じに引き戻されるのは観終わったあとの話である。そういう理由からいっても、シナリオの文章というものは、よしんば文章そのものが漢文調や擬古文をもって書かれる場合にしても、時制だけは現在形をもって書かれるべきものである、とこう私は考える。

のみならず、過去形の文章というものが、過去の出来事の記録を主とするのに対して、現在形の文章は、事件の進行をその進行の速度とともにとらえ得るばかりでなく、命令形に似た、指定形、あるいは指示形とでも称すべき機能をも備えている。たとえばかつて軍隊などで、お前はこうする、ああする、などという、その、こうする、ああするは、こうしている、ああしているというのではなくて、こうしろ、ああしろ、と指示しているわけである。

シナリオの文章を単なる記録的な文体にとどめず、指定形あるいは指示形とすることも決して無意味ではないはずである。その理由については今更説明するまでもなかろう。が、こうはいうものの、過去形の文章の方が叙述が滑らかに進むという人もあり、また過去形ではシナリオとして役に立たないというわけでもなし、勿論これは各人各様で差し支えのないことであるが、しかし原則としては現在形を採用すべきものである、ということだけを述べておく。

念のために断っておくが、八木氏もその後の作品では、多く現在形の文章を用いているようである。

長さの問題

作品の良否がその作品の長短によって左右されるということは、理念としては、あり得べからざることであり、またそんなことで作家の創作意欲が限定されてはならないはずであるが、しかし、これを鑑賞する者の側からみると、連続して三時間も四時間も一つの作品に接しているということはその生理的な条件が許さないし、第一、現在までの名作とか傑作とかいわれている作品についてみても、その長さの点では、八千フィートから九千フィート台のものが多く、それを時間にすると、一時間半から一時間五十分前後、それでいて、みている時の気持としてはたっぷり一万フィート以上にも感じられるほどに、内容もまず充分に盛られているものが多数を占めている。つまり一巻を八百フィートとして十巻から十二巻ぐらいまでのものである。なお、いわゆる短編物となると、一般に三巻物と呼ばれているくらいで、大体二千四、五百フィートから四千フィートぐらいまでの長さのものが常識になっている。

よって次に、それに適応する映写時間とフィルムのフィート数ならびにメートル数との対比を掲げて参考に供しておく。ただし、これは一秒間三回転、すなわち二十四コマ、一分間の速度にすれば八九・九フィート、メートルにして二七・四メートルの標準速度による表である。

時分	フィート数	メートル数
0.01	89.9	27.4
0.20	1798.0	548.0
0.25	2247.5	685.0
0.30	2697.0	822.0
0.35	3146.5	959.0
0.40	3596.0	1096.0
0.45	4045.5	1233.0
0.50	4495.0	1370.0
0.55	4944.5	1507.0
1.00	5394.0	1644.0
1.05	5843.5	1781.0
1.10	6293.0	1918.0
1.15	6742.5	2055.0
1.20	7192.0	2192.0
1.25	7641.5	2329.0
1.30	8091.0	2466.0
1.35	8540.5	2603.0
1.40	8990.0	2740.0
1.45	9439.5	2877.0
1.50	9889.0	3014.0
1.55	10338.5	3151.0
2.00	10788.0	3288.0
2.10	11687.0	3562.0
2.20	12586.0	3836.0
2.30	13485.0	4110.0

この表の時間並びにフィルムの長さを、直ちにシナリオの長さに換算して、原稿用紙幾枚が幾フィー

トというように明示することは到底困難だが、普通、戯曲や放送台本などの場合だと、大体、四百字詰原稿用紙一枚が一分間というような概算になっているので、今それを仮に映画の場合に置き換えてみると、四百字詰約九十枚で八千フィートということになり、大まかにみて、まずその辺のところで大した誤算はなさそうである。が、しかしこの数字はそのシナリオの質とか演出者の演出手法などによっても変化する性質のもので、その一例として、次に伊藤大輔氏の自作脚本『興亡新選組』についての、シナリオと演出の関係に関する解説文の一節を引用させてもらう。

字幕

いい得べくんば暗殺時代とも称すべき幕末の、とりわけ、そうした非常手段の甚《はなはだ》しかった文久元年から二年三年にかけて――

斬られる――

（脚本には「斬られる」と、たった一行しか書いてないのですが、監督者が脚色者を兼ねている場合にはこれで実務的に間に合っていたのです。（中略）私の撮影台本をみると、この「斬られる」の一行が次のように書かれてあります。

字幕からO・Lして、突き進む刀尖の移動撮影。赤い染色のフィルム二齣、突く、閃めく、斬り卸す、払う刀尖――。赤三齣。叫喚する顔、三重露出で五、六齣。赤二齣。地上に散乱する白紙。以上のように七カットになっています。）

これは、しかし、必ずしも伊藤氏がいうように演出者とシナリオ作家とが同一人である場合のみとは限らない。たとえば、活劇の場合などにしても、その一人々々の動作をいちいち仔細にシナリオで指定することは到底困難だし、また、劇中の人物が歌を歌う場合などにしても、シナリオでは、たとえば「菩提樹の歌を歌う」とだけ書いてあるものが、実際の撮影にあたってはその誦歌に要する時間だけのフィルムの長さが必要になってくるわけだし、そのほかにも、シナリオではわずか一行か二行で書かれている事柄が、フィルムによる描写の場合には相当の長さを要することが決して少なくない。同時にまた、それとは反対に、シナリオでは相当な長さに書かれていることが、画面としては一瞥してわかるというような場合は、当然フィルムも短くなるわけである。

で、結局、極めて大雑把ないい方をすれば、四百字詰九十枚前後から長くても百枚を少し越えるくらいまでというところが最も手頃だと思って差し支えないようである。

前にもいったように、せっかくの創作意欲がフィルムの長さによって制限されるということは、一見、いかにも不自然なことのようにも考えられようし、何かしら割り切れない滓《おり》が残るようにも思われるであろうが、しかしまた別の面から考えると、そういう制約のなかで素材を整理し純化することが、かえって作品の質を上げもし、緻密にもするものだともいえる。

いずれにせよ、鑑賞する側の生理的な条件が、それ以上の長さを喜ばないとすれば、その制約の範囲内での表現を可能ならしめようと努力することもまた、創作活動の中の一つの条件であると考えるべきであろう。事実また、執筆中には一分一厘も動かし難いと思われるような事柄でも、数ヵ月を過ぎて静観してみると、案外、なくもがなと思われるような部分が、決してないとはいえないものである。推敲に推敲を重ねて、極端にまで無駄を省く、というくらいの気持でかかっても、シナリオの場合は決して行き過ぎにはならないようである。アンドレ・ジイドはその『演劇の進化』という講演（河上徹太郎氏訳）の中で次のように述べている。

——偉大なる芸術家とは、難渋することによって鼓舞され、あらゆる障碍《しょうがい》を踏み切り台に用いる人間のことをいうのである。たとえばミケランジェロがあのモーゼの像の緊密な姿態を案出したのは、大理石が足りなかったからだともいい伝えられている。またエスキラスは舞台の上で用い得る人間の声の数が限られていたために、やむを得ず、コーカサスの山に繋がれる時のプロメテウスの沈黙を思いついたのである。希臘人《ギリシア》は琴に絃をもう一本増やした者を追放した。そのように、芸術は束縛から生まれ、闘争によって生き、自由になることによって死するのである——。

構成

題材

シナリオが制作される順序として一応理論的に考えられる過程は、第一段として最初にまず主題（テーマ）が決定され、次にその主題によって題材がもとめられ、第三にはそのもとめられた題材が整理整頓されて一つの筋（ストーリー）にまとめられ、更に第四段の仕事としてそのストーリーが運び（プロット）の形に構成されて、そこで初めてシナリオとして書きはじめられるという順序になろう。

主題——題材——筋——運び——これが一応の順序である。が、しかしこれはあくまでも理論的に考えられた場合の順序であって、実際には必ずしもこの過程をたどるものではない。題材から主題が決定されたり、あるいはまた漠然と頭に浮んだ筋を整理してゆく間におのずから主題が生まれて来たり、更にはまた何よりも先に題材が創作欲を刺激して、そこから筋や主題が生み出されて来たりすることも決してまれではない。従って理論は理論としてしばらく措き、実際の場合、どういう順序をたどるのが一番正しいかは一概にこれをハッキリいいきれるものではなく、人により、場合によっておのずから異なるのが当然であろう。事実、作家の創作意欲のなかでは、主題や題材や筋が三位一体に融け合っていて、どれをどれとも区別し難い場合が多いのである。

現在までの日本の習慣では、そういうものを一つにくるめて「原作」という名で呼んでいる場合がしばしばあるが、厳密にいえば題材は少くともストーリー以前のものであり、必ずしも首尾一貫した形を持っている必要はなく、例えば社会的な事件の一部とか、日常生活における出来事の一齣とか、旅行先での見聞とか、あるいはまた小説や戯曲のなかの一節とか、そういうものである場合も多い。もっとも、ある詩の一行がヒントになって一つの物語が生まれたとか、舗道でビラを撒いている一老人を見たことから一つのストーリーが思いつかれたとかいう場合は、特にそれをモティーフ Motif という言葉で呼んではいるが、それとてもまた題材にまで発展する可能性を充分に含んでいるものではある。

いかなる題材を選ぶべきかということは、いい換えれば、自分をとりまく生活のあらゆる多様性のなかから、いかなるものを掴み取るべきかということであり、要は人生を観察する眼の厳しさ一つにかかっていることだといえよう。チェホフの遺稿の中に「一八九一―一九〇四年の覚書」というのがあって、それにはたとえば次のようなことが断片的に幾つとなく記されている。

×ある男が車輪に轢《ひ》かれて片足をもぎとられた。男はそのもぎとられた足にはいていた靴の中に隠してある二十一ルーブルが心配だった。

×爺さんに魚が与えられた。爺さんがその魚に中毒せず無事に生きていたら、家族一同もその魚を食べるわけである。

×通信簿を見ると、どの学科もみんな五点なので、役人は伜《せがれ》を殴った。ところがそのあとで、五点が満点だったとわかった。すると、役人はまたしても伜を殴った。自分の頓馬《とんま》さに腹がたったのである。

×主人も妻君も客が好きだったというのは、客が来ないと喧嘩ばかりしていたからである。

×ロシアの酒場では美しいテーブルクロースからも悪臭が発散する。


等々、何等の連絡もなく書きとめられているこれらの断片が、やがて、それぞれの彼の作品のなかに適宜に取り入れられているものであることはいうまでもあるまい。夏目漱石氏の日記や遺稿のなかにも、またそれと同じように、時折の見聞や感想などを無秩序に書きとめた数多くの覚書がある。

×人々が立ちかけた。縁側でそれはエスコートという女の声がした。多分九年間英国にいた夫人の語だろうと思った。

×遠く照らされた庭のつつじの前に庭下駄をはいて納戸色の紋付を着た女がふたり立って話をしていた。前は崖である。「帝国劇場も見えます、九段の花火も見えます、何でも見えます」とお父さんが云った。

×ある腰弁、出張の前、ある待合に行き、素人を注文す。主婦、よろしいと云って写真を見せる。その中に自分の妻君の写真あり。主婦曰く、この人〇日から〇日迄でなければ御意に応ぜずと。腰弁、腹の中で計算してみると丁度自分の出張する間の日取なり。

×湯河原で是公（中村）曰く、馬鹿囃子はむずかしいものだぜ、今東京の芸者のうちであれが本当に出来るものは吉原のお貞だけだ。彼はキヤリと馬鹿囃子を混同している。手古舞はお神楽の事と考えているかも知れない。

×按摩曰く、お金をためて東京へ行って、芸者をあげて歌を聞きたい。按摩帰る時、按摩さんあぶないよ大丈夫かいと聞く。大丈夫ですよと云う。猶念を押すと、按摩は階子段をとんとんと駆け下りるようにする。

×伸六が八十五銭の喇叭《ラッパ》を買えといふのを排斥されたので怒って縁の下へ這入ってしまった。どうしても出て来ない。あい子が海苔巻を縁の下へ出すと、怒っている伸六も食いたいと見えて、パクリと食うのだそうである。その代り口は決して利かない。純一が怒つた時は裸で縁の下へ寝ていて是またどうしても出て来ない。そうして人が近寄ると泥をつかんでは投げる。

×京都にいるものが東京が恋しくなって、矢も楯もたまらなくなって、仕舞いには京都の停車場まで散歩に来て、東京から来た汽車と、汽車に乗っている人の顔を見るという。

こういう例はほかにも沢山あろうが、こういうふうにその時折の見聞や観察を書きとめておくことは、「性質や事情によって異る人間の生活現象の種々相の堆積をもたらしてくれるものだ」と、ソヴィエトの映画大学の教科書のなかでも奨励されているし、「それによって、偶発的なものから普遍的ものを見分け、生活的真実を創造することが出来るようにもなる」と強調されてもいる。この方法は私たちの間でも古くから伝承され、そういうことを書きとめておく手帳を俗にミソ帳と呼んでいる。

ミソとは、たとえば梵鐘のヘソのようなもので、そこを撞けば梵鐘全体の持つ音色が一番よく響きわたるところ、つまりいろいろな複雑な事件が一つの単純な形に象徴されているというような部分である。従って、それは台詞にもあろうし、動きにもあろうし、また構成にもあろう。父と子との限りなき愛情がほんのわずかな経緯の中に千百の言葉をもってする以上の感銘をたたえて描写されているとか、落魄した女の錯綜した心理がわずかな一語の中に要約されてなまなましく浮びあがっているというような例は、今までの映画の中にも幾つもある。

が、しかし、同時にまた、そういうミソに対して自戒すべきは、それのためにシナリオの本体が脇道へそらされてはならないという点である。制作に腐心している最中、たまたま何か素晴しいミソを発見すると、それを直ちにその当面の作品のなかに入れたくなるのは、およそシナリオをものする人々の通性であろうが、その場合、第一に考えなければならないことは、勿論作品全体の均衡である。いかにミソがそれ自体として素晴しかろうとも、そのために作品全体の調子を狂わせるようなことがあってはならない。ヘソは梵鐘のどの部分につけても構わないものではない。

一般の初心者の筆になったシナリオをみて私が感じる通弊の一つは、素材の選択に適宜な取捨がなく、何か変わった思いつきでもあると、それを無差別に取りこんで、結果、シナリオ全体の均衡が忘れられているという点である。書きたいこと、思いついたこと、さまざまなミソ、それを隅から隅まで取りこんでしまったのでは、かえって作品の中心主張が曖昧にされてしまう。リアルな生活を描こうとして、一人の人物の行動を朝から晩まで丹念にペンで追いかけて、細大洩らさず描写するとしたら、それはいうまでもなく愚の骨頂であろう。リアルな生活をリアルに描写するのにさえ、そこにはおのずから、「捨てられるべきもの」があるはずである。何らかの意味で作品の中心主張の表現を助けるものでない限りは、よろしくそのシナリオから「捨てる」べきである。従って、考え方によれば、この「捨てる」ということ、それがシナリオ制作の上では「拾う」ことよりもかえってむずかしい仕事だともいえるし、初めからそのミソの要不要が充分に見極められるようだったら、それだけでその人は相当な自信を持っていいともいえよう。

このことは、しかし、中心の筋だけを通せば、その周囲の雰囲気や環境などはそれほど細かく描かなくてもいいなどという意味では決してない。それを克明に描くことが同時にまたその作品の中心主張なるものを強調することになるならば、そういう雰囲気や環境をこそ充分に描破すべきである。かつて私がこの「捨てる」ことのむずかしさについてある雑誌に書いた時、それが誤解されて、大船映画のシナリオとシャルル・スパークなどのシナリオとが比較され、大船のシナリオは一応きちんと肌《き》理《め》こまかくまとまってはいるが、その中にはそこに描かれている事件しかないという浅さと単調さがあり、一方スパークなどのシナリオが、ただそれだけの中にも豊かな人生の奥行きを感じさせるのは、いわば大船の作家たちがみずから狭い視野の中に閉じこもって、自分に不向きなものを「捨て」ているからで、見方によれば、つまらないものこそ大切なものだという逆説もまた必ずしも詭弁ではなかろうというふうに反駁されたことがあった。しかし、私が捨てるべきだという対象は決して自分に不向きなもののことではなくて、その作品に不向きなもののことである。大船のシナリオがそこに描かれている事件しかないという浅さと単調さを感じさせるとすれば、それは「捨てること」が悪いのではなくて「捨て方」が間違っているのだといえよう。

事実、捨てるものは捨て、拾うものは拾うということのまことに簡単なことが、実際にぶつかってみると、決して容易なわざではない。ことに自分でも「これは」と多少得意になりたいようなミソを発見した場合だったら、捨てるどころか稍々《やや》ともすると、それを取り入れるためにわざわざ構成の一部を曲げたりして、そのあげく一歩も筆が進まなくなり、さてはこれを取り入れたことがいけなかったのかと、再び初めから出直すなどという愚を繰り返すこともまれではない。思えば捨てることのむずかしさよである。

が、いずれにせよ、シナリオのための題材は、いかなるところから選ばれようとも、それが映画としての表現に適しているかどうかをもって第一の条件とすべきである。要は現実生活における感動と映画における感動との質的な相異を考えればその間の消息がおのずから感得されるはずだし、小説とか戯曲とかに題材をとる場合もまたそれ等のものの持つ特質と映画の持つそれとの相異を明確に見極める必要がある。

もうかなり古いことだが、アメリカの女流シナリオ作家として相当に知られていたアニタ・ルースが題材選択の上での一つの規準として次のようにいったのは充分味わうべきであろう。

——以前、私たちが映画に要求したものは、たとえば列車が衝突するとか、悪漢が絶壁から墜落するとか、とにかくそういう「外形的な動き」であった。（中略）しかし映画における「動き」は必ずしも外形的であることを必要としない。それは心理的であってもいい。が、しかし、いかなる場合でも観客をして「動きの欠乏」を感じさせるようなことがあってはならない——

このルースの言葉はこのまま何の説明も要しないとは思うが、あえて註釈を加えるなら、ここにいわれている「動き」という言葉は、ただ単なる「動き」をさすのではなくて、映画である以上、例えば指の動き一つにしてもそれが日常の単なる動き以上の何らかの意味を現わしているような、そういう動きが欠乏してはならないのだと解釈すべきであろう。

要するに映画は映画自体の持つ声と動きだけでそれのあらゆる叙述をおこなってゆかなければならないのだし、そこにおのずから映画としての表現の限度もあるわけなのだから、その題材もまたそういう制限を超えない範囲で求められなければならないことはいうまでもなかろう。勿論題材は、街頭にも、家庭にも、工場にも、事務室にも、学校にも、喫茶店にも、汽車の中にも、田園にも、およそ人生のある所どこにでもころがっているものだし、同じ一つの題材でも作家の人生観察の眼の深さ次第で、あるいは素晴しい傑作となり、あるいは平凡以下の駄作に終るものだとはいえ、その根本の選択の規準はあくまでも映画としての表現の適不適におくべきである。すぐれた戯曲や小説の映画化が必ずしもすぐれた映画を生んでばかりはいないという事実は、一概にその映画化のつたなさのみに責任があるのではなく、そこに戯曲や小説と映画との質的な相異があり、従ってまたそこに題材の相異があるのだということの証左にもなろう。

なお、ついでに三十六の劇的局面“36 Situations dramatiques”なるものを参考までに次に引用しておく。これはエッカーマンの『ゲーテとの対話』の一八三〇年二月十四日のくだりに「カルロ・ゴッチ（一七二〇—一八〇六　イタリア）は悲劇の局面は三十六しかないことを主張した。シラーはそれ以上を発見しようとして苦心したが、ゴッチが数えたほどにも達し得なかった」と記されているものだが、そのゴッチの選んだ三十六局面なるものは今は伝わらず、現在伝わっているものはフランスのジョルジュ・ポルティのそれで、ハリウッドの映画研究所のフレデリック・バーマーもそれをそのまま映画の場合に転用しているものである。実際にはどれほどの参考になるものかははなはだ疑わしいが、一応項目だけでも知っておいて損にはなるまい。ただしこれは「哀願」とか「救助」とかいうその項目の一つ一つがそのまま直ちにそれぞれのまとまった劇を構成し得るというのではなくて、そういう状態はいずれも劇的な要素をはらんでいるものだから、そういう局面が適宜に組み合わされれば、そこに一つのまとまった劇が構成されるというわけである。たとえば『断崖』“Suspicion”（アルフレッド・ヒッチコック監督、サムソン・ラファエルソン、ジョーン・ハリソン、アルマ・レヴィル共同脚本）などについてみれば、あのなかには「不審な人物または問題」「誤れる判断」「野心」「逃走」「反抗」その他の局面が適当に按配されていて、そこに劇的な感情をもりあげていることが知られよう。

ポルティの三十六局面というのは次のようなものである。

1 哀願(嘆願)
2 救助(救済)
3 復讐(復讐に追われる罪禍)
4 近親間の復讐(これの最も有名なものとしては『ハムレット』がある)
5 逃走(追跡)
6 苦難(災難)
7 残酷なまたは不幸な渦に巻きこまれる場合
8 反抗(謀反)
9 戦い(不敵な争い、大胆な企図)
10 誘拐
11 不審な人物または問題(謎)
12 目的への努力(獲得)
13 近親間の憎悪(たとえば『にんじん』『父帰る』のようなものである)
14 近親間の争い(『カラマーゾフの兄弟』などがその好例であろう)
15 姦通から生ずる残虐(殺人的な姦通)

16　精神錯乱
17　運命的な手ぬかり（浅慮）
18　知らずに犯す愛慾の罪（たとえば黙阿弥などが好んで題材としたいわゆる畜生道で、ソフォクレスの『オイディプス王』などがその代表的なものであろう）
19　知らずに犯す近親者の殺傷
20　理想のための自己犠牲
21　近親者のための自己犠牲
22　情熱のための犠牲
23　愛する者を犠牲にする場合
24　三角関係（優者と劣者との対立）
25　姦通
26　不倫な恋愛関係（これは例えば母と娘が同じ男を愛する場合などをいうのである）
27　愛する者の不名誉の発見
28　愛人との間に横たわる障害
29　敵を愛する場合
30　大望（野心）
31　神に背く争い

32　誤った嫉妬
33　誤った判断
34　悔恨
35　失われた者の探索と発見
36　愛する者の喪失

テーマ（主題）

題材と主題（テーマ）と筋（ストーリー）この三つのものは、三位一体、不可分の関係に置かれている場合が多いと前に述べたが、いまここに作家をして創作に駆りたてる直接の動機は何であるかを考えてみると、それは彼が何かの折に見聞した何か一つの事柄であるかも知れないし、また時としては全然そういう実在的な根拠のない彼自身の空想からの思いつき（アイデア Idea）であるかも知れない。そういう場合には、それを特にモティーフ（動因 Motif or Motive）と呼んでいるということも前に述べたとおりだが、そのほかに、たとえば次のような作家の一つの考え方がその創作の動機となる場合もまた少なくなかろう。

――敗戦によって戦争の実体が暴露された結果は、幾多の青年の精神を虚無の底に彷徨せしめ、かつては国家の栄光のために一身を捧げて悔いなかった彼等を、今日は無頼の徒にまで突き落してしまっている。しかし、この状態は決して長く続くべきはずのものではない。やがて彼等の魂の復活が始まれば、彼等とてもまた、民衆の敵は彼等自身であり、彼等を支配している「顔役」どもであることを自覚するに違いない。青年よ、眼をあげよ、そして希望の太陽を仰げ——。

こうなると、これは単なるモティーフではなくて、明らかに作家の人生ないしは社会に対する批判を含むものであり、そこには明確な創作意欲の方向が示されている。こういう場合に、それを主題（テーマ）と呼ぶのである。

——今の世の険しさは、正直で無欲で小心な人たちには、あまりにもきびしすぎる。ともすれば世の中の冷たい風は彼等のぎりぎりに切りつめたほんのわずかな楽しみをさえ無残に吹き散らそうとし、その慎ましいわずかな希望をさえ砕き去ろうとする。いま彼等に与えられなければならないものは、彼等を包む温い心であり、せめてもの夢の美しさである——

これもまた一つのテーマであり、つまりは作家がその作品によって何をいい、何を語ろうとするかというその「何」にあたるものである。従って、作家の人生観とテーマとは不即不離の関係にあるものので、逆にいえば、その作家が人生をどう見ているか。その作家の人生観、社会観、人間性の掴み方などは、そのテーマを通じて覗い知られるものだといえる。
私は前に「大衆性について」という項目のなかで次のように述べた。

——映画の真の「面白さ」は何よりもまずそれの独創性に基づくべきものである。独創性があるということは陳腐でないということであり、陳腐でないということは、対象を観察する眼に独自の鋭さがあり、従ってそれの批判にも独自の解釈があり、ひいては主題そのものにも独自の深さがあるということである——

と。一言にしていえば、作家の対象に対する批判の結果がテーマであり、従って作品の深さや面白さがそれの主題といかに密接な関係を持つものであるかはここに改めていうまでもなかろう。
しかし、テーマは大体において抽象的なものだから、そのままではストーリーとはなり得ない。それがストーリーとなるためには具体性が与えられることが必要である。たとえば、前に例示した二つのテーマについていえば、前の場合は、それが終戦の前夜平和主義の重臣を暗殺した青年将校の、今は銀座裏のダンスホールの用心棒にまでなりさがっている姿をかりて描かれる時『わが生涯の輝ける日』（新藤兼人氏脚本）のストーリーとなり、後の場合は、ある日曜日の一日を貧しいながらも楽しく過ごそうとする恋人同志の姿によって描かれる時『素晴らしき日曜日』（植草圭之助氏脚本）のストーリーとなる。勿論、しばしば繰返して来たとおり、主題が先にあってそれからストーリーが決定される場合もあれば、またそれとは逆に題材から主題が定められる場合もあり、その順序はまちまちだが、しかしいずれにせよその作品の中軸となるものは主題であって、主題の明確さを欠くような作品はいかに題材が素晴しかろうとも決してすぐれたものとはなり得ない。

主題は、しかし、単なる観念ではない。「同情」とか「愛」とかいう場合は単なる観念にすぎないが、それが主題となるためにはその観念に更に明確な方向が与えられなければならない。「正義」という観念に一つの方向が与えられて、「正義も時として悪徳に破れる」とか、あるいは「正義は常に悪徳に勝つ」とかなれば、これは明らかに主題たり得る。

しかし、主題は決して作家の思想そのものではない。それを通して作家の思想の片鱗を覗うことはできようが、もし主題が思想としての明確な形態を整えるとすれば、それは寧《むし》ろ論文の形になるべきもので、それが一つの作品として具象化される以上、作家の思想はその作品全体から自然に滲みだすべきものである。

主題はまた「目的」とも違う。戦争中の日本映画の多くがその深さと面白さを見失っていたことの最大の原因は、それが情報局の指導下に置かれて、強制的に「啓発宣伝」を目的とさせられた点にあるし、終戦後しばらくの間のそれが、一応の形だけは変わっても、なお依然として深さと面白さとに欠けていたことの原因もまた、C・I・Eあたりの指示に災いされて、それがそれ自身のテーマを見失い、軍国主義や封建思想の打破を目的としたり、軍閥の悪徳を暴露することを目的としていたためにほかならない。

「目的」はそれが達成されるかあるいは失敗に終るかすれば、それで解消してしまうものである。通り一ぺんの探偵映画が、よしんば一時的な興味は唆《そそ》ろうとも、作品としての永久的な価値に乏しいのは、つまりはそれがある犯罪の犯人とか、または何かの秘密の発見とかだけを目的としているからで、いかにその筋道が複雑怪奇に運ばれていようとも、所詮はその犯人とか秘密の真相とかが暴露されるまでの興味であり、それが糾明されると共にその興味は消え失せて、ほかには何も残らないからである。要するに「目的」というものは、作家自身の内部から自然発生的に盛り上ってきた人生批判の結果ではなくて、外部から与えられたもの、外部的に付加されたものであるからにほかならない。それだけに作品の生まれる動機とはなり得ても決してそれ自身直ちに主題とはなり得ないわけのものである。従って作家が何か一つの目的を持った作品を作りあげなければならない立場に置かれた場合には、彼はその目的から更にもう一歩を踏みこんで、その目的のもう一つの奥に、彼が真に彼自身の腹の底から書き出そうとする真の主題を探し出すべきである。『疑惑の影』“Shadow of a Doubt”(アルフレッド・ヒッチコック監督、ソートン・ワイルダー、サリー・ベンソン、アルマ・レヴィル共同脚本)とか『断崖』とかのようないわゆるスリラーと呼ばれる種類の作品が普通一般の探偵映画と違って特殊な味を持っているのは、そこに作家の人生観照の眼が動き、人物の人間性をはっきり掴んでいるからにほかならない。政治思想の宣伝とか宗教理念の宣布とか、更には勧善懲悪を目的とする考え方とかいうものが、そのままでは真の主題になり得ないということは改めて説くまでもなかろう。芸術作品の主題は決して目的の達成と共に消失してしまうようなものであってはならないからである。勧善懲悪は結果でこそあれ、それが目的であってはならないのである。

以上述べてきたところをもってしてもわかるであろうように、一つの作品を貫く最も大きな主題は一つだけでなければならないが、しかし、その作品が幾つかの部分的な挿話によって組み立てられている場合には、更に幾つかの小さな主題が含まれる。それら部分々々の挿話のなかのそれぞれの小さな主題は、いずれも、それが一つに集まって作品全体を貫く大きな主題を強調してゆくべき性質のものでなければならないことはいうまでもあるまいが、もしそれが大きな主題に背反するような性質のものであったりすると、自然、主題は分裂して作品が混濁する。部分の主題が全体を貫く主題以上に強調される場合もまた同じことである。酔漢の酔語にはしばしば矛盾撞着があり、全体の主張の力点がどこにあるのかを捕捉するに迷わしめるものだが、主題は決してそういうものであってはならないし、たとえば部分の主題が一見大きな主題と噛み合うものであるかの如く感じられようとも、結局はそれが大きな主題をより以上に強調すべき性質のものでなければならないのである。「正義は常に悪徳に勝つ」という主題を強調するために、「正義も時として悪徳に破れる」という主題が補足的に取り上げられることはそこに何らの摩擦も感ぜしめるものではない。

しかし、主題はそのままでは芸術作品とはなり得ないものだから、それが芸術作品にまで昇華されるためには、作家は彼がその主題を掴んだ心の状態にまで相手の心を誘導して、相手自身がおのずからその主題を感得するような方法を講じなければならない。シナリオの場合はそれがストーリーの決定であり、芸術活動としての第一段になるのである。

ストーリー（筋）

新聞の報道記事が含まなければならない条件として五つのWがあるという話をきいたことがある。

Who（誰が）――人物
When（いつ）――時
Where（どこで）――場所
What（何を）――事件
Why（なぜ）――原因

この五つの条件のうちのどの一つが欠けてもいけないというのである。一つの主題を中軸としてそこに筋（ストーリー）が構成される場合にも、またこれと同じことがいわれる。

大体、映画の筋のみに限らず、叙事詩、戯曲、小説など、すべて物語の形をもって語られる説話形式のものは、次のような原型の上に成り立つものだといわれている。

誰がまたは何が――（主体）……性格
何を、いかに――（事件）……行為
いつ、どこで――（背景）……環境

この「性格」「行為」「環境」という三つの条件が整わない限り、いかなる小さな物語も、またいかなる規模の雄大な物語も、決して成り立つものではないというのである。たとえば「昔々あるところに」というのは「環境」であり「お爺さんとお婆さんが」というのは「性格」である。更に「洗濯に行く」とか「芝刈りに行く」とかいう「行為」のなかには「盥《たらい》を持って」とか「籠を背負って」とかあるいは「歩いて」とか「走って」とかいう「いかにして」が省かれているもので、そういう些細な挿話のなかにさえ如上の三つの要素が含まれていることがわかろう。

ところで、それとは逆に、ではそういうふうに「性格」と「行為」と「環境」という三つの要素が備わればそこに必ず物語が生まれ得るものかといえば、それは必ずしもそうとばかりは限らない。勿論、この三つの要素は物語が成立するための必須な条件ではあるものの、それが一連のまとまった筋（ストーリー）の形を備えるためには、更にもう一つの重要な条件として、そこに語られる出来事の一つ一つの間に何らかの有機的な連絡がなければならないのである。

その一例として次のブルーノ・タウトの日記の一節を引いてみる。『日本美の再発見』（篠田英雄氏訳）のなかの一節である。

二月七日（一九三六年）**横手——六郷——大曲**

朝、横手まで二時間の車行。冴え返った冬の大気が清々しい。人間であることをひしひしと感じる。この地方に特有な着物をきた美しい婦人達（花をつけた杏の枝を手にしている若い婦人に出会ったが、素朴で新鮮で限りなく美しかった）はややシベリヤの女を連想させる。男子の服装はまるきりロシア風で、少しも日本らしくない。

停車場にはいろんな箱橇《はこぞり》が列《なら》んでいた。途中で箱馬車に似た幌型の橇《そり》を見たが彩色してあつて、まるで玩具のようだ。この地方の人達は非常に感じがいい。冬景色は実に見事だ。町の背後には高く山々が雪を帯びてきらめいている。雪中を沢山の橇が行き交わしていた。

横手では駅長さんが親切に歓待してくれた。そのうえ私達が六郷に行くと聞いて案内のために駅員をつけてくれた。駅の前に駐《とま》っている箱橇の前方には覗窓があって乗客はそこから外を眺めることが出来る。街路に積っている雪は一米《メートル》半から二米もある。だから家々の一階はおろか二階にさえも達することがある。雪はぬかって滑りやすい。その上を手押の橇や馬橇が行き交わしている。道路から家々の入口まで雪の階段がついていた。モンペイを穿いた人達——女達はみんなはいている——は、熊みたいな格好である。子供達もみんなモンペイだ。——

これは『雪の秋田——日本の冬旅』という紀行文の一節で、横手の町の雪の朝の情景が目に見えるように描写されているものではあるが、ただしかし、こういう日記体の文章の通例として、そこに書きつらねられている事柄のそれぞれの間には特にこれというような連絡がない。

杏の花を持った美しい女、ロシア風の服装をした男、玩具のように彩色した幌型の橇、熊の子のような子供達、横手の駅の駅長さん、そしてまたその駅員、しかも時は二月七日の雪の朝で、場所は秋田の横手の町、そこを車で行く人はブルーノ・タウトと、いわゆる「性格」「環境」「行為」の三要素は立派に揃っていながら、ただ一つそのそれぞれの事柄の間の連絡が欠けているためばかりに、所詮これは単なる記録にすぎないもので、一連のまとまった筋（ストーリー）とはいい難いのである。

そこでいま仮に、たとえば横手の雪の町でタウトが杏の花を持った美しい女を見て、それに何となく心を惹《ひ》かれたとしてみよう。そしてその途端にロシア風の服装をした男が現れて、その女と仲よく去って行ったとしてみようか。するとタウトは何となく心寂しいものを感じないではいられなくなる。と、こういうように連絡がついてくると、これは簡単ながら一つの物語（ストーリー）としての形態を整えてくるのである。

更にそれからタウトが駅長に会ったとしようか。そして彼が駅長の歓待を受けていると、そこへ美しい幌型の橇が来て、さっきの杏の花を持った女がおり、しかもその女が駅長と顔馴染《なじみ》であったというように発展してくると、物語は次第に複雑味を増してくるし、更にその上、熊の子のような子供達や駅員などとの連絡までが考えられてくれば、それはなおいっそう物語的になってくるわけである。

そこで今一度タウトの日記そのものを検討してみると、そこに記録されている数々の人物や事柄はただ単にタウトの身辺に「継続」して現れたり感じられたりしたもので、そのそれぞれの間にはこれというべき「連絡」がないために、結果、それが物語としての形態を備えていないのだということがわかろう。そこで結論的にいわれることは、筋（ストーリー）は人物や事件の単なる「継続」ではなくて、その人物や事件のそれぞれが適宜に有機的な「連絡」を保っているものでなければならないということである。「継続」という言葉のなかには必ずしも有機的な因果の関係は感じられないが「連絡」

という言葉には、論理的な順序とでもいうか、そこに有機的な因果関係の暗示がある。筋（ストーリー）はそういうものでなければならないのである。

そこでわれわれの実生活というものを振り返ってみよう。われわれの現実生活においては、単にAの出来事の次にBの出来事が継続して起こってくる場合が多い。つまり単なる時間的順序を追っているだけで、必ずしもAの出来事がBの出来事の論理的な前提にはなっていない。朝、顔を洗わなくても朝食をとることはできる。とすれば、顔を洗うことと朝食をとることとの間には、時間的な順序こそあるが必然的な連絡はないわけである。ところが朝起きてみたら口がねばっていて気持ちが悪いので、口をゆすいでから朝食をとったということになると、そこには簡単ながら因果の関係が生じてくる。それ故に、現実生活における出来事というものは、それが有機的な関係を持つにしても、必ずしも連続して起こるものではなく、出来事と出来事との間にはほかの幾つもの出来事が介在して、極めて複雑多岐なものになっているということがわかろう。

例えば、母親が子供にシュークリームを食べさせるとして、それはその場における母親の愛情の現れでこそあれ、決してその子供が疫痢《えきり》になって苦しむために食べさせたわけではない。事実また、シュークリームを食べさせてから疫痢の症状が現れるまでの間には、ほかのいろいろな出来事があって、その二つの事の因果関係を中断しているに違いないのだが、その中断しているいろいろの出来事を取り払ってしまうと、つまりは自分の愛情のために食べさせたシュークリームが原因して子供が疫痢になって苦しむという結果になるのである。物語の世界では、そこにそういう因果関係を必要とする。現実生活の順序をそのまま何等の取捨選択も加えず、論理的な調整もせずに、ただありのままに写しただけでは物語は成り立つものではない。

従って、一つの物語が形成されるためには、第一にその物語の表現に適したいろいろな素材が選ばれること、次にその選択された素材のそれぞれが主題によって調整され、適宜に有機的な因果関係を保って論理的な系列のなかに置かれること、これが必要である。

すぐれた物語というものは、必ず、そういうように、幾つかの挿話を主題によって調整し、按配し、整理して、一連の連絡ある系列のなかに順序づけ、そこに論理的な因果関係を保たせながら、しかもその作為を目立たせないように、極めて自然に運んでいるものである。

主題と筋との関係については既に前項で述べたので、ここではその一例として『素晴らしき日曜日』のストーリーを挙げるだけにとどめておく。前に挙げたそれのテーマと対照して貰えばその間の関係がおのずから感得されるであろう。

——ある日曜日、雄造と昌子とは楽しいランデヴーを計画したが、現実はあまりにも儚《はか》なくみじめだった。ふたり合わせて三十五円の日曜日、スピード籤《くじ》も無駄だったし、十万円の見本住宅も彼等には雲の彼方のものだった。乗り気になったアパートの借間も、行ってみれば手が出ない。子供の野球に飛び入りすれば、打ったボールが露店へ飛びこんで損害賠償を払わせられる。あと二十円。ふと兵隊時分の親友がキャバレーを経営しているのを思い出して訪ねれば、その友人には会えず、かえって街の紳士なみに扱われる。ふたりの気持ちは沈むばかりで、昌子は残った二十円でコンサートを聴きにゆくことを提案する。が、公会堂へ駆けつけてみると、切符は雄造の前に並んだ闇切符屋に買い占められてしまう。たまりかねて食ってかかると、その仲間に手もなくのされてしまう。しかも冷い雨である。何もかもから背中を向けられているような気重さを感じつつ、ふたりは雄造の下宿へ戻ってくる。雄造にとって、残っているのは昌子だけである。彼は情熱的に昌子を求める。昌子は本能的な怖れを感じてそれを拒むが、しかしやがて観念する。雄造はその昌子の悲痛な顔に強く心を搏《う》たれ、そのまま彼女を促して再び街へ出てゆく。雨あがりの焼跡の鋪道を歩きながら、将来の理想とする喫茶店の計画を夢に描くことが現在の彼らにとって唯一の幸福感である。やがて月が出る。ふたりは公園へ来る。そこの森閑と静まり返った野天の音楽堂で、やがてふたりきりのコンサートがはじまる。指揮者の雄造は胸を張って舞台に立つ。昌子の拍手がさびしく四辺に反響する。タクトが振りおろされる。聞こえてくるのは広大な音楽堂の空席を吹きわたる風の音ばかりだが、しかし彼等の耳には彼等だけに聞える未完成交響曲の第一楽章が豊かに悲しく聞えてくる――

なお、これは初めから映画のために創作されたオリジナル・ストーリーであるだけに、そこに量的にも質的にも充分な考慮が払われているものだし、私が今までに述べて来たのも専らそういうオリジナル・ストーリーについての場合だったのだが、アメリカなどの場合をみると、小説とか戯曲とか、そういう他の文学上の作品のストーリーを原作として持って来ている場合が現在でも非常に多いし、日本でもかつてはそういう時があったので、そういう場合についてもここで一応述べておこう。

志賀直哉氏が小津安二郎氏との「映画と文学」についての対談のなかで次のように語っているのは、文学上の作品と映画との相異を端的に衝いているものとして充分に注意すべきである。

——映画というものは映画のために拵《こしら》えたものが結局いちばん面白いね。どうも小説を映画にしたというものは何だか靴を隔てて掻くような気がしてまだるっこしい。それから仮に自分のものの——『赤西蛎太』だけだけれど、あれを見て自分のものという気がしない。二度目に街で見て初めて面白かった。初めの時は、自分のもののつもりで見たんでひどく戸惑いしちゃった。まるで受ける感じが違う。二度目には伊丹君の作品として見て面白かった。（中略）初めは、どうだと聞かれても返事に困った。自分のもののつもりで見ていたからね——

これは、しかし、志賀氏だからの言葉で、ほかの作家たちのなかには、あくまでも「自分のもの」として頑強に主張する人がないでもない。が、事実は、志賀氏の言葉の通り、その作品が映画化される場合、それの映画としての全部の責任は、それを映画作家の手に移すべきものだと私は思う。

文学上の作品を原作とする場合、時としてはその作品のテーマだけを守ってそのストーリーに適当な改変を加える場合もあり、あるいはそれと反対に、その作品の部分的な挿話や筋の運びや雰囲気などを主にして、そのテーマを変えてしまう場合さえないではない。それはあながちそれを映画化する人の好みや力量のためばかりではなく、そこに文学作品との相違があるのだともいえよう。ゴーリキーの『どん底』（映画題名“Les Bas-Fonds” E・ザミャーチン、J・コンパネーズ共同脚本、ジャン・ルノアール潤色、シャルル・スパーク台詞、ジャン・ルノアール監督）が映画化された時、それが没落する男爵の姿を追うことによって映画としての成功を勝ち得ていることをもってしても、その間の経緯がわかるはずである。

勿論、そういう改変を施すことがそういう場合の原則ではないにしても、文学としての作品価値がそのまま映画としての作品価値にはならないのだし、映画には映画としての明確な立場があるのだから、それが文学的にはいかに立派な作品であろうとも、一応は映画としての立場から見直されることが必要である。

――小説からとか、戯曲からとか、そうした出生地のことよりは、映画になっているか、いないか――つまり「映画化」それ自体に問題は結論されると思う――

と今は亡き村田実氏が十数年前にいっているが、ともすればそれが誤られて、両者の場合を同じもののように考えがちなのは困ったことである。

極端ないい方をゆるしてもらえるなら、それは文学上の作品を直接映画化するのではなくて、その文学上の作品に準拠して一度オリジナル・ストーリーに書きかえられたものを映画化するのだという方が正しいかもしれない。まことに村田実氏の言葉のとおり、出来上った映画の価値は映画それ自体にあるのであって、その原産地にあるのではないからである。

プロット（はこび）

プロット（はこび）は往々にして筋（ストーリー）と混同されがちであり、事実、一般的な映画常識からいっても、大体同じ程度の内容を現わす言葉として使われてはいるが、しかし厳密に考えると、この両者は決しておなじものではない。

ストーリー（筋）は、いわばシナリオの最も原始的な形であり、シナリオ創作の基礎とはなり得ても、少なくともそのままの形ではそれの構成の基礎とはなり得ない。それがシナリオ構成の第一段階へ踏みこむためには、ストーリーはまず一つのプロット（はこび）としての「仕組み」を持たなければならない。

母親が子供にシュークリームを食べさせたらそれに中毒して子供が死んだという一つの出来事は、それだけでも一つのストーリーとしては成り立っているが、しかし、それだけではプロットとはいえないし、また、シナリオ構成の基礎にもなり得ない。そこには「仕組み」がないからである。

ある日母親が以前女中奉公をしていたお邸へご機嫌伺いに行くとそこでシュークリームをご馳走になる。その一つ二つを子供に土産に持って帰ってやると、子供は大喜びだったが、その晩その子供が中毒する、とこうなってくると、これはもはやストーリー（筋）の領域を越えて一つのプロット（はこび）としての「仕組み」を備えてくる。

前にテーマの項で引例した『わが生涯の輝ける日』は、学徒動員によって戦列に加わり、ひたすらに日本の勝利を信じて戦った青年将校の沼崎敬太が、敗戦の前夜、ポツダム宣言受諾の報に憤激して、平和主義者の重臣戸田光政を暗殺し、やがて終戦後の虚脱状態のなかで、軍閥と戦争の実体を知ると、精神を喪失して虚無に彷徨し、四年後の現在では、民主主義の仮面のもとに悪徳の限りをつくす政界の黒幕佐川浩介の配下となって銀座裏のダンスホール「明星」の用心棒をつとめている、というところからそのストーリーが始まるのだが、しかし、これはあくまでもストーリー（筋）であってプロット（はこび）ではない。それがプロットとなるためには、たとえば、このストーリーを学徒動員の模様から始めるか、敗戦の様相を呈してきた戦況から始めるか、あるいはまた、重臣の暗殺から始めるか、それとも、四年後の敬太の状態から始めるか、等々がまず決定されなければならない。そしてこの場合は重臣の暗殺がそのプロットの発端として最初に取りあげられている。なお、プロットとコンストラクション（構成）との違いは、たとえばそれをシナリオ化する場合、それを暗夜の兵営内の殺気をはらんだ物々しさから始めるか、あるいはいきなり凶弾に倒れる戸田光政から始めるか、更にはまた、戸田邸に向かって軍用自動車を走らせる沼崎中尉の行動から始めるか、等々、あらかじめ定められたプロットに基づいて、その表現を場面的に決定してゆく、そういう役割を持つのがコンストラクションである。参考までにシナリオのその部分を抜粋してみよう。

字幕　一九四五年八月十四日

字幕　終戦前夜

○炎上する市街

一台の軍用自動車が猛火を突っ切って走る。

○自動車の中

陸軍中尉沼崎敬太、突っ立てた軍刀の柄を握りしめて、ひたと前方へ眼をすえている。殺気を孕んだその眼差し。

前の補助椅子にかけている下士官と兵の緊張した双頰。

○自動車

狂ったように走る。

半ば焼け残った邸宅を目ざして急カーブする。

○邸宅の地下の書斎

一隅のほのかな電気スタンドの明かり。

書きものをしている戸田光政、階段を踏みおりる軍靴の響きに振返る。

沼崎中尉、拳銃を擬してそこに立つ。

要するにプロットはストーリーとコンストラクションとの中間に位置するもので、ストーリーよりは遥かに具象性が多くなり、シナリオ構成の直接の基礎になるものだけに、もしこのプロットに狂いがあると、自然コンストラクションの上にも無理が生じてくるし、結果はシナリオにまで不自然な箇所が現れてくることになる。

川端康成氏の著書『小説の構成』のなかに次のような一節がある。

――E・M・フォスター教授の例をかりて説明すれば「王が死んだ、それから王妃が死んだ」と云えば物語であり「王が死んだ、その悲しみのために王妃も死んだ」と云えばプロットなのだ。後者にも勿論時間的な脈絡があるが、それよりも因果律の意識が強いのである。（中略）「王妃が死んだ、しかし王の死の悲しみのためであったと知るまでは誰にもその原因がわからなかった」といえば、その中に神秘性の含まれたプロットであり、高度の展開を可能とする形式である。それは時間の脈絡を中絶せしめて、その限界の許す限り物語性から飛躍せしめている。王妃の死を考えてみると、もしそれが物語であれば、われわれは、「それから？」と聞くだろうし、プロットであれば「どうして？」と聞くだろう――。

従ってプロットは、誰と誰とをどうして邂逅させるか、どういう事件をどの辺に置くか、ということの最初の決定であり、コンストラクション以前における作家の作為が相当に強く現れる仕事である。一時、日本の映画批評家たちが、劇映画における実写精神とか記録映画的手法とかいうものを無闇に高く評価したのも、つまりは作家のこの作為がマンネリズムに陥ったり、あまりにも露骨ないやらしさを感じさせたりしたことへの反動だったともいえよう。

ともかくもプロットは幾つかの小さな挿話（エピソード）を一つの方向へ向かって整理按配し、それによって作家のいわんとする主題を解明してゆくべき任務を持っているものである。従ってただ単に興味を深からしめんがためのみの目的をもっていたずらに複雑奇矯なプロットを組みあげることは、決して当を得た策だとはいわれない。もう一度川端康成氏の、今度は『小説の研究』のなかの一節を引用させて貰おう。

――プロットはただ無闇に複雑にして、人物の判別がつかなくなったり、どういう処へ来ているのか忘れてしまうようでは上乗のものとは言われない。かえって単純なものがいいであろう。あまり単純化されて平凡な退屈なものになって了っても困るけれども、ちょうど骨ばった身体がいやらしいように、作品全体として見た時に筋が量からはみ出していて肉づけの足りない感じになるのは、多く筋を複雑にしたために描写が不足している時に生ずる短所である。かえって筋が少なく、いろいろと賑かな描写でそれを覆うように書いてゆく方が味わいの深いものになる可能性がある――。

これは長篇小説のプロットについていわれている言葉なのだが、映画の場合もまたこれと大体おなじことだと考えてよかろう。

ところで、プロットの組み方については、その人その人によっての好みや特徴があり、そこにその人の作風も出てくるわけなのだが、そのなかで最も普通に行われている形が三つある。今それを参考までに述べてみると、そのなかでも特に一般的な、最も単純な方法は、フォスター教授のいわゆる「王が死んだ、その悲しみのために王妃も死んだ」という形で、すなわち、第一の事件が第二の事件の原因になり、更に第二の事件が第三の事件の原因になって、次々に第四、第五と発展してゆく形、すなわち直線的に一貫してゆく方法で、最も単純な論理的前進の形を取っているもの、実例としては童話などにこの形のものが多く、漫画映画のプロットなども大体この範疇に属している。

これは、いわば、プロットの基本的な様式であって、他のさまざまなプロットの様式も要するにこれから変化したものだといえるのだが、ただしかしこの様式の欠点は、その形があまりにも直線的であり、単純で一本調子で、変化が少いために、実人生の錯雑紛糾した様相を表現するにはいささか簡単すぎる嫌いがあり、これをもって現実の世界の相貌を暗示するためには相当な困難が伴うことを覚悟しなければならない。

そこで、かりに今これを直線的プロットとでも呼ぶとすれば、それに対して、もう一つ断続的プロットとでも名づくべき様式がある。すなわち直線的プロットのように、第一、第二、第三というような規則的な順序をとらず、一つの挿話の進行の途中から別の挿話が侵入して来て、前の挿話が一旦そこで中断されたかのごとき感を与え、そういう形が適宜に繰り返されて結局は幾つかの挿話が入り乱れながら、しかもそこに一定の秩序を保ちつつ主題の解明に向かって進んでゆくという様式で、一見前の挿話が次の挿話によって中断されたかの如くに見えながらも、事実はそれぞれの挿話の間に有機的な連絡が保たれて、その連絡がプロットの進行と共に次第に緊密度を増し、やがて幾つかの挿話が一つに落ち合って高頂点に到達するという方法である。いい換えれば、幾つかの小さな直線的プロットが断続的に繋ぎ合わされて、結局一つの大きなプロットを形作っているものだともいえよう。「王妃が死んだ、しかし王の死の悲しみのためであったと知るまでは誰にもその原因がわからなかった」というのがその基本的な形で、王妃の死を一つの挿話とし、次にその挿話に抵抗する別の挿話が取り入れられ、やがて王妃の死が王の死の悲しみのためであったことが解明されてくるという順序をとるのである。

この方法は、一つの挿話に対する他の挿話の侵入があるために、自然そこにある意味での含蓄が生まれ、その結果、作品そのものの陰影や変化を豊富にし、更にその当然の結果として実人生における錯雑した様相を暗示することも比較的容易なので、現在の中編以上の劇映画のプロットは大体この方法に拠っているものが多い。いわば一つの河の本流が幾つかの支流を集めつつ迂余曲折して次第に大きな流れになってゆく、そういう形のものだといってもよかろう。事実このプロットの場合でも、本流にあたるものを主系と呼び、支流にあたるものを傍系と呼んでいる。

この場合も、テーマの場合と同じように、主系の間に侵入してくる傍系は、それが煩雑にならない限り幾つあっても構わないが、主系は常に一つであり、傍系の挿話があまりに多いためにその主系が曖昧にされて、その結果、肝腎の主題を混乱させるようなことがあってはならない。母親が子供にシュークリームを食べさせたために子供が死んだという事件が主系だとすれば、その間の、たとえば旧主人の邸の娘に縁談があるとか、近所のおかみさんが子供を生んだとか、そういう傍系の挿話が、肝心の主系以上に膨《ふくら》んでしまってはならないというのである。

以上二つのプロットの様式は、前者を単純構成、後者を複雑構成と呼んでいる人もあるが、このほかに、しばしばわれわれが接するもう一つの様式がある。ピカレスク（Picalesque）と呼ばれているのがそれで、日本的にいえば、櫛の歯式とか珠数《じゅず》玉型とか呼ばれるべきものであろう。

これはかつてスペインで流行した怪盗ピカロを主人公とした物語の形式にちなんでそう呼ばれているもので、幾つかの、それだけでも充分に一つずつの物語として独立し得るプロットが、それを総合的に繋ぎ合わせるもう一つのプロットの上に配列されている形のものをいうのである。実例としてはデュヴィヴィエの『舞踏会の手帖』“Un Carnet de Bal”『肉体と幻想』“Flesh and Fantasy”『運命の饗宴』“Tales of Manhattan” 溝口健二作品の『西鶴一代女』（依田義賢脚本）などがいずれもこの様式に拠っている。今その『運命の饗宴』を例として考えてみると、そこに一貫しているプロットは、ある俳優の舞台衣裳として仕立てられた一着の燕尾服が、いろいろな因縁から、いろいろな人の手に渡って、ついにニグロ部落の案山子《かかし》の服となり終わるまでの物語であり、それだけとして考えればそこに稀薄ながら論理的な脈絡があるのだが、しかしそれが次々と渡ってゆく間の一つ一つの物語の間には、特にこれというべき連絡はない。『舞踏会の手帖』にしても、つまりは一人の未亡人がかつて彼女がパートナーとして共に踊った男たちを訪ねて歩く間に起こるいろいろな物語で、そこに一貫しているものは未亡人の行動だけで、第一の男との物語と第二の男との物語の間には特に論理的な脈絡というほどの緊密な関係は見出せない。『西鶴一代女』の場合にしても、一貫しているのはお春という女主人公の生涯に継起するさまざまな出来事を描いているということだけで、その出来事の一つ一つ、つまり第一の物語と第二の物語との間には、論理的な因果関係というものがほとんどなく、あっても極めて稀薄である。従って、内容の上からみて、日本の有名な文学作品のなかから、このピカレスク様式のものをひろえば、井原西鶴の『好色一代男』、上記『西鶴一代女』の原作になった『好色一代女』、さらに古くは紫式部の『源氏物語』などがあげられよう。もっともしかし、映画化された『源氏物語』（新藤兼人氏脚本、吉村公三郎氏監督）は、各人物の間にそれぞれの因果関係があり、全体が一連のまとまった形に整理してあるのだから、これは当然、第二の場合、すなわち「複雑構成」のなかに分類すべきである。外国文学のなかでは『アラビアンナイト』とかロマン・ローランの『ジャン・クリストフ』などがこのピカレスク様式に属するものである。

ダニー・ケイの主演する『虹を掴む男』"The Secret Life of Walter Mitty"（ジェームズ・サーバー原作、エヴェレット・フリーマン、ケン・イングランド共同脚本、ノーマン・Z・マクロード監督）は、出版社づとめの夢想家の青年が何かにつけて夢想するその白昼夢を、一つ一つのエピソードとして、たとえば支那海を難航する帆船の船長とか、困難な手術をみごとにやってのけて美しい看護婦から尊敬される名医とか、さらには腕のいい飛行将校とか賭博のうまい伊達男、また時には西部開拓の勇敢な若者とかパリーの流行デザイナー、等々、もっぱら主演者の飄逸な風格を生かして作られた喜劇だが、これもまたこのピカレスクの一つの扱い方として、一応の参考になるものであろう。

全体を貫くプロットと部分々々のプロットとのどっちに作家の力点が置かれているかは、その場合々々によって違うこと勿論だが、しかし少なくとも、劇的表現の力点は、そういう燕尾服の運命とかパートナーの名を記した手帖の行方とか、あるいは一人の女の生涯であるとかということよりも、むしろそれ等のものを機縁として次々に起こってくる一つ一つの挿話の方に遥かに強く置かれている。従って、幾つかのプロットを一つの総合体として繋ぎ合わせている根柢のプロットというものは、たとえば沢山の珠数の玉を一つにまとめている一本の糸とか、あるいは沢山の櫛の歯を並列させている櫛の軸のような役割を持っているものなのである。

従って、この様式では、それ等いくつかの挿話のなかから、かりに一つ二つを削除するとか、あるいはその並べ方の順序を変えるとかしても、その一貫したプロットの上では大した変化が起こらないほど、互いの挿話の間の関係が稀薄な場合が多いので、その点、挿話の選び方や根柢のプロットの仕組み方を慎重に工夫してかからないと、結局は全体の構成が弛緩して、迫力を弱くするおそれが多分にある。が、しかし、ともかくも、その一つ一つの挿話の中では、直線的なプロットも、断絶的なプロットも、自由に採用されて、しかもそれらのプロットの集合によって全体が大きく運ばれてゆくのだから、これもまた広汎な人生の断面を暗示することが可能な様式である。

たとえば、東宝作品の『四つの恋の物語』(第一話、黒沢明脚本、豊田四郎監督。第二話、小国英雄脚本、成瀬巳喜男監督。第三話、山崎謙太脚本、山本嘉次郎監督。第四話、八住利雄脚本、衣笠貞之助監督)とか、あるいはイギリス映画の『四重奏』“Quartet”(サマセット・モーム原作、R・C・シェリフ脚本、ラルフ・スマート、ハロルド・フレンチ、アーサー・クラフトリー、ケン・アナキン分担監督)のように、完全に独立した個々の作品が便宜的に一つの題名のもとにまとめられているものは、決してピカレスクとは呼ばず、勿論その個々の作品の性質によって、それぞれに検討されるべきものである。

コンストラクション（構成）

プロットが決定すると、次はいよいよシナリオとしての構成（コンストラクション）にかかるのが順序である。が、これも実際の仕事の上からは、それほど厳密な区別は付けずに、プロットを決定することが直ちに構成を決定することに通じる場合が多い。

いずれにせよ、構成とは、一つの物語がシナリオとして表現されるその骨格をいうので、シナリオ執筆の順序としては、まずその全体の骨格を予定しておくことが肝要であり、その骨格がしっかりしていない限り、シナリオもまた脆弱なものとなるのが当然である。従ってシナリオ作家が最も苦心するのもこの仕事であり、シナリオ製作に要する全体の時間を五十日間と仮定すれば、その約三分の二の三十日間以上はこの構成の仕事のために費すという人さえあるくらいである。

事実、一つのストーリーをシナリオ化する上で、いかに構成するかという問題は、いわば、映画の芸術的な機能とその写真としての科学的な表現力の限度とをいかに調和させるかという問題でもあり、同時に映画そのものの性格を決定づける重大な問題でもある。いかに作家の芸術的イメージが豊富であろうとも、それをシナリオとして表現する場合には、映画の科学性を無視することはできないのだし、またその科学性のために拘束されてせっかくの芸術的イメージを犠牲にしなければならないということも作家としては忍び難いことであり、さらには構成という仕事の巧拙が映画の出来あがりに与える影響も大きいので、シナリオ制作の苦心の大部分がこの仕事に集中されるわけである。

シナリオを劇的に構成してゆくための規準については、項を改めて述べるとして、ここでは、現在シナリオを制作するための準備工作としての構成のプランがどういう方法で行われているかについて実例をあげて一応述べて置きたい。

最も普通な方法は、まずシナリオ全体の骨格を考えつつ、その一つ一つの場面の順序とその場面内で行われる事件の順序とを予定し、それをノートしておいて、そのノートに従ってシナリオを書いてゆく方法である。

○深夜のビル街——巡査、ルンペンを追いやり、交番へ戻って同僚と世相に関する会話。突然電話のベル。
○会社——逆上した小使いの電話。覆面の周二、ピストル、小使いを突き飛ばす。小使い、別室に転がりこむ。別室に、猿轡《さるぐつわ》された当直社員。周二、金を奪って逃走。
○街路——非常線、前出のルンペンと警官。周二、追われて公衆電話に飛びこみ、須田医師へ電話、子供の病状をたずねる。
○屋根裏の部屋——病児みち子、妻まゆみ。睡眠不足、調理台のコーヒーポット。須田医師来診。

これは比較的くわしく書かれたノートであるが、たとえば右のなかでの「睡眠不足」とか「コーヒーポット」とかいう心覚えが、後段の事件への伏線になったり、あるいは小道具として働くことになったりするわけである。

とにかくこういうふうにして場面の予定を立ててゆく間に、自然に各シークェンスがきまってくる。シークェンス（Sequence）というのは、継続する物語のなかで、一つ一つ挿話としてのまとまりを持っている一節々々をいうので、最も普通には、たとえば代数の方程式が幾つかの括弧で囲まれた部分から成り立っているように、溶明と溶暗とによって区切られている部分々々をいうのだと思っていれば大体において間違いはない。幾つかの場面（シーン）が集って一つの節（シークェンス）となり、そのシークェンスが幾つか集まって一つのシナリオとなるわけである。一つのシナリオにおけるシークェンスの数は、どのくらいがいいかという問題は、そのシナリオの長さによっても違うし、一概に幾つぐらいがいいともいえないが、普通十巻程度のものでは、多くても二十四、五、大抵は十七、八から二十二、三までというのが普通のようである。

そこで、シナリオ構成のプランをシークェンスごとに区画して、それを、たとえば箱にでも入れるように四角く囲んで、その箱を幾つか積み重ねながら、全体の運びや調子を予定してゆくという方法をとっている人たちもある。すなわち俗に「箱書」と呼ばれているのがそれで、私自身はまだ一度もそういう方法をとったことはないが、次に小林勝氏の旧作『風流演歌隊』の箱書というのを、参考までに一部分掲げさせてもらう。

1 **明治二十年五月頃**
（外）
西洋崇拝風景

＝

2 **山の手**（外）
壮士の詩吟
大助の遊学
小助笑う

＝

3 **小助の家**
大助小助世を嘆く
小鳥の娘
鳥籠騒動

4 **外**
金儲けの伝授
成功

│

5 **外**
小助の恋
娘
附文を大助が渡す

6 **改良堂本部玄関**
博文問答
娘来る（娘はこの家の令嬢なり）

＝

7 **改良堂本部**
大助の煙草戦術
荒川五郎まいる

│

8 **大道**（外）
演歌
染八大助にチョッカイを出す
五十年後の歌

│

9 **大道**（外）
演歌師の弾劾演説
某大官通る

│

10 **小助の家**
演歌師の弟子二人共偉くなっている
保安条令
大助ふるえる

こういう形式で以下二十六までの「箱」に区画してあるが、なおこれについて小林氏は次のような説明を加えている。

——一番目の箱は時代風景を初めに暗示しておく為に設けたもので、独立したシークェンスではない。二番目と三番目と合わせて一シークェンスをなすもので、家の外と内とで多少動作の内容が異なるので二つに分けたが、密接な関係があるので箱と箱とを＝印でつないでおく。六番目と七番目の関係もこれと同じである。—印でつないであるのは、各箱をもって一連の筋をなしていることを意味し（中略）そして箱と箱との間に何の符号もない所は（中略）シナリオに直す時にはＦ・ＯとＦ・Ｉで分けるようになるものである。もっとも箱書ではこのようなつもりでいても、実際にシナリオを書く時には、種々の場面転換の技巧の如何に依ってＦ・Ｏ、Ｆ・Ｉの予定の所がＯ・Ｌになったり、同じ箱の中を三つにも四つにも場面をかえたりすることが起こってくるものである――

前にあげた心覚えふうにノートしておく方法といい、この箱書の方法といい、あるいはまだほかにもいろいろな方法があろうが、いずれにせよ、こういうようにシナリオ執筆前に適当なプランをノートしておくことは、いきなりぶっつけに筆を進めるのと違って、第一にシナリオ全体のテンポを予定することができるし、セットとロケーションの交錯をあらかじめ適宜に配列しておくこともでき、なおまた、ＡＢＣＤＥと幾人も現れてくる人物をあらかじめ各場面に割りあてて適当に配分しておくこともできる。たとえばその劇の終始する場所がホテルの中だけだとか汽船の中だけだとかいうように比較的変化の少い一定の場所内に限られている場合や、または全場面を通じて劇中に登場する主要人物がほとんど主役二人だけに限られていて、あとはただほんの雰囲気的に現れる人物だけだというような場合などには、特にこの方法によることが、全体を統一する上からいっても有効だとされている。

とはいうものの、そういう予定を立てたからといって、いざ実際に筆をおろしてみると、数学の式から答えを出すのとは違って、なかなか予定のとおりには進まないのが普通であり、多くの場合、そこに伸び縮みが生じてくるものである。が、ここで一つの逆説的ないい方をしてみるなら、もしシナリオがその予定のとおりに一分一厘の狂いもなく進んだとしたら、そこに出来上るものは、あまりにも整然としすぎていて、味もゆとりもないものになってしまうかも知れない。むしろシナリオはそれが予定のとおりに進まないところから、かえってそれの馥郁《ふくいく》たる香気を薫らせるものだともいえよう。

いったい、シナリオの形式というものは、内容によって決定せらるべきもので、従ってその内容の如何に関らず、あらかじめそこに一定した自分の型を作りあげてしまっていて、何もかもをその型の中に押しこんでしまうというようなことがあってはならないものである。かつてシャルル・スパークなどの影響から散文的構成というようなことが問題になり、しかもそれがシナリオとしての最高の様式であるかの如くにいわれたことがあったが、それとても要は内容によって決定せらるべき問題で、事実、スパークのシナリオについて、それを三、四編並べて比較検討してみると、どうしてどうして、散文的構成などというようなそんな簡単な言葉で片付けてしまえるようなものではなく、全体によく神経の行き渡った真に見事な建築であり、一作一作それぞれにその内容にふさわしい形を持っていて、それが一見、散文的な構成であるかの如くに見えるのは、スパークの人生の見方やその作風がそう感じさせるものなのである。作風はおのずから型とは違う。

なお、これは舞台戯曲の場合についてのことであるが、フランスの劇評家のフランシスク・サルセイが、戯曲の中には作家が必ずそれを舞台の上に現出しなければならない情景というものがあるといっているのは、そのまま直ちにシナリオの構成の場合にも適用されていいことだと思う。彼はそれを「演じられなければならない場面」と呼び、決して省略されることなく必ず一つの動きとして現わされなければならないものだといっている。もしそういう動きが閉ざされた扉の陰で演じられて観衆の前では単なる会話として片付けられてしまったりすると、観衆はその劇に接しながら何か大へん不満なものを感じるような結果になると彼はいうのである。すなわち、これを構成の面からいえば、物語の中のある一つの出来事を一つの情景として現すか、または人物同志の会話として片付けてしまうかという問題で、これは特にシナリオの場合、ただ単に観衆に与える影響の上からばかりでなく、シナリオ自体のテンポや密度にも関係し、さらにはシナリオの気品をも左右する問題になる。

たとえば一連の長い物語の中で、遠方にいる娘が母危篤の報に接して帰宅するというような場合、その母の臨終の模様を一つの場面として精細に描写するか、あるいはその臨終の場面は省略して、その前後の情景を描出することによって効果あらしめるか、これはその物語の主題や性質によって決定せらるべき問題で、その物語自体がそういう臨終の描写を必要としないものであるにもかかわらず、ことさらにそういう場面を挿入して、いたずらに観衆の涙を絞ろうなどと企てることは、メロドラマの場合においてさえ充分に慎まれなければならないことである。そのためにシナリオのテンポが停滞し、密度が緩み、併せて気品までも失うようなことがあったら、ただそのわずか一つの観衆への媚態のためにシナリオ全体が混濁してしまうことにもなろう。池田忠雄氏と小津安二郎氏の共作になる『長屋紳士録』のプロットでは、まず大道易者の田代が九段で子供を拾うところから物語が発展するのだが、シナリオの構成としてはその場面は省略され、それが省略されていることによって密度も濃くなり、いきなり物語の中心に飛びこんでも行っている。シナリオのその部分を次に抜粋してみよう。場面は長屋ずまいの錺屋《かざりや》の為吉が夕食後の一杯機嫌で『婦系図』の早瀬の声色を使っているところへ、「ただいま――」と声をかけて田代が帰ってくるところから始まる。

○錺屋為吉の家

為さん、声にふり向く。

同居人の田代が帰って来たのである。田代は大道の占師である。為さん、澄まして

為吉「おう、お帰り」

田代「誰か来てたんか」

為吉「いいや」

田代「話しとったやないか」

為吉「いや、こっちのこったよ……。今日は早かったね」

田代「うん……。おいで」

と田代は戸口の蔭から子供を呼び込む。

七、八才ほどの男の子だ。余りきれいでない。

為さん、けげんに

為吉「何だい」

田代「この子供、拾うて来た」

為吉「どっからよ」
田代「九段からついて来てしもて」
為吉「え、宿なしかい」
田代「いや、茅ヶ崎から出て来て、九段で親にはぐれてしもたんだ。今晩泊めてやって貰えんかな」
為吉「よしなよ、つまんないもの」
為吉「でも可哀そうでな」
為吉「そんなものお前さん拾う事ないだよ。おっつけちまいなよ誰かに……（思いついて）かあやんがいいよ、かあやん」
田代「うん、泊めてやって貰えんかな……」
為吉「ああ、俺はいやだよ、俺は……。俺は餓鬼は嫌えなんだよ」
田代「そうかな」
為吉「かあやんとこへ置いてきなよ、かあやんとこへ……」
田代「そうかな」
とはなはだ残念そうだ。が「おいで、おいで」と幸平少年を連れて出て行く。

いずれにせよ、構成における「演じられなければならない場面」の選定は、その物語の主題の性質や全体の調子や変化、そういうものとの充分な睨み合わせの上で、慎重の上にも慎重になされなければならないものである。

局面

劇的局面の発生

イギリス映画の『オーヴァランダース』“The Overlanders”（ハリー・ワット脚本、監督）というのは、オーストラリアの沿岸地方における牧畜業者たちが日本軍の爆撃や上陸に備えて、その飼育する牛の大群を奥地へ移動させるといういわゆるセミ・ドキュメンタル映画で、そこには多少の人間葛藤も描かれているとはいえ、その最も主要な部分は、いかにしてその牛の大群を移動させたかというその労苦を描くことにほとんど費されていた。

炎暑は激しく、水は乏しく、数百数千の牛の群れは水に飢えつつ、舌を垂らして延々と荒野を横切ってゆく。川があれば川の畔、沼があれば沼の岸で、とにかく水さえあればそこで休養する。そしてまた進む。いわば水から水への移動である。と、ある一日、全く水のない日がある。川もなければ沼もなく、炎熱の荒野をただ歩みつづけて、やがて夕暮れ近く、その日の予定の宿営地に到着する。実はその宿営地から数キロを隔てたところに沼があることはあるのだが、それは底なしの泥沼で、岸から一歩でも踏みこめばズブズブと全身を飲まれてしまう、牧人たちは無論そんな沼へは一頭の牛も近づけない。しかし、夕暮れ時ともなればさすがの荒野にも涼風が立ちはじめる。微風は沼の葦の葉をそよがせ、水の匂いを漂わせて宿営地にまで流れてくる。水に飢え疲れた牛の一頭が、ふと鼻づらをあげて、その水の匂いを嗅ぐ。つづいて二頭、三頭、五頭、十頭の牛、牛、牛がいずれも鼻づらをあげて水の所在を直感する。沼の方向や位置を本能的に感知するのである。まず一頭の牛がその方向へノソノソと歩みはじめる。と、二頭、五頭、十頭、二十頭、五十頭、百頭、次第に大きな一団となって、次第に歩度を速める。牧人たちはそれに気がつくと、直ちに馬に跨《また》がって牛を追い、そして追い戻そうと走る。そのころには、牛の群れももう濛々《もうもう》たる砂塵をあげて沼へ沼へと走っている。数千頭、見る限り牛の大群が、必死に追い迫る牧人たちの乗馬を尻目に、沼へ沼へと走りに走って突進する。牧人たちは鞭を振るって追いに追い、やがて追い越して馬首を返し、その狂奔する牛の大群と真正面から対峙する——等々、といったように、いわば、これは牛の生態を描いて、そこに劇的迫力を感じさせようと意図したもので、事実、またそこにそれだけの効果もあげられているものであった。

ところで問題は、その劇的迫力なるものは、いったいどういうところから生ずるものであるかということになるのだが、そこには別に人と人との対立もなく、ただ牛の大群が底なしの沼に突進するのを、牧人たちが必死になって食い止めようとする努力だけが示されているに過ぎない。にもかかわらず、なおかつそこにそういう劇的なものが感じられるというのは、要するに、それの編集方法が、そこに劇的局面を設定しようという方向をとっているからで、もう少しくわしくいえば、ただ牛の大群が荒野を走るのだったら、いかにそれが素晴しい勢いで走ろうとも、それはただ写真的迫力以外には醸し出し得ないのだが、それがあらかじめ設定された局面の中でなされれば、それだけで立派に劇的な盛り上りを示し得るのである。では、その劇的局面 dramatic situation なるものはどういうことを条件として発生するものであろうか。

それについてブランダー・マシューズはフランスの十九世紀の批評家フェルディナン・ブルンティエールの言葉を引用して次のように述べている。

——彼（ブルンティエール）は戯曲が他の形式の文学と異なる点は、常に人間の意志の活動面を取り扱わなければならない点にあるといった。劇がわれわれを楽しませるためには一つの争闘の形をわれわれの眼前に見せなければならない。劇中の主人公は彼がその全力を尽くしてそれの実現のために苦闘する何等かの欲望なり目的なりを持っていなければならない。アリストテレスは劇を定義して「動作の模倣」だといったが、その動作なるものは、ただ無意味な運動のことをさしているのではなくて、おそらくこの争闘の要素たるべき動作、すなわち主人公が何物かを得ようとしてそのために全力をふるって争闘するというような動作を意味しているものであろう。主人公は時として他の力量のすぐれた相手のために危い目を見ることもあろうし、また時としては彼自身の心中の弱点のために裏切られて懊悩煩悶《おうのうはんもん》して自滅するというようなこともあろう。劇そのものの迫力も観客の興味も偏《ひとえ》にその相争う力の勝敗の上に繋がっているものである——。

これは、しかし、ひとりマシューズのみならず、ほとんどすべての演劇学者が肯定している劇的局面発生の動因である。劇的局面が生まれるためには、そこに何らかの意味での対立があり、その対立するものの間に葛藤相克の形がとられなければならないというのである。争闘のないところにドラマはないといわれるのもそれをいうので、動と反動、テーゼとアンティテーゼ、そういう形が劇的局面の展開する基本的条件だというのである。

舞台劇の場合には、一、二の例外を除いては人物と人物との対立抗争がその劇的局面の主要な成因となっているが、映画の場合は前にあげた例のように、動物と人間との対立とか、暴風雨や洪水などのような自然現象と人間との抗争などもまた充分に劇的局面を展開し得るのみならず、一人の人物の精神内における意志と感情との相克なども、立派な劇的局面を作り得るのである。

むかし、サイレント映画の黄金時代に『地上』"The Grass"(メリアン・クーパー、アーネスト・シュードザック共同作品)という実写映画があって、小アジアの平原に住む男女老幼の遊牧の民の一団が牧畜のための草を求めて、ある時は濁流の渦巻く河をわたり、ある時は峨々《がが》たる岩石の山を越えて、次なる遊牧地へと移動してゆくいわゆる遊牧生活を記録した作品だったが、その冷厳な大自然に対する人間の必死な抵抗もまた充分に劇的な局面をつくり得ているものであった。

――「争闘のないところに戯曲はない」という言葉は、なるほど真理に近い言葉である。しかしながら、「争闘のないところに人生はない」といえないでしょうか。更に「人生は戯曲なり」ともいえないでしょうか。これは要するに、人生を観るものの眼である。人生のあらゆる局面、あらゆる瞬間は、小説家の眼には小説であり、詩人の眼には詩であり、劇作家の眼には戯曲である――ということこそ、一層切実に真理を物語る言葉ではないでしょうか――。

これは岸田国士氏の言葉だが、とかく争闘とか対立とかいうと、何か特に大きな争いごとでも起こるとか、あるいは善に対して悪が拮抗するとか、そういうふうに線の太い場合ばかりを考えがちになろうが、決してそういう場合ばかりをいうのではない。

――芝居を書くということは、激しく噛み合わせることだと信じて、人と人とがやたらにいい争うような場合を好んで書いた。これに空虚を感じるようになるまでには相当時間がかかった――。

これは新藤兼人氏の述懐だが、あからさまな善玉悪玉の対立などは劇形態としては既に黴《かび》が生えているくらいのもので、一方の主張に対してもう一方が何等の意志表示をしないだけでも、そこに対立の形が取られ得るのである。適当な例ではないかも知れないが、伊丹万作氏の遺稿『木綿太平記』の最初の方に、入江弥左衛門という真田藩の学者の門弟が二人そろばんの稽古をしている場面がある。

入江「――五両也、六両也、百九十二両也、十八両也、三十七両也――」

丹下、急にがちゃっと計算を崩すとそのまま頭の上に乗せる。

入江「何だそれは?」

丹下「何が何だか判らぬ也」

入江「ちえっ、またか」

丹下「読み方があんまり速い也」
入江「串戯《じょうだん》を言うな、随分ゆっくり読んでいるじゃないか」
丹下「とにかく此処らで一寸一服也」
入江「どうも一服の多い男だ」

こういうユーモラスな簡単な会話の中にさえも微かながら性格的な対立は見出される。要するに適時適所に対立感を捉えて、それを次第に発展させてゆくところに劇的局面が生まれてくるのである。

かつて戦時中に少年兵の訓練に取材した映画などが作られ、それが相当な迫力を示していたりしたところから、劇的局面が発生するのは必ずしも対立感のみを基礎とするものではなく、かえってそういう対立抗争のないものの方が、観客の知性に訴える上から見ても作品としての高さがあり、そういうものこそ今後の劇映画が新しく開拓してゆくべき境地であろうというような独断的な主張が一部の人々の間に行われたことがあった。余談になるが、とかく日本の映画界にはそういう独断的な主張がほとんど周期的に繰り返されて、しかもそれが一応のまことしやかさをもって撒き散らされる悪い習慣があるのだが、その劇的局面に関する主張なども、もう少し慎重に考えれば、それが考慮の足りなさから出ているものであることが反省されるはずなのである。

訓練とは、いい換えれば、人間の精神ないし肉体が鍛錬されてゆくことで、要するにそれは、訓練を受ける人物が自分の精神なり肉体なりを一層高い段階にまで引き上げようとして、自分を鞭打ちつつ目的へ向かって努力することにほかならない。いわば、前にあげた遊牧民が河と争い山と闘いつつ新しい大草原をめざして進んでゆく場合と違わないもので、そこに劇的局面としての目新しさはあるとしても、決して根底から新しく設定された劇形態ではないのである。例の三十六局面の中にもそれは明らかに「目的への努力」と記されている。

近頃やかましくいわれているスリラーの技法などもこの対立感を最も効果的に駆使しているものだといえるが、いずれにせよ何等の対立感なしに劇的局面を構成しようなどと企てることは、今後よほどの天才でも現れて全然新しい劇形態を創始でもしないかぎり、今のところでは到底不可能なことだといっていい。

劇的構成の原則

元来、一つの劇というものは、必ずしも初めから終りまでが劇的事件のみの連続ではなく、その間には劇的局面を設定するための叙述や描写があり、そういう叙述や描写と劇的局面とが交互に適当に配置されて、そこに全体としての劇が成立するわけである。それはたとえば、われわれが日常さまざまな摩擦や相克のなかにありながらわれわれの生活を進行させてゆく、それと同じ状態だと考えれば大体において間違いはない。つまり幾つかの劇的局面が有機的な連絡を保って、次第にその頂点へと盛り上ってゆくのである。

しかも劇形態というものは、その性質として、何らかの意味における動作の連続的な表現を必要とするもので、前にもアニタ・ルースの言葉を引用したように、それが動作の欠乏を感じさせるようなことがあってはならない。従って、いつまでも静的描写のみに止まっていることなく、一つの動きがすぐまた次の動きを呼び起こしつつ進行してゆくように構成されることが必要になってくる。そしてそこから「縦の運び」とか「横の運び」とかいう言葉が生まれてくるのである。

簡単にいえば「縦の運び」とはプロットの「展開」を主とした、いわば動的な面であり、「横の運び」とは雰囲気や性格や境遇などの「描写」を主とした、いわば静的な面であるともいえよう。

次にM・G・Mの作品『花嫁の父』“Father of the Bride”（アルバート・ハケット、フランシス・グッドリッチ共同脚本、ヴィンセント・ミネリ監督）の一節を引いてみる。中年の弁護士スタンリー・バンクスと細君のエリーが娘のケイを嫁にやることになり、その相手のバックリー・ダンスタンの両親はハアバートとドリスを訪問して、初めて顔を合わせるその部分の描写である。

○ダンスタン家の居間

バンクス家よりいくらか立派で、どっしりした部屋のつくりである。

四人、入って来て、スタンリーとエリーはソファに。ドリスは椅子に。そしてハアバートは一方の酒戸棚の方へ行く。

ドリス「ケイとバックリーは、ご飯をたべに出してやりましたの。わたくしたち四人だけの方がかえって打ちとけたお話が出来ると思いましてね」
エリー「はあ、その方が結構でございますわ」
ハアバート「どうでしょうかな、食事の前にちょっと一杯あがりませんか」
スタンリー「はあ？」
ハアバート「マデラ酒が少しありますんでね。二十五年ぐらいになる奴です。特別な場合にと思ってとっといたんですが、ま、これ以上特別な場合ってことは滅多にありますまいからな」
スタンリー「いや全くです、全く」
ハアバートは酒戸棚からそれを出して来て、注ぐ。
エリー「お世話になります」
ハアバート「さあどうぞ」
スタンリー「やぁどうも」
ハアバート「じゃ花嫁花婿のために乾杯しますか」
ドリス「まぁ……」
スタンリー「結構！　結構！」
四人、乾杯する。
スタンリー「ウム、甘すぎも辛すぎもしない」
エリー「わたくし、バックリーさんが奥さま似か旦那さま似か、どっちかしらと考えておりましたのよ」
ドリス「ああ、あたしたちのこと、さんづけなんかなさらないで、ドリス、ハアバートと呼びすてにしていただきますわ」
エリー「じゃわたくしたちのこともスタンリー、エリーって」
スタンリー「ゴルフをおやりですか、ハアバート」
ハアバート「ええ、やります。――さ、どうぞ乾杯してください、スタンリー」
スタンリー「いや――」
エリー「いいお住まいですことね、ドリス」
ドリス「まぁありがとう、エリー。お宅も是非拝見させて頂きたいわ。バックリーがいつもお噂してますのよ」
ハアバート（酒瓶をとって）「もう少しどうです、スタン」
スタンリー「じゃ、お相伴に少し、ハブ」
ハアバート「さぁ、こうなったら一つ打ちあけ話を始めますかな。イヤ、実は今日お目にかかるのに、僕はとてもびくびくものでね」
ドリス「ハアバート！」
ハアバート「今朝もわれわれ大喧嘩をやっちゃったんですよ、酒を出そうか出すまいかっていうんでね。僕は出す方なんだ、その方が遠慮がなくなる。ところがドリスは反対でね、あなた方が感心なさるまいっていうんです。迷いましたよ」
　で、みんなが笑うと──
ハアバート「何しろ、第一歩から間違ったら大へんですからね」
スタンリー「だったら僕にだって面白い話がある。実のところ、このエリーときたら、三度も着物を着替えたんですよ」
エリー「スタン！」
スタンリー「だってそうじゃないか」
エリー「でも、むやみにワクワクして、途中でマティニを呑んだりしたのはわたしじゃありませんわ」
ハアバート「マティニを？」
　とスタンリーの傍に来て肩を叩き
ハアバート「マティニをやるんですか」
スタンリー「いや実は……」
ハアバート「いやぁ、それだったら何もこんなもので手間取ってることたぁない。さ、やりましょう」
　で、スタンリーを促がして、テーブルの上を片付け、蓋をあけると、ポータブルのバーが現れる。
ハアバート「さぁ、じゃ──」

スタンリー「これはこれは、おい、エリー。おどろいたね、全く。お手伝いしますかな」
ハアバート「や、スタン、ありがとう」
スタンリー「僕はね、お宅のご子息を一目見てたちまち好きになったんですよ。ところがご両親にお目にかかってみて更に好きになったな。これからはダンスタン・バンクスの両家は、一つ家族も同様だ」
ハアバートとスタンリーがマティニを作っている間に、ドリスとエリーも親しく肩をならべる。
（ＤＩＳ）

○ぼやけた場面にピントが合って――

テーブルの上の空になったカクテル・シェーカー。
エリーとドリスはソファに腰かけスタンリーは暖炉の前に立ちハアバートは腰かけている。
少し酔っている。
ドリス「ねえ、わたしたちの新しい娘のことを残らず聞かせてくださいな」
エリー「別にこれってお話するようなこともありませんけど」
スタンリー「バカな。――ねえ……ケイは赤ん坊時分、エリーが乳母車にのせたまま八百屋の前に置いて来ちゃって、すっかり忘れてたっていう話はいかがです」

エリー「まぁ、ありがたくない記憶力ね」
スタンリー「だって本当じゃないか」
ハアバート「さぁ、まだ一滴残ってる。どうだい、スタン」
　とシェーカーをとってグラスに注ぐ。
スタンリー「ケイが生まれて九ヵ月のことだったかな。いや、父親ってものは誰だって自分の娘を素晴しいと思うもんだろうが、実際しかし、あの子は違ってたな」
　場面がぼやけて――　（DIS）

○ぼやけた場面にピントが合って――

　食堂――ワイン・グラスを持っているスタンリーの手。女中の手がそのグラスに酒を注ぐ。
　スタンリーは大分酔っている。
スタンリー「あの子が五つの時だったな。僕あ初めて水泳を教えてやりましてね。いや、全く素晴しい奴でね……てんでおどろかないんですよ。家内は水を怖がりますがね、ケイは僕に似たんだな。――つまり娘ってものは父親に似る、父親はまた――その反対ってわけかな。そうだろう。エディス」
　みんなが笑う。

エリー「ドリス」
スタンリー「ええ?」
エリー「ええ。ねえ、ドリス」
スタンリー「ねえ、ドリス……うん。ああ、ドリス! ああ君……ここは——どこだい? まあとにかく、あの子は、まるで……まるで家鴨の子みたいに泳ぐんですよ……まるでね。……で、あの子が六つの時だったな、ほかの子供たちと一緒に筏にのせて連れ出して、水の中へほおりこんでやったら、ごぼごぼっと沈んじゃってね。……ところが、あの子はダイビングをやったんだっていうんですよ……」
　みんなが笑う。また場面がぼやけて——

○ぼやけた場面にピントが合って——

　居間——スタンリーの手がブランデーのグラスを持っている。
　スタンリーはエリーとならんでソファに座っているが、大へん酔っている。
スタンリー「十五になったばかりで、もう男の子たちがあの子を取り巻き始めてね、家中、男の子でいっぱいでしたよ。いつも晩になって僕が帰ると、見たこともない奴がソファで眠っている。かと思うと、ポーチのハンモックにも一人……。また……ところがだ……突如としてあの子はそういう奴らに興味を持たなくなった。……ところがです……」

エリー「で、あの子はバックリーと知り合ったんです。ですから、こん度はあなた方がバックリーのことをお話しになってください、どうぞ」
スタンリー「そうだ。バックリーのことを聞かして貰いたいね」
ドリス（微笑して）「ええ、バックリーはいつも良い子でしたわ」
スタンリー「ああ——」
ドリス「おちついた、優しい子でね。やっと五つになった時でしたけれど、あの子がこんなことをいったのを、わたくし、今でも忘れませんわ。マミイ……あたしのことをいつもそう呼びますのよ。……マミイ、いつまでも死なないでね、って……」
エリー「なんて優しい……」
ハアバート「いや、良い子でした。しかし決して弱虫じゃなかった。町内のどんな子にだって敗けなかった。あれはスポーツが好きでね、いや、全くのスポーツ好きでしたよ」
　スタンリーはいつのまにか眠ってしまっている。
　これを見ると、両親が互いに共鳴したという以外は、いわゆる「横の運び」だけのように感じられようが、しかし、劇全体の構成からみると、やがてこの父親が娘の結婚のためにいろいろと小市民的な悩みを感じたりするようなことになるのだから、この一夜の雑談の描写が、同時にまた充分に「縦の運び」をも含んでいることになるわけなのである。

そのように、実際としては縦も横もなく、描写が直ちに展開を意味し、展開の間にも描写が行われてゆくものなのだが、いま仮にその「縦の運び」（すなわちプロットを展開させてゆく面）のみを取出して、その劇が頂点に達するまでの運びを考えてみると、たとえば第二の事件は第一の事件よりも調子が高く、第三の事件は第二の事件よりも更にその調子が高くなっているというような段階をへて、次第にその緊迫感が増していることが感じられると思う。いったい、劇中の各事件の相互の関係というものは、たとえば鎖の環の一つ一つがそれぞれ全体への繋がりを保ちつつ次第にそれの鎖としての長さを増してゆくように、そこに扱われる事件の一つ一つが次から次へと作用しあいつつ、いわば幾何級数的にその表現量を増してゆくもので、決して一つの事件だけが独立して効果をあげているものではない。

脚本構成のそういう段階について述べられている最も古い文献はアリストテレスの『詩学』だが、それによるとすべての悲劇（ということは現在における一般の劇と同じ場合をさすのだが）というものは、

起首（プロロゴス）　　……始
中枢（エペイソデイオン）……中
結尾（エクソドス）　　……終

という三部分から成り立つべきものだというのである。起首とはプロットの説き起しの部分、中枢とはそのプロットが発展していわゆる劇の中心をなす部分、結尾とはさまざまに発展したプロットが

一つにまとまって終わりを告げる部分で、しかも当時のギリシアの上演様式として、その各部分の間には合唱団によって歌われる人物登場の際の「登場の歌」（パロドス）や舞台が空虚になった際の「間の歌」（スタシモン）というようなものが適当に配置されることが必要だというのである。もっとも、しかし、そのアリストテレスの『詩学』なるものにはそれらの各部分がどういう職能を持つべきものかについてはほとんど述べられていないので、その点くわしいことはわからないが、しかしこれだけのことからでも、彼が劇というものを、単なる断片的な事件の表現と見ずに、一つの「まとまった統一体」でなければならないと考えていたであろうことは充分に推察できる。事実また、脚本構成の問題が古来やかましく検討されて来ているのも、要はいかにしてそれを「まとまった統一体」たらしめるかという意図に出づるものにほかならない。

　日本でも足利時代に、当時の能の作者であり、役者であり、作曲者でもあった世阿弥が、その著『能作書』のなかで、楽劇としての能の構成について、やはり三部分説を唱え、更にそれを五段に分けることを主張している。

序――一段
破――前段
破――中段
破――後段
急――一段

というのがそれで、幸い、野上豊一郎氏の著書『能の幽玄と花』の中に、その序破急の法則の説明があるので、それをここに引用させて貰おう。

――「序」は冒頭の部分で、「破」は主体の部分、「急」は結末の部分である。「序」は、表現の始まる部分であるからその意味において大事な部分ではあるが、更に大事な主体へ誘導すべき役目を持っているので、そこで表現が停滞してはならない。目的に向っての速さがその部分の表現を特徴づける。これに反して「破」の部分は、それが表現の主体であるから、そこまで行けばもはや特別に急ぐ必要はなく、ゆっくり落ちついて細やかに入念に、表現すべきほどのものを遺漏なく表現するだけの余裕を見せる。その表現の細微を唐楽では入破と呼び、略して破と呼び、能でもその名称を踏襲して「破」と呼んでいるが、表現の細微は同時に速さの緩慢さを伴うことは当然とされている。その緩慢が漸次に収合されて結末の迅速な速さを喚び起こす部分が「急」の部分で、唐楽でも「急声」といわれた――

この世阿弥の序破急三部五段の構成法は、作能上の基本として唱えられたもので、必ずしも五段とのみは限らず、題材の性質によっては四段としてもよく、あるいは六段七段となっても差し支えないもので、ただ五段であることをもって原則とすべきものだというのである。

能そのものの形態は、登場人物も、シテ、ワキ、ツレなどの数人に限られ、そのほかに楽劇としての合唱部分を担当する地謡《じうたい》などというものもあるので、その構成形式を直ちにそのまま一般の劇の構成にあてはめて考えることは無理だが、そういう表現様式の特殊性から離れて、脚本構成の理論そのものとして、そこに私自身の多少独断的な判断をもまじえつつ、世阿弥の作品そのものについてこの五段説を検討してみると、「序」すなわち発端においては、（能の場合はまずワキが登場して）劇の方向や性質環境などが暗示される。テンポも渋滞なく、世阿弥に従えば「直ぐに正しき体」をもって、簡潔に処理されるべき部分である。

「破」すなわち中枢部は、その前段においては（能の場合はシテの登場によって）人物相互の関係や劇的局面が次第に錯綜し始め、従って描写も細かくなり、中段においては（楽劇としての能の場合においてさえ多量の対話が取り入れられて）劇的事情がいっそう複雑になり、人物の性格的な動きなどが細かく描写され、従ってテンポは緩くなるが、しかし、そのテンポの緩さは情景の賑やかさによって救われている。すなわち能の場合においては、この段に至って初めて連吟や地謡の合唱が始まるのである。そしてその形がそのまま後段に及んで、そこで全曲の主題が明瞭に浮び上ってくる。世阿弥に従えば、破三段は「物真似（すなわち写実）の風態にふさはしく」細かに手を入れて写し現すことが必要だとされているのである。

「急」の段は、全曲が収拾されて終わりを告げる部分で、ここに至るまでに布置されて来たさまざまな劇的事情が一つの線に落ち合って（能の場合は後シテの出現によって）そこに全曲のクライマックスが生まれ、かくて主題が解明されて終わるのである。従ってテンポも急迫し、「もみ寄せて」急激に目を驚かすような表現が必要な部分だとされている。

この世阿弥の序破急三部五段の構成法は、徳川期に及んでは、近松門左衛門の浄瑠璃作法の基準ともされ、更に下っては歌舞伎作者たちの脚本構成の上にも強い影響を与えている。

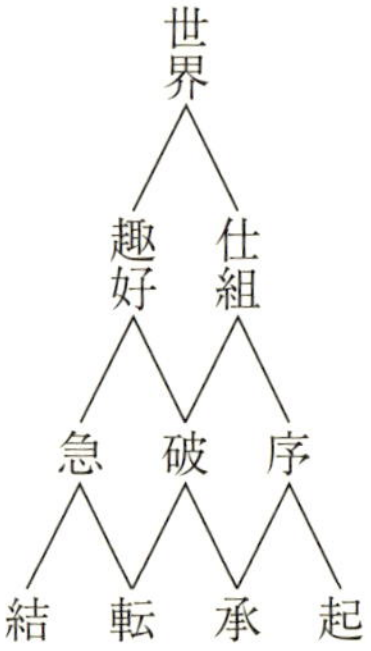

これは歌舞伎作者の並木五瓶がその著『戯財録』の中に、歌舞伎脚本の構成基準としての序破急の法則を作詩の基準たる起承転結の法則と関連させて、一つの図形として掲げているもので、これを簡単に説明すれば、この図で「世界」と呼んでいるものは、ある特定の時代的な背景を持った題材のことで、当時の風習として「義経記の世界」とか「出世奴（桃山時代）の世界」とか、あるいはまた「八百屋お七の世界」とか「夏祭りの世界」とかいうふうに呼ばれていたものである。歌舞伎狂言の題材は、大別して時代物（主として江戸期以前の武人の生活に取材したもの）と世話物（市井の庶民生活に取材したもの）とに分けられているが、そういう題材を適当に按配して主題を含む中心の筋を決定する、それが「世界」で、五瓶はそれを「竪筋」とも呼んでいる。「世界」が決定すると、次には、たとえば『忠臣蔵』の世界にお軽勘平の挿話や加古川本蔵の挿話が取り入れられているように、そういういくつかの副次的挿話を考案して織りまぜる。その考案が「趣好」であり、五瓶のいう「横筋」な

るもので、かくして主要事件と副次的事件とが適当に組み合わされて一つの統一されたプロットとしての「仕組」を持つことになるのである。ここまでが脚本以前の、いわば準備行動ともいうべき仕事で、以上の準備が整うと、そこで初めて序破急の法則による脚本製作の仕事が始まるわけである。図によると「仕組」が序と破にわかれ、「趣好」が破と急にわかれているかのような線がひかれているが、これは正しくは次のように書かれるべきものであろう。

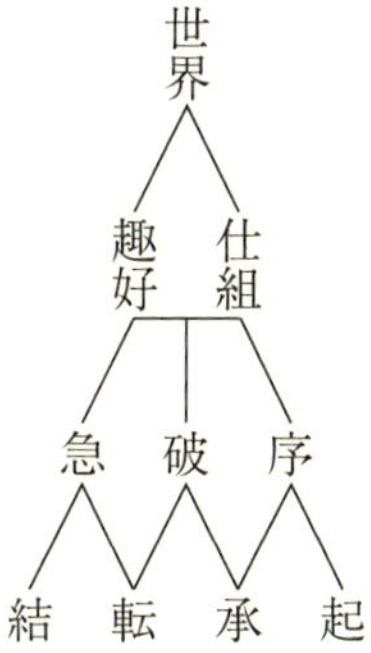

序破急各部の展開方法は大体能の場合のそれと同じような手法が踏襲されていたものと考えていいようである。

ただし能の場合はそれの楽劇としての性質から序破急各部の境界が作品の上で画然と区別されているが、歌舞伎脚本の場合には、これまたその性質上そこの境界がはなはだ曖昧になっている。「起」の部分はいうまでもなく劇の発端で、そこで初めて紹介される劇の萌芽は「承」の部分に受けつがれて、さまざまな葛藤を起し、それが「転」の部分で危機をはらむと共にクライマックスに達して、やがて「結」の部分に至ると、それまで紛糾をつづけて来たいっさいの事件が一点に収拾されて終りを告げる——というその構成の順序は、能における序破急の構成と変わらないのだが、では一つの脚本の最初からどこまでが「起」でどこからが「承」であるかということになると、たとえば『忠臣蔵』を例にとってみても、大序の鶴ヶ岡社前の場だけを「起」(または序)の部分と見るべきか、それともまた全編の構想から考えて、殿中松の間あたりまでを「起」の部分と見るべきかは、容易に決定し難い問題である。従って五瓶の図形が序破急と起承転結との関係を山型の線でつないで、その各部の間に截然《せつぜん》たる境界を設けていないことは、そこに一応の意味が含まれているものだと考えてよかろう。

グスタフ・フライタークは、希臘《ギリシア》劇や沙翁《シェイクスピア》劇やゲーテやシラーの戯曲について、その構成方法を検討した結果、ピラミッド型の三部五点説を唱え、その著『劇作法』の中で、次のように図示している。

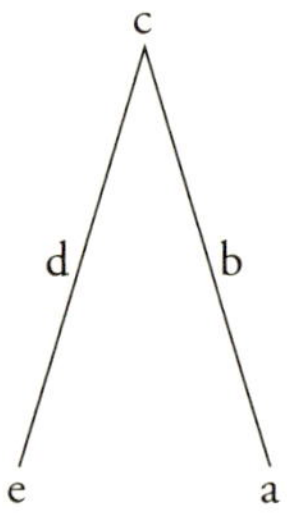

(a)導入の部分
(b)上昇の部分
(c)頂点
(d)下降、あるいは反転の部分
(e)破局の部分

すなわち、フライタークによれば「劇は興奮要因の出現によって導入部からクライマックスまでは上昇し、そこから破局までは下降する。」そして「筋の進展の開始を示す第一の要因は導入部と上昇部の間に置かれ、反動作用の開始を示す第二の要因は頂点と反転部との間に置かれる。更にもう一つ破局の始まる前にもう一度筋を緊張させる要因は反転部と破局との間に置かれるが、これらの要因をここでは興奮要因、悲劇要因、最後の緊張の要因と呼ぶことにする。どんな劇でも第一の要因を欠くことは出来ないが、第二、第三の要因は、あれば好都合だが必要欠くべからざるほどのものではない」と述べている。この第二、第三の要因なるものは、序破急の「急」の部分、起承転結の「結」の部分をいっそう細かく分析したものと見るべきであろう。

以上に述べて来たような脚本構成の法則は少くとも近代劇(日本の場合は新劇という方がよかろう)が起こる以前には、ほとんど支配的な権威を持っていたものであった。ところが近代劇の勃興と共に、劇そのものの内容が、物語よりもむしろ性格の描写や心理の表現に力点を置くようになってきて、自然、脚本の構成方法としても、そういう人間性を追求するのに相応《ふさわ》しい形が求められるようになり、以前の極端な立体性から現在のような多分に平面性を加味した方法へと移行してきたのである。とはいえ、しかし、従来の劇の第五幕目から始まるといわれているイプセンの戯曲ですらが、決して如上の構成法則を全然無視しているものだとはいえないし、ことにシナリオの場合は、劇映画そのものの性質から考えても、三部ないし五段の構成方法から全然離れきるものではない。

特にシナリオの場合、その構成が重要視される所以《ゆえん》は、たとえば個々の場面や個々の人物や個々のセリフなどというものは、全体に対する部分としての重要さを持つもので、単独には決して決定的なものではなく、決定的なのは主題によって貫かれている統一体としての全体の印象だからである。

そこでシナリオの場合には、普通、その構成を、

発端（Introduction of Exposition）

葛藤（Complication）

危機（Crisis）

クライマックス（Climax）

結末（Ending, Conclusion or Catastrophe）

というような五部分に分けるか、あるいは導入部（または発端部）、展開部（または葛藤部）、解明部というような三部分に分けて、それぞれの部分の表現方法や技巧の差異などが研究されている。

提示――この部分では、主要人物、事件の場所、時代、前触れ的な葛藤、等を紹介する。要するに続いて起こる争闘についての各種の事情を提示するのである。

仕組――この部分では提示の部分で示された事情の一端が崩れて、それが重要な葛藤へと導かれる。

展開――発生した葛藤が発展する部分で、いよいよ複雑になってゆく争闘のそれぞれの場合の系列が含まれる。

頂点――事件の最も緊張する瞬間で、この部分の重要な葛藤の展開につづいて結末が来る。

結末——争闘の最後の一点で、事件はその後において終結する。

これはソヴィエトの映画大学の教科書のなかに見える劇的構成についての説明だが、部分々々の呼称こそ違え、これもまたその説くところは同じだといえよう。

もっとも、このほかに、全体を次のような二つの部分に分けて考えている人たちもある。

ヌーマン（Nouement）

デヌーマン（Dénouement）

ヌーマンというのは「繋ぎ合わせる」とか「結び合わせる」とかいう意味の言葉で、デヌーマンというのは「解きほごす」とか「ほどく」とかいう意味であり、前半においてはさまざまな事件を繋ぎ合わせ、それを後段に至って解きほごす、そこに脚本が構成されるというわけである。

いずれにせよ、以上に述べてきたところは、脚本構成の原型ともいうべき極めて一般的な基準であり、事実、名作傑作といわれているものの中にも、一見クライマックスがどこにあるかわからないようなものもあり、またクライマックスに登ったまま突如として終わるような感じを与えるものもあって、考え方によっては基準が破られるところにかえって新鮮なものが生まれるともいえるのであるが、しかし、基準は基準として一応知っておくことも無駄ではなかろうと思うので、以下、それの解説を試みよう。

発端

黄昏時の静かな街、その四つ辻のガス灯に次々と点灯夫が灯をつけてゆく。見ると、その柱の一つに「ソーントン広場」と書いた札が張ってある。男が一人、ガス灯の下で新聞を読んでいる。一八七五年十月十四日のロンドン・スタンダード紙である。

「ソーントン街の殺人事件未だ解決せず」という大見出しに「絞殺犯人今なお行方不明」という小見出し、「大陸各地で多大の成功を収めて帰朝した有名なオペラの花形アリス・アルキストが最近何者かに殺害された事件は——」云々という記事。

そのソーントン広場のある家の入口に人だかりがしている。何かあるらしい。と、屋内から中年の紳士が娘をつれて出て来て、そこに待たせてある馬車に乗る。娘はなぜか深い悲しみの色に包まれている。馬車は静かに闇の中へ走り出してゆく。娘は一層悲しげに家の方を振り返る。紳士がそれを遮《さえぎ》る。

「ポーラ、振り返るのはおよし。過ぎたことは忘れるんだよ。そのためにイタリーへ——ガルディ先生の所へ行くんだからね。あの人は伯母さんの一番の仲よしだったんだから、きっとよくしてくれるよ。ことによると伯母さんのような素晴らしい唄い手にしてくれるかもしれない」

場面が変ると、明るい陽を受けている窓々のその室内から歌劇ルチアの歌が聞えてくる。

「声楽教師ガルディ教授」の標札。

室内ではそのガルディ教授の指導で、今しも一人の女がルチアの歌を練習している。その女こそ前にソーントン広場の家を馬車の中から涙の目で見返ったその娘で、今ではもう立派な女になっている。ピアノの伴奏をしているのはグレゴリー・アントンと呼ばれる眉目秀麗な男である。

グレゴリーが辞去したあと、老教授は彼女の歌が近頃ルチアのような悲劇的なものに向かなくなってきたことをとがめる。彼女は素直にそれを認めて、彼女が現在恋愛の幸福感に浸っていることを告白する。

その彼女の帰途をグレゴリーが待っている。グレゴリーこそ彼女の恋愛の相手なのである。彼は彼女に結婚を迫る。しかし彼女はそれに即答を与えず、一週間ほどの予定でコモ湖畔へ休養に出かけてゆく。

その列車の中でスウェイツという探偵小説好きの老嬢と同席する。ロンドンへ行く途中だといい、ロンドンの住まいはソーントン広場だと告げ、そこへ移ったのはもう十年も昔、あの有名なアリス・アルキスト殺しのあった翌年のことで、その犯人はまだ捕まらないし、第一その犯罪の原因さえ今もって不明のままになっているのだなどと語る。

やがてコモの駅へ着くと、思いがけなくも彼女の前にグレゴリーが現れ、二人はそれからの幾日かをホテルですごす。彼女は将来の生活の夢を語り、彼はその恋愛の幸福感をそのまま音楽として作曲したいと語る。将来はどこに住むか、パリ、ローマ、ロンドン、彼はロンドンの物静かな広場に住んで、作曲の仕事に専念したいという。またしても彼女の心に思い起こされるソーントン広場の九番屋敷である。彼女は彼にその身の上を語る。

以上、長々と書いて来たのは、M・G・Mの作品『ガス灯』“Gaslight”（パトリック・ハミルトン原作、ジョン・ヴァン・ドルーデン、ウォルター・ライシュ、ジョン・エル・ボルダーストン共同脚本、ジョージ・キューカー監督）の発端で、かくして彼等新婚の二人がソーントン広場のかつての家に住むことになるところから、いよいよこの物語の中枢部たる劇的葛藤が展開されてゆくことになるのだが、それはそれとして、これを一つの脚本構成の型として分析してみる場合、いったいこの「発端」の部分でどういうことが紹介され、どういうことが説明され、どういう劇的条件が準備されているか、それを一応調べてみよう。

第一に挙げられるものは「環境」の紹介である。電灯がまだ発明されず、ガス灯が使われていた時代、正確には最初の殺人事件が起ったのが一八七五年で、本題として取り扱われる主要な物語は、それから数年後に起こる。場所はまずロンドンのソーントン広場から始まっていったんイタリーに移り、再びソーントン広場に戻って、しかも有名なオペラ女優が何者かに絞殺された九番屋敷が新夫婦の住居になることが紹介され、なお、老嬢のスウェイツがその近所に住んでいることも前もって説明されている。

第二に挙げられるものは「人物」の境遇、性格並びに相互の関係の説明である。女はポーラといって、殺された女優の姪にあたり、伯母の手で育てられて、しかもその伯母の不慮の死によって強くその心を傷つけられ、それ以後の数年間を一種の神経的な恐怖感のなかに過ごして来ている。それが男との恋愛によって救われたと彼女は信じているが、しかし、今まで夢にまで見て怖れていた昔の家に、ただ男の愛情ひとつを頼りに、みずから進んで移り住もうとしたり、または数年間も一心につづけて来た声楽修業をただその恋愛のためのみに一朝にして擲《なげう》ってしまうあたり、何か彼女の性格の中に狂信的な異常神経があるように思われる。そういう彼女に対する相手の男グレゴリー・アントンは、ピアニストであり、作曲家である。教授の家に居る間は全然彼女に無関心であるかのような顔をしていながら、彼女の帰途を待ち受けて結婚を促したり、あるいは突然旅行先に現れて彼女の歓心を買ったり、そういう彼の行為には何かそこに不純なものがひそんでいるようにも考えられる。ことにロンドンの物静かな広場の家に住みたいといいながら、女がそれをすすめると妙に辞退するあたりには、なんとなく謎めいたものが揺曳《ようえい》している。なお、この二人のほかにいわゆる三枚目としての老嬢スウェイツの性格や境遇並びにポーラとの関係もそこで紹介されている。

第三に挙げられるものは劇的事情（事件）の性質と方向の暗示である。いきなり現れる犯人不明の殺人事件は数年後において再びスウェイツの口から語られ、ポーラ自身によっても語られて、なおその上、その数年間昔のまま手をつけずに閉されていた家に新婚の二人が住まおうとする。それはこの劇が探偵劇的な性質のものであることを暗示すると共に、主人公二人の性格から推して、それが単なる探偵的興味のみをもって終始するものではなく、二人の結婚生活に関する何か異常な物語が展開するであろうことを予感させる。しかも、『ガス灯』という特異な題名に対して、開巻と同時に辻々のガス灯が点じられ、つづいて殺人事件の新聞記事、その殺人事件の行われた家、その家から出てくる娘、「振り返るのはおよし。過ぎたことは忘れるんだよ」という言葉の響き、等々と重ねてくる手法は、それが夜の場面として現されている事と共に、何かしらそこに異常な雰囲気を持っているものであろうことを暗示している。

私自身としてこの『ガス灯』のシナリオを遠慮なく批判すれば、その全体としての構成には多分の疑問を持つのだが、しかし、部分的には、特にこの発端の処理方法など、相当に配慮が行き届いているといっていいと思う。

この部分は別に導入部とも呼ばれているように、全然白紙の状態にある観客に対して、その以後に示される劇的葛藤を理解するための予備知識を与えておく部分である。従ってこの部分では「時」や「所」の説明、人物の「性格」「境遇」「相互関係」などの紹介、主題の方向の暗示、雰囲気への導入、等々が短い時間と簡明な事件とによって適確に行われ、なおそれ以外に、既に心理の発展が芽生え、伏線が張られ、小さいながらも劇的な対立が取り上げられて、しかもその後段においてはテンポの昂《たか》まりを感ぜしめ、後に来るべき中枢部への充分な期待を抱かしめる用意が整えられなければならない。が、しかし、それと同時に、この部分において示されるべき心理や事件が過度に強調されて、そのために劇全体としての平衡を失するような錯誤がないように注意することも肝要である。

複雑な境遇を説明するための特殊な実例の一つとして、記録映画的な手法を取り入れたジュリアン・デュヴィヴィエの脚本演出になる『望郷』“Pèpè le Moko”の「発端」の部分を次に引用してみよう。

（最初はアルジェのカズバの地図であり、そこへ次の声が聞こえる）

――君がパリから来たからって、カズバでペペ・ル・モコを掴まえようっていうのは、手のない奴に手錠を嵌《は》めようとするようなもんだよ――

（それにつづく場面はアルジェリア中央警察署の事務室で、そこへパリから凶賊ペペ・ル・モコの逮捕に派遣されて来た一刑事が、その署の老刑事ムニエから、いかにそのカズバという町が複雑で、その凶賊が捕え難いかを聞かされているのである。）

――いいかい、君、僕はいつか生きた魚を海へ投げこんだことがあるんだ。その魚は鰊《にしん》でその海は地中海だったんだが、君はその鰊を二時から五時までの間に掴まえてこの事務室へ持ってくることが出来るかね――

（そしてムニエが相手を地図の前へつれて行ってカズバの説明を始めると、画面は次のようなナラタージュの形式になる。）

――（アルジェリアの地図）アルジェのカズバと呼ばれる一区画は上から見おろすと（アルジェの俯瞰）一段一段海へ下っている階段の町で（カズバの商店町、往来、露路）この階段にはうねり曲った薄暗い小道が絡み合い縺《もつ》れ合っている――（以下言葉の通りの画面）洞穴のような道、石段、上り坂、戸口、薄暗いカフェー、蛆虫の湧いていそうな玄関口、奇妙な店、妙な臭いのする廃屋、南京虫や油虫のうようよしている壁、人のいない町、名もない町、奇妙な名の町、（町の名を書いた標識）スム・スム市の町、蜜月宿町、真珠男町、（町を歩いたり物を売ったりしているさまざまな恰好の人々）そこにはあらゆる排泄物の紛々たる異臭が漂い、一万人しか住めないところに四万人の人間が世界各地から寄り集っている（アフリカ地中海沿岸地方の服装をした土人）昔のバルバリー人の後裔たる朴訥な土人、（以下再び言葉通りの画面）そしてあらゆる放浪者、あらゆる敗残者、あらゆる人種、カルビ人、支那人、ジプシー、ルーマニアからの逃亡者、チエッコ・スロバキア人、シシリー人、黒人、マルタ人、ロシア人、巴里ッ児、それから女、色々な恰好の女、大きいの、肥ったの、若いの、年の分らない奴、無恰好な奴、梃子でも動かないような肉の塊——（カズバの俯瞰）家々にはみんな中庭があって、その中庭はちょうど天井のない隠れ家みたいなもので、しかもその家と家との間は平屋根づたいに往き来が出来る。こうしてカズバは海岸までおりてゆく。カズバは一つのカズバではなくて百も千もある——

（以上のように説明して、さてムニエは「こんな不思議と雑踏の中にぺぺはいるんだ、だから奴を捕まえるにしても、ただ寝込みを襲うぐらいじゃとてもむずかしいんだよ」と付け加えるのである。）

昔、サイレント時代の初期には、この部分を特に「筋売り」と呼んで、単に人物や環境の紹介、事件の暗示などのみをもって事足れりとしていたこともあったが、それは論外として、劇構成の全体から大観すれば、この部分での最も重要な仕事が「説明」にあることは間違いがないが、しかし「説明」はその性質からみてそれ自体としては劇局面となり得ないものだから、そういう点からいってもこの部分ができるだけ適確簡明な挿話によって、単なる「説明」に終らないように処理せらるべきことは、ほとんどシナリオの鉄則だと考えてもよかろう。

なお、この発端の部分に属するものとして、開巻場面 First Scene の問題がある。ファースト・シーンをどう処理するかも相当に重要な問題なので、次にそれについての一項を加えておこう。

ファースト・シーン

――劇の進行は百メートル競走に比喩することが出来る。ファースト・シーンまたは発端は、ゴールに向かっての直線コースのそのスタート・ダッシュに相当するものだ。スタート・ダッシュは五十米あたりの走法や、またゴール直前九十米あたりの走法とは、足の運び、手の振り方、身体のバランスその他、技術的にも相違があり、眼は初めから白い一本のテープに向かって開かれているわけである。ファースト・シーンは目的に向かって躊躇なくまっすぐに出発すべきもので、何らの予備的説明その他の道草などを食って迂回してはならない。作家の選んだ劇的内容がクライマックスにおいて火花を発するならば、ファースト・シーンはその口火なのである――。

これは小林勝氏の『シナリオ第一課』という文章の中の一節だが、劇の進行が百メートル競走に比喩されるべきものか、それとももっと長い二百米や四百米の走法に比喩されるべきものかはしばらく措いて、ファースト・シーンをスタート・ダッシュだと考えることは私も正にその通りだと思う。

由来、観客心理というものは、そこに余程の非論理的な不自然さがない限り、その眼前に提示される事柄をそのまま正直に理解しようと努めるものである。たとえば一人の紳士が自分は大臣であるといえば彼を大臣だと考え、彼がそれは嘘だといえば彼を大臣ではないと思い、更にまた、嘘だといったが実はやっぱり大臣であるといえばその真偽の判断に迷うと共に彼の行動そのものの曖昧さをも感知する。ファースト・シーンはそういう観客心理を掴んで、まず最初に観客をその劇の世界の中へ導き入れる職分を持っている。極端な例をあげれば、ファースト・シーンが武士の乱闘によって開始されれば観客はそれをそのままそういう時代の現実として受け入れるであろうし、もしまたそれが実は映画撮影の一場面であるというように運ばれれば、観客はすぐそこで頭を切り換えて、その後につづく出来事のいっさいを現代の出来事として理解するであろう。

いうまでもなく、ファースト・シーンは前に何らの連絡もなく、しかも後には最後に至るまでの数多くの事件や挿話を従えて、文字通り観客への第一印象となり、その劇の傾向や性質までをも予感させるものである。

○山道

砂けむりをたてて、すさまじいスピードで疾走してくる自動車――。曲り角で、突如、車体が宙に浮くと、もんどり打って崖下へ転落する。

○新聞記事

「銀行家センプル氏逝去」
「自動車事故にて名士惨死」
「遺言状発表の日近し」
「遺産相続依然不明」

○新聞社の編集室

編集長マックウェイドの電話――
「おいおい、コルネー、人を見てものをいえ、センプルの弁護士が遺産相続人を知らないって法はないいよ。馴染み甲斐に教えろよ。いったい誰が遺産を貰うんだ」

これはフランク・キャプラの監督作品『オペラ・ハット』のファースト・シーンで、脚本はロバート・リスキンだが、わずかこれだけの短い叙述のなかで、社会的名士たる銀行家センプル氏の急逝や、彼がほとんど近親者というべきものを身近に持っていなかった独身者であったことや、もしどこかに近親者がいるとしても、それが直ちに眼の色を変えて彼の遺産に飛び付いてくるような人物でないこと、等々が語られているし、なおその上この劇には新聞社か、ないしは新聞記者が相当な役割を占めるであろうことも暗示されている。のみならず、事実としては凄惨な事件であるべき自動車の転落事故が、開巻と同時に何らの説明もなくむしろある意味ではユーモラスにさえ扱われている点、更にそれに続く新聞記事や場面へのスピーディーな展開は、その後に続いて起こるべき劇的事件の傾向をも暗示して、そこに充分な期待を抱かしめる。

いかにもリスキンらしい才気の覗われるファースト・シーンで、もしこれが凡手であったら、センプル氏の惨死の前後をもっともらしく描写するとか、そうでなければ新聞記事からはじめるとか、あるいは新聞社の編集室あたりをファースト・シーンとして選ぶところであろうが、たとえばそういうファースト・シーンを選んだ場合と、このリスキンの考案したファースト・シーンとを比較対照してみれば、そこにファースト・シーンの効果の在り方がおのずから感得されるであろう。

しかし、いかなる場合にもファースト・シーンはかくのごときものでなければならないというのではは決してない。それの最も重要な点はいかにして観客をその劇中へ引き入れるかという点にある。従ってそれは劇の種類や内容によって適当に按配せらるべきもので、そこに一定の型などというものがあるべきはずのものではない。

『オペラ・ハット』の場合は、自動車事故という一つの「事件」がそのファースト・シーンとして選ばれている場合であるが、前項にあげた『ガス灯』のファースト・シーンなどはまず最初に「環境」(すなわち時と場所)が示されているものの好例だといえよう。そのほかに、いきなり「人物」の紹介からファースト・シーンが始まっているものの例として次のようなものもある。

○草原

肉付きのいい、はちきれそうな若さに満ちた女の顔が、草むらの中でいきなり嬌声をあげる。

　彼女がすわり直すと、そばに人の好さそうな青年がすわっている。

「ねえ、キスして」

「だって、君のお母さんに悪いや」

「大丈夫よ、馬鹿ね」

　二人はかるくキスする。

　男は急に立ち上って、昆虫網を持ち、それを振りながら女を招く。

「ね、おいでよ」

　そして二人は昆虫を追うようにして薮の方へ走ってゆく。

　二人は草原の中で語り合う。太陽はさんさんと二人に降りそそぐ。

「何だい」

「あのねえ……忘れるとこだったわ……いつもお母さんがそういうのよ、新世帯を持ったらどうしても五万リラは要るって。けどね、あたし、持参金がないでしょう。そのことで、きっとお母さん、何かいうと思うの。だからあんた、うちのお母さんにすぐ相談してくれない？」

「いいとも」

　女は男の上衣の襟を持ってしきりに愛撫しながら甘えかかる。

「ほんと？」

「ほんとさ、ほんととも」

二人はまたもキスする。

これはフランス映画『生けるパスカル』“L'Homme de nulle part”（ピエール・シュナール、クリスチャン・スタン・ジェル、アルマン・サラクルーの共同脚本、ピエール・シュナール監督、辻久一氏の採集による）のファースト・シーンで、まず最初に人物を提示し、その行動と共に次々と「環境」や「事件」の紹介に移ってゆくものの一例である。

なお、次に引例するものは純粋なファースト・シーンとはいいきれないが、特殊なものの一例として注目される。前にも一度引用したサッシャ・ギトリーの自作自演のフランス、トビス作品『とらんぷ譚』の開巻の部分である。

○タイトル・バック　製作スタッフの紹介、同時に次の言葉が話される。

「この映画はかくいうサッシャ・ギトリーの自作自演であります。音楽の担当は友人アドルフ・ボルシャール君。録音はボルドー・ヴェルジェ君。カメラはマルセル・リュシアン君。セットはパルメネッシュ氏」

「次に俳優を御紹介すると、おばさんの方がマルグリット・モレノ夫人、若い方がジャクリーヌ・ドリュバック嬢……実は拙者の女房です」

「扉をあけたのがロジェー・デシュヌ君。左の方がロジーヌ・ドレア嬢で右がヴォーティエ嬢」

——セルジュー、ああそこにいたか——

——はあ、何か用ですか——

——ああ、いいんだ——

「デブちゃん同志、男がラブリー氏、女が名歌手フレーエル夫人」

「息せき切って駆けて来たのがポリーヌ・カルトンさん。握手するのはピエル・アッシ君。前掛けの小父さんがプェイフェル氏。それから編集のミリア嬢とその一党」

「さて、どん尻は扉に記されている通り製作支配人のセルジュ・サンドベルク氏であります」

（音楽がしばらく続いて）

やがて擦り硝子の窓に頭の影が映る。その影の主は、五十四、五の大柄なロイド眼鏡の紳士で、テーブルを前にコーヒーを飲んでいる。

○片田舎のレストランの庭

物静かな午後である。辻音楽師が数歩離れたところでヴァイオリンを弾いている。

紳士が大きく伸びをして手招きをすると、ボーイがインキ壺とペンを持ってくる。

紳士「いや有難う」

とポケットから一冊のノートを取出して何か書き始める。

ノートの文字 Le Roman D'un Tricheur 紳士はそのノートを前にして述懐する。

（それにつれて画面が展開する）

○仏蘭西の片田舎らしい風景

「僕の生まれたのはヴォークリューズ県のパンゴラースという美しい村である。家は村の雑貨店で、年にざっと五千フラン程度の利益をあげていた……（下略）……」

この脚本は（というよりもむしろ映画は）特に特異な形式のもので、全編がほとんどナラタージュをもって語られているので、今後ともにこういう形式のものは稀にしか現れないであろうとは思うが、参考までに掲げておく。

以上のほか、最初に字幕を用いて「時」や「所」を説明するというような例もしばしばある。

「一九二二年、争闘の一夜、ダブリンにて」

（音楽）

「かくてユダは基督を売り――罪を悔い、銀三十枚を投げすて、自ら縊《くび》れて死せり」

これはダドリー・ニコルスが脚色しジョン・フォードが演出した『男の敵』“The Informer”の最初に現れる字幕である。そういう形式のものの著しい例としてはスタンバーグの作品『間諜Ｘ２７号』“Dishonored”（ダニエル・Ｎ・ルービン脚本）がある。

「一九一五年、鋼鉄の環が維納《ウィーン》を囲んでいる時、崩れ落ちる墺太利《オーストリア》帝国の埃の中から不思議な姿が現れる。その中の一人、陸軍省の幾密書にＸ２７と深くその名を記された者こそ、史上最大のスパイたり得たかも知れなかったものを、不幸彼女は女であった」

こういう字幕が最初に現れて、画面はその妖艶なＸ２７号の魅惑に満ちた行動を描き出してゆくのである。これもまた観客を滑らかにその物語の雰囲気の中へ引入れてゆく一つの手法だといえよう。

『心の旅路』"Rondom Harvest"（マーヴィン・ルロイ監督、クローディン・ウエスト、ジョージ・フローシェル、アーサー・ウィンペリス脚本）のファースト・シーンはまずメルブリッジ精神病院の門前の並木路から始まり、同時に次のようなアナウンスが伴う。

――われわれの物語は諸君をこの木蔭多い小径から、世を隔てられて警備されているイギリス中部のある建物へ案内する。メルブリッジ精神病院、その新しい軍用の病棟は真に誇るにたるものがあり一九一八年のこの秋、この病院は、戦争を根絶せんがための戦争によって精神を傷つけられた人々を収容するには狭すぎるほどであった――

そして場面はその病院の正門から医局内の一博士の事務室に移って、前年来戦線で消息不明になっている息子の消息を知ろうとして訪ねて来た老夫婦と博士との対談になり、目下収容されている記憶喪失症の患者で言語障害を起しているのがそれかもわからないというので、博士は夫婦をその患者に会わせることになり、かくしてこの物語の主人公が初めて登場することになる。これなどはむしろ正攻法ともいうべきもので、その手法からいえば『男の敵』や『間諜X27号』が字幕によって始められているのと同型のものだとみてよかろう。

前々からも折にふれて述べてきたように、シナリオには決してかくかくの形式で書かれなければならないというような一定の型があるわけではない。シナリオ作家の真の仕事は対象の「真」を掴んでそれを映画的に、そして芸術的に再現してゆく点にある。ファースト・シーンの設定もまたその心構えからはずれてはならない。が、ただ、ここで充分に警戒されなければならないことは、それが作家の単なる器用さにまかせた思い付きのみによってなされてはならないということである。

ファースト・シーンは、一般的にいって、ややともすると目先の興味を第一におきがちなものである。思いつきも、勿論それが根柢のある直観に基づくものならば決して排除さるべきではなく、むしろそれなくしては芸術的な創造はあり得ないともいえようが、しかし、それが単なる器用さのみに基づくものであっては危険である。

トップのタイトルが消えてスクリーンが暗くなると、その暗い中でいきなり女の声と男の声が聞える。で、画面になると、そこは列車の一等室で、それがトンネルを出た瞬間であり、暗いなかで突然車室へ入って来た男がそこにいた女の足に蹴躓《けつまず》いたのだということがわかる。しかもそこへ来た車掌が検札すると、男は三等切符で、追徴金を支払うのにも小銭を持たず、代わりに郵便切手を出して断られ、結局、未知の女から傍若無人に金を借りて払う。これは『断崖』のファースト・シーンで、最初のトンネル内の暗闇などはいわゆる思い付きであり、なぜ車内にあかりがついていないのか、そういうことも意地悪く詮索すればおかしいのだが、しかし、これなどはその作品の傾向からみてまず最初から奇異な感じを与えて何かそこに物語の異常さを印象づけておこうという意図に出たものだと見れば、それもまたひとつの方法であるに違いない。が、それにしても観る人によってはそこに何かハッタリ的な衒《てら》いを感じないものでもなかろうし、いわんや、こういう手法をただその思い付きのままに模倣でもすれば、それは恐らく鼻持ちのならないものになろう。『未完成交響楽』"Leise flehen meine Lieder"のファースト・シーンは一枚の風景画から始まる。しかもその額縁入りの画が揺れると、それは主人公シューベルトの背に負われたもので、彼は今それを骨董屋へ売りに行く途中である。これはシナリオ作家ワルター・ライシュの思い付きによるものか、あるいはまた演出家ヴィリー・フォルストの演出上の工夫によるものか、そのシナリオを見ない限りはわからないが、しかし思い付きである点においてかわりはない。

漂泊の人（字幕）

右の字幕が消えると、ぼかしになって次の文字を認《したた》めた板が写真面一杯に現れる。

人を尋ぬ娘　明治三十三年生

本名　畑はな

右武州大宮在安浦くまと称する者に里子に預け置きしところ四十一年中右くまと共に失踪、
はなの所在御存じのお方様は憚《はばか》りながら手前にお知らせ下さらば有難き仕合わせに存じ
奉る

右の板は畑新伍の背中に掛けられたもので、よき程にレンズをだんだん後へ引くと、この板を背負った新伍の後ろ向きになって尺八を吹いている姿が七分身位に現れる。

これは日本映画の初期、大正七年、日活向島撮影所の作品として桝本清氏によって書かれた脚本『父の涙』と称するもののファースト・シーンであり、手法としての思い付きは『未完成交響楽』における風景画の場合と同質のものであるが、しかし後者はそれが人物の境遇と同時にその人物の狷介な性格をも暗示し、更にはその後につづく物語の微笑ましい雰囲気への前提ともなっている点、同じ思い付きにしてもその厚味が違い、幅が違う。作品の内容に至っては同日の比ではない。

いずれにせよここでは、ファースト・シーンが単なる思い付きから安易に設定されてはならないということをくれぐれも繰り返しておく。

葛藤

劇的局面は相対立するものの間に葛藤相克の形がとられるところから発生するという劇的事情発生の動因については、前にブランダー・マシューズなどの言葉を引いて述べておいたが、発端部において各人物の性格や境遇や相互関係などが一応紹介され、そこに扱われる局面の大体の事情が暗示され終ると、劇はいよいよそこからその主体たる葛藤相克の相貌を濃くしつつその中枢部へ向かって展開する。

便宜上、再び『ガス灯』を例にとれば、伯母が殺されたためにイタリーへ移った女主人公ポーラがそこで作曲家のグレゴリーと知り合い、結婚してロンドンの昔の家に住む――このあたりまでを発端部とみれば、そのあと、二人が問題の家に住んで営む異常な結婚生活と、それに絡む探偵ブライアンの行動、それ等はすべてこの劇の主体をなすもので、それがすなわち葛藤の部分、フライタークのいう上昇部である。そのいわゆる「興奮要因」なるものは、グレゴリーがポーラの帰途を待ち合わせて結婚を迫るあたりに置かれているものと見られよう。

グレゴリーはロンドンのソーントン広場の九番屋敷に移り住んでしばらくすると、ポーラに対する態度が次第にかわってくる。それは二人がロンドン塔を見物に出かけた日、彼が与えたブローチを彼女が見物中に紛失したというその些細な出来事から、彼女を幾分精神に異常のある健忘症であるかのごとく思いこませ、彼女もまた半信半疑ながら自分の性格のなかにそういう素質がひそんでいるのではないかという不安を抱きはじめるあたりから始まる。しかもその一方探偵ブライアンは十年あまりも空家になっていた九番屋敷が、近頃になって、それも被害者の姪夫婦によって住まわれることになり、家人の様子にも何か異常な動きがあるらしいと知って、腹心の巡査ウィリアムズをしてその家の女中ナンシーに近づかしめ、ひそかに内偵をすすめる。

グレゴリーのポーラに対する態度は、ことごとに、彼女をして精神異状の不安に陥らしめるような方向をとり、彼女も次第に自分の精神状態に自信を失い、夜ごとにボーッと薄暗くなるガス灯の光も、天井に聞こえる微かな物音も、それが自分の精神の衰えのための錯覚であるかのような焦燥に駆られる。

グレゴリーは作曲のためと称して別に一室を借り、夜ごとそこへ出向いてゆくが、ある夜珍しくポーラと同道で出席したダルローイ卿邸の音楽会の席上、彼女が彼の時計を故意に隠したかのような錯覚を起こさしめ、彼女がそれを否定しながらも堪えきれぬ不安におののくのを慰めて邸へ連れて帰る。そして彼が調べたところによると、彼女の生みの母もまた精神病院で死んだのだと告げる。彼女はそれを否定はするが、あるいはという疑いも抱く。その一方、グレゴリー自身も、近頃彼がブライアンに尾行されているらしいことを知って不安を感じ始める。

ブライアンはグレゴリーが毎夜別の家へ通うその行動を怪しいと睨んで、部下のウィリアムズをして、ポーラの監視役たる女中のナンシーを連れ出させ、そのあと、彼は強引にポーラと面会する。そして彼が彼女の伯母を殺害した犯人を探索中であることを熱心に説いて彼女を安堵せしめ、更に彼女が決して精神異常者でないことを説き、夜ごとのガス灯の明滅や天井の怪しい物音は、すべて彼女の夫グレゴリーの仕業であることを明らかにし、しかも捜索の結果はグレゴリーの机の抽出しから発見された一通の古手紙によって、グレゴリーこそかつての殺人事件の犯人サージャス・バウアーであることを明らかにする。

折しも当のグレゴリーは、彼が夜ごとに作曲のためと称して、裏通りの空家からひそかに忍びこんでいた自邸の天井裏の物置で、ポーラの伯母が秘蔵していた衣裳に付けられた稀代の宝石を発見する。現在、彼にはプラーグに細君がいて、彼は十年前その宝石を奪わんがためにポーラの伯母を殺したのだったが、その頃少女だったポーラがそこに現れたためにそのまま逃亡し、その宝石への異常な執着から、ポーラと結婚までして、今、ようやくそれを発見したというわけで、この奇怪な物語も底を割れば案外あっけないものなのだが、しかし、劇としてのこの物語の力点は、そういう探偵劇としての興味よりも、むしろ女主人公ポーラが次第に自己不安に陥って正に発狂の寸前に到るというその点にあるのだし、劇としてのクライマックスは、そのあとグレゴリーがブライアンの眼をのがれて、天井裏から部屋に戻り、机の抽出しがあけられていることでポーラを責め、ポーラが再び彼女自身の精神状態に疑いを抱き始めると、そこへブライアンが現れて、グレゴリーはついに捕えられ、その捕えられた彼に対してポーラが痛烈な嘲罵を浴びせるというあたりに置かれているものの、それは、いわば、解決への道程としてのクライマックスたるに過ぎないものだともいえよう。

とすれば、以上ながながと述べて来た部分こそ、『ガス灯』という劇の中枢部をなす部分であり、劇としての興味の大部分がそこに繋がり、もしその部分が失敗に終れば、劇全体が失敗に終るであろうことも充分に頷かれるであろう。しかもその興味の起こる最大の原因は、相対立するものの間に醸し出される葛藤相克を措いて他にはないのである。

従ってこの部分が量的にも劇の大部分を占め、質的にもまた最も重要な部分であり、さまざまな挿話が織りまぜられて、劇としての方向も明確になり、その内容も複雑になって、特にメロドラマの場合などでいえば、正に波瀾万丈、観客をして一喜一憂せしめつつ、高低緩急の波を描いて次第にクライマックスへと運んでゆく部分だということが納得されるであろう。

由来、よほどの純粋な直線的プロットでない限り、一つの事件がそのまま順調にクライマックスに達するということは極めて稀なことで、多くの場合、幾つかの事件（挿話）が相関連して起こり、それが互いに絡み合い縺《もつ》れ合って、次第に上昇する波状の曲線を描きつつ主題を解明してゆくのが一般の劇の在り方なのだから、たといメロドラマでなかろうとも、この部分が波瀾に富み、葛藤をもってその本質とすることは当然のことである。

葛藤は、大体、次のような二つの系列に分けられている。

主系的葛藤（Major Complication）

傍系的葛藤（Minor Complication）

前者は主題の解明に直接的に参与する事件の系列をさし、後者は主系の表現を一層適確ならしめるための補助的な役目をする事件の系列をいうのだが、しかしこの両者は、決してはなればなれのものではなく、主系と傍系とが混然と結び合って、一つの大きな効果をあげるものでなければならない。『ガス灯』の場合ではグレゴリーとポーラの間に醸される事件が主系であり、それに絡むブライアンの動きや、巡査ウィリアムズと女中ナンシーとの経緯、三枚目として絡む老嬢スウェイツの動きなどはすべて傍系にあたるものである。

いずれにせよ、発端の終りでやや昂められたテンポは、この部分では緩急自在に調節されて、いわば諦《し》めつ弛《ゆる》めつの「うねり」を描きつつ次第にクライマックスの急調へと導かれてゆかなければならない。緩慢なテンポが退屈を感じさせることはいうまでもないが、快調なテンポもそれが変化なく継続すれば、それもまた同じように退屈感を催させる。そこで、そういう上からも、この部分における場面の変化や緊迫感の調節や描写の度合いなどは充分に考慮されなければならないことになってくる。たとえば『我等の生涯の最良の年』“The Best Years of Our Lives”（マッキンレイ・カンター原作、ロバート・E・シャーウッド脚本、ウィリアム・ワイラー監督）が延々十八巻、特にこれというほどの波瀾もない三人の帰還将兵の極めて日常的な生活を小味に描写しながら、さしたる倦怠感を抱かせないのも、その好調なテンポに原因するところが少なくないといえようし、その一方、イギリス映画の『捕われた心』“Captive Heart”（パトリック・カーワン原作、アンガス・マクフェル、ガイ・モーガン共同脚本、ベイジル・ディアデン監督）がドイツ軍に捕えられたイギリスの将兵たちのさまざまな挿話に取材して、それもまたその人物たちの人間味を感じさせる作品でありながら、なおかつ観る者をして、そこに生理的な疲労感を催させるのは、必ずしもその一つ一つの挿話の解決に甘さが感じられるためばかりでなく、全体のテンポに変化が少ない点にその最も大きな原因が潜んでいるためだといえよう。しかも、そういうテンポの生まれる原因が、ひとり演出家の手法のみにあるのではなく、それ以前のシナリオそのものが既にそれを充分に暗示しているものであることはいうまでもなかろう。

従って、伏線とか、省略とか、危惧感（サスペンス）とか、その他さまざまな技巧が最も有効に使用されなければならないのも主としてこの葛藤の部分であり、とにかく、この部分では内容の発展に充分意を用いると共に、その表現の上でもまた充分に新鮮な工夫が施されることが必要である。

葛藤は、そして、それがある緊張点に達すると、そのテンポの急迫やその危惧感の増大と共に、しばしばそこに危機をはらむ。すなわち、右するか左するか、そのいずれかに決定しなければそのおさまりがつかないというような岐路に立つのである。

危機

危機は、それが最も大きな場合には、そのまま直ちにクライマックスへと上昇するが、そうでなくても一つの劇の中には、多くの場合、幾つかの危機が設定されているのが常である。それは俗に「小さなヤマ」とも呼ばれ、一見、小さなクライマックスのような感じを与えるものだが、それがクライマックスと異なる点は、それがそのまま直ちに葛藤の燃焼点とはならず、あたかも火花を散らすかの如くに思われながら、何らかの方法によって横にそらされて、そのまま緩和されるという点にある。最も簡単な例をあげれば、山本有三氏の原作で荒牧芳郎氏の脚色になる『路傍の石』（田坂具隆氏監督）のなかで、主人公の少年吾一が、鏡造その他の仲間の少年たちとのいきさつから、ついに鉄橋にぶらさがって見せることになるあたりなどがそれである。

○鉄橋

吾一は歯を喰いしばってぶら下っている。

額には油汗が流れてくる。

汽車の響はいよいよ大きくなった。

○汽車

非常汽笛を鳴らす。

○鉄橋

ぶら下っている吾一。

――響

――震動

――汽笛

響。震動。汽笛。

——それ等がだんだん弱くなって

流れの音

——になる。その上に、遠く近く、人声が聞えてくる。

「おい、動いちゃ駄目だよ、動いちゃ」

「静かにして、静かにしてるんだ」

○駅長室

じっと見つめているおれん（母）の顔。

人声がつづいている。

「それじゃお前がやれって云ったのか、バカなこと云ったもんだな。鉄橋って人間がつるさがるところじゃないんだぜ」

吾一はフト気がつく。自分は駅長室の長椅子に寝かされているのだ。

母がいる。稲葉屋さんもいる。河銀もいる。

「おお気がついたかい」

母がホッとして顔をよせる。人声がつづいている。

危機はその性質から考えても、決して長々と持続せらるべきものではない、それが長く続けば緊迫感が弛緩して、結局、危機が危機でなくなってしまうからである。小林勝氏は典型的な危機の一例として『木石』（舟橋聖一氏原作、伏見晁氏脚色、五所平之助氏監督）の一節を挙げているが、私もまた同感なので、それを次に引用させてもらう。

○病院、看護婦室

看護婦や女助手を相手に沢村（若い医局員）が喋っている。

沢村「君達は知らないいんだ。僕だってその頃はまだ学生だったが、有島博士が専属の女助手を特別に可愛がってたという噂は随分聞いたものだ。……その助手が、つまり若き日の追川初さ」

「まあ」

沢村「だからあの娘の父親は有島博士だと僕は推定するんだ。とにかく、自分自身そうした不品行をして置きながら、君達の一寸した事を口やかましくいったり、追い出したりするなんて、怪しからんよ」

皆、顔を見合わす。

沢村「まあ折があったら、君達聞いて見給え。奴さん恐らく返答に困るから」

「でもまさかあたし達からそんなこと聞けないわ」

沢村「じゃ折を見て僕が詰問してやろう」

其処へすっと追川初が入ってくる。

皆、はっとする。

追川、昵《じっ》と沢村を見て

初「先生！　私が恥も外聞も構わないで襟子を父なし児だと正直にいっていますのに、あなたはそれでもまだ足りないんですか」

沢村、ふんといった顔。

追川、気色ばんで

初「男のくせに、弱い女二人の悪口や蔭口をいって、それであなたはいい気持ちなんですか。それに、人もあろうに有島先生にまでいまわしい恥を投げつけて……」

追川、昂奮してくる。

初「あなたは何処で働いていらっしゃるんです。あなたは有島先生の教えを受け、有島先生の研究所に働いていながら、先生の御恩をお考えにならないんですか」

沢村、トゲトゲしい顔になる。

初「あなたは卑怯です。あなたが蔭へ回って事毎に私の悪口を仰言るわけを、いっそ皆さんの前でいいましょうか」

沢村、これには一寸困った様子。

初「いいましょうか」

詰め寄った追川初を、裏から出て来た小使が引きとめて小使「まあまあそれだけいえば、あんたも気がすんだろう。まア我慢して我慢して……」

初「いいえ、放って置いて下さい」

追川、止められながら、黒板に書かれた悪口を指し、
初「あれは誰が書いたんです！　私達親子はあなた達にこんなことを書かれる覚えはありません。もしいいたい事があったら、こんな事をしないで、堂々と所長さんの所へでも何処へでも申し出て下さい。こんな、こんな落書なんか！」

と手近にあった、お湯の入った薬缶をパッと黒板へ投げつける。

一同、その凄まじさにハッとなる。

唇をかみ、昂奮にふるえている追川初。

と、そこへ給仕が駆けこんでくる。

給仕「ああ追川さん、所長さんがお呼びですよ」

一同、折が折だけに顔を見合わせる。

○研究所長室

所長と二桐、藤本ほか医員二、三名が集って、浮かない顔をしている。

そこへ追川初がおそるおそる入ってくる。

所長「あ、追川君」

といって追川に近づき

所長「有島博士が亡くなったよ」
初「え？（愕然となる）あの、有島先生が！　ほ、ほんとでございますか！」
所長（頷き）「未だ公表はされてないが、さっきこちらへ知らせがあったんだ」
　　追川初、項垂れてしまう。

　右のように、たとえば沢村と追川との対立が一つの危機をはらみ、それが給仕の登場によって緩和され、つづいてまた、彼女が全身をもって信頼している有島博士の訃報が伝えられる、すなわち一つの危機の緩和の次にすぐまた次の危機への萌芽が重ねられてくる、これも最も一般的な危機設定の常道である。
　かくして幾つかの危機が重ねられてゆく間に、葛藤は加速度的に増大し、主系と傍系とが一つになって、テンポは急速に高まり、すべての事情は緊迫して、そこに最後の最も大きな危機が到来する、それはもはやそれまでの幾つかの危機のように一時的に緩和せらるべき性質のものではなく、何らかの意味での明瞭な断定が必要とされるもので、いわば、それまでの幾つかの危機の累積がそういう大きな危機を招くのだともいえようし、ともかくも、そこに至っては劇は安危の転換点に達し、かくてそこに最後のクライマックスが待たれることになるのである。

クライマックス

クライマックスは俗に「ヤマ」と呼ばれているように、その麓《ふもと》の発端から幾たびかの曲折を経て次第に上昇して来た劇的局面が、その最大の危機からの当然の帰結として、最後に登りつめる劇的頂点であり、従ってその劇の精神が最も明確に昂揚され、主題の意義が的確に表明される部分である。

一例として、まず初めにフランス映画『格子なき牢獄』“Prison sans Barreux”のその部分を左に挙げる。脚本はハンス・ウイルヘルム、台詞はアンリ・ジャンソン、登川尚佐氏の採集による。これはフランスの一地方の不良少女感化院の物語で、脱走三回の少女ネリーが仕事熱心な若い新任院長イヴォンヌの感化でようやく美しい心に目覚め、医務室付を命じられるが、彼女はそこの若いドクターが院長イヴォンヌの婚約者であることを知らずにふとしたことから身をゆるす。それを見た仲間のアリスやルネが彼女を脅かして、医務室から煙草やアルコールを盗み出させる。そして少女達がその湯たんぽに入れたアルコールを飲んで騒いでいるところを、頑固一徹な前院長のアペル老女史が発見する。結果、そのための裁判が院長室で開かれるが、ネリーは誰が何といっても頑として口を開かない。

「……――ネリー、私にだけは説明してくれてもいいでしょう?」

「………」

ルネが低い声で

「あれじゃ訊問でなくて拷問だわ」

「お黙りなさい」

そしてイヴォンヌは改めてネリーを見る。

「ほかの先生たちは反対だったけど、私はあなたを信じてたのよ。あなたは此処へ入れられるような悪いこともしたし、入ってからもなん度も脱走したりしたけど、でもあたしだけは信用してたのよ……だから特別の自由も許してあげたでしょう？……そのお返しがこれなの？　盗みなの？」

「………」

「説明だけでもして頂戴……きっと何かわけがあるんでしょう？　どういうわけなの？　私にはまるで見当がつかないわ」

アペルが冷やかな眼でネリーとイヴォンヌを見比べながら

「火を見るよりも明らかです。私が説明しましょう――ネリーは典型的です。ほかの娘たちと変わりません。一時はおとなしくしていてもまた突然始まるんです。どうにもなりません。手のつけようがないんです。私の信条を信じていただきましょう……腐った果物は決して新鮮にはなりません。ネリーは罪人です……何度もいいますが、偽善者です、不良です。よく見ればすぐ判ります」

喋りまくるアペルを見ていると、ルネとアリスは吹き出したくなる。ルネが小声でアリスに

「あたし、あのお婆ちゃんをさんざんやっつけてやって、いいことしたわ」

「なに？　なんだって？」

「いいえ、何にも……」

ルネとアリスは、下を向いて、愈々《いよいよ》笑いたいのを我慢する。

イヴォンヌの恐しいまでに真面目な顔。

「聞いたでしょう？　何とか弁解なさい……あなたには自尊心がないの？」

稍々《やや》あってネリーが始めて口を開く。

「アルコールを盗んだのは私です」

アペルは寧《むし》ろ嬉しそうに

「ああ！　いよいよこれで悲劇になりましたね」

「……全くです……ネリーは、私の方法が何の価値もないことを、たった一言で証明しました……」

「私はあなたの口からそれを伺って大へん満足に思います」

「恩知らずの……ネリーには人情も良心もありません……私は今までネリーだけは救えたと思っていましたが……間違いでした」

「まあそう仰言らなくても、私の勝も自慢にはなりませんけどね」

　イヴォンヌはじっとネリーを見つめる。

「私は本省へあなたの赦免状《しゃめんじょう》を請願しておいたのよ」

「私の反対にもかかわらずね」とアペル。

「その赦免状も来て、書類はいま秘書の所にあります。私が署名さえすればそれでいいんです……でも、あなたにはお気の毒だけど、今度のことは本省へ通知しなければなりません」

　ルネがいきなり立上る。

「みんないっておしまいよ、ネリー……あんたが云わなきゃあたしが口を切ってやる……」

　ネリーはハッとして必死にルネをとめる。ルネは勿論黙ってはいない。

「ネリーは、ドクターを、いいえ、ドクターに巻添えを食わせないために黙ってるんです……あたしが脅かしたもんだから、ネリーはアルコールをくれたんです……ドクターがネリーを抱いているとこをあたしが見たからです」

「何ですって?」

　イヴォンヌが驚く。ネリーはルネに云わせまいとしてあばれるが、アリスとアペルに押えられる。

　ルネは勢いこんで喋りたてる。

「ネリーに男がないのをいいことにしてドクターがつけこんだんです。そうだねネリー、あたしは二人が一緒にいた所をみたんです。それも一度や二度じゃありません。それであたしがネリーを脅かしたんです。ね、ネリー……煙草をくれなきゃみんな院長にいうよ、アルコールをよこさなきゃみんな院長に喋るよって……（中略）……あんな嫌な男をネリーが庇わなきゃならない理由はちっともないわ！　ほんとだわ！　その証拠に今朝だってドクターは来ていないじゃないの！　嫌な奴！」

　イヴォンヌはじっと考えこんでいる、が、やがて静かに立上る。

「ポーリーヌさん、皆さんに出て貰って下さい、ネリーだけ残して……」

　アペルはみんなを追い出すように出て行かせ、自分だけ残ってドアを閉めようとする。

「アペルさん、一寸、私とネリーだけにさせて下さい」

　アペルは意外そうな顔で出てゆく。ネリーは腰かけたまま顔を伏せている。しゃくるような泣き声が細い。

　イヴォンヌが窓辺に進んでカーテンを押しやって外をみれば、空も丘も乳色に霞んで、細い雨が音もなく窓硝子を打っている。

　イヴォンヌは自分の椅子にかえる。

　ネリーが泣きながら歩み寄る。

「先生、ごめんなさい……。あたし……先生をお苦しめしたくなかったんです……」

「……あなた、私のために黙ってたの？」

「………」

「知ってたのね……？」

「あたし、気がついた時はもう遅かったんです……。でなきゃ、決して、決して、あんな真似は出来ませんわ……先生に……。あたしは先生のために、命も惜しまなかったんですもの……。信じて下さい、先生……あたし誓います、本当に何も知らなかったんです……。ああ、あたし、死んでしまいたい……。あたしは行きません……。あたしが行かなきゃ、先生は屹度信じて下さいますわね、ね、先生……。あたしの顔を見て下さい……」

「………」

「あたしが嘘をつかないことが、先生にわかっていただけるはずですわ。ねえ、先生、わかっていただけますわね……？　あたし誓いますわ、どんなことがあっても、あたし決して行きません」

「何処へ行くの？」

「あの人、あたしにポンディシェリイへ来いって行ったんです……。あたし、行きますって、約束したんです……。あたし、あの人がとても好きだったんです……。でも今は……嫌いです……嫌いです」

イヴォンヌはネリーに近寄って、いたわるようにその肩を撫でてやる。そして何か決心したように部屋を出てゆく。

ネリーは机にうっ伏して、声をあげて泣き入る。

クライマックスは、右の例にもみられるように、性格や心理が事件的な葛藤に絡んで発展した結果、当然避け難いものとして訪れてくるものでなければならない。従ってそれはそこまでに展開されて来た劇的局面の論理的な帰結でなければならないし、対立して来た劇的事情のその場における解決もまた充分合理的な必然性を持っているものでなければならない。

そうあってこそ、クライマックスは内面的に盛り上り、そこに深味も奥行きも出てくるのだが、実際には、そのクライマックスを処理すべき最も重大な契機が、突如として外部的にもたらされ、形態の上だけでのクライマックスとして、一応の恰好だけを整えているというような作品が決して少なくない。戦争中の作品によくあったように、主人公の青年が突如として召集令状を受け、それまでの紛糾した事件が一挙にして片付いてしまうというような場合がそれである。勿論、事実としてもそういう場合はしばしばあるし、一概にそれを否定し去ることもできないが、一つの構成された劇の中での、ことにクライマックスにおけるそういう偶発的な出来事というものは、よほど慎重に扱われない限り、いたずらに皮相の感を抱かしめるにとどまって、ただ単にその場の解決を安易ならしめんがための手段に終わり、真の劇的燃焼のクライマックスとはなり得ない場合がはなはだ多い。繰り返していうが、クライマックスはあくまでも劇的葛藤の論理的な当然の帰結として招来されるものでなければならないものである。

従って、暴風雨とか雪崩とか洪水とか、あるいは火災とか大衝突事故とか、そういう特異なスペクタクルがクライマックスの背景をなしている場合もまた、それらの現象自体は単なる景観としてその場の雰囲気を強調すべきもので、肝腎なのはその部分における人的要素の動きであるということを、くれぐれも念頭に置くべきである。それはたとえば主人公が競馬の騎手であるとかスポーツの選手であるとかいう場合、しばしばスペクタクルとクライマックスとが同時に招来されることがあるあの呼吸を思い合わせれば、そこに要求される背景と葛藤との関係の在り方が納得されるであろう。

クライマックスは、また、充分に強靱でなければならない。強靱ということは、勿論、カセを絡んで揉みに揉み、いやが上にも押しまくるというような、そういう外面的な線の太さをいうのではない。突いても崩れず押しても揺るがない内面的な重量感をいうのである。そのテンポについても、クライマックスの部分はその前の危機における急迫したテンポを受けて更に一層強調されなければならないものだと一般にいわれているが、私自身の勝手な独断が許されるなら、私は必ずしもそうとばかりは考えない。勿論、観念的にはそうも考えられるが、実際としては、危機において高揚されたテンポはクライマックスに至って再びジックリと抑えられ、その部分独特の抑揚をもって手落ちなく、その葛藤の内部にひそむものを描き出してゆく、そういう心構えが必要だと私は思うのである。そうあってこそ、クライマックスは一つの劇の真の頂点として、その強靱さを示し得るはずだからである。

なおまた、クライマックスは、その強調された緊迫感が弛むと共にいわゆるアンティ・クライマックス Anti-climax と呼ばれる下り坂に向かい、かくしてそこに結末が来るものだといわれているが、作劇の上ではそのアンティ・クライマックスと呼ばれている部分をも当然クライマックスの一部として扱うべきであり、それに関する小林勝氏の説を氏の文章の中から次に引用させてもらう。

――クライマックスをもって展開部が終わるという考え方が、そしてそういう取り扱い方が一般に認められているけれども、これは見物の刺激のみを目的としたメロドラマの行き方を無批判に学んで、それを体系だと誤認した結果であって、クライマックスに引き続いて、フライタークのいう「下り」（下降）または転向（反転）があることを再吟味する必要があろう。

「下り」の存在については、今までどのシナリオ作法にもはっきりと述べられていない。それだけに、これは私の独断だと判定されるかも知れないが、心ある人は、既に気づいているのではないかと思う。

クライシスには調停があったが、クライマックスには調停がない。行きつくところまで行きついて、さてそれからどうなるかという時に現れるのが「下り」または転向である。例えば『我等の仲間』“La Belle Equipe”（ジュリアン・デュヴィヴィエ監督）で女にそそのかされて年甲斐もなく嫉妬に逆上したシャルルは、彼アン・デュヴィヴィエ、シャルル・スパーク共同脚本、ジュリアン・デュヴィヴィエ監督）で女にそそのかされて年甲斐もなく嫉妬に逆上したシャルルは、彼を心からの友達だと信じているジャンに、我等の仲間のすべての不幸は貴様の利己主義から由来したんだ、貴様は平和の破壊者だというような、聞くに堪えない毒舌を吐きかける。ジャンは何とかして誤解を解こうとするが、日ごろ寡黙なシャルルは物に憑かれたようにわめき立てる。ジャンの頬には思わず無念の涙が垂れ、手はいつしかピストルを固く握る――。この辺がクライマックスの最後で、やがてジャンはピストルを撃った。シャルルは死んだ。撃ってしまってからジャンははっきり楽土「我等の仲間」が夢の如く消えたことを知った。希望は一瞬にして失望に代わった。これが「転向」（下り）である。運命の激変によって喜びが悲しみに、または悲しみが喜びに変化することである。（註、例えば『ガス灯』で、最後にポーラがグレゴリーを罵る場面などもクライマックスを過ぎたあとの「転向」の部分に属するものと見るべきであろう。）アリストテレスはこれをペリ・ペティアPeri Petiaと称したが、運命の反転という意味である。（中略）それはともかくも「転向」または「下り」は短かい程よく、今更ここまで来て長々と描写することは、解決を急ぐ観衆の期待を裏切るもので、かえって全体の統一を妨げることにもなる。

最後に「転向」の価値について考えてみよう。クライマックスによって極点にまで昂められた観衆の感情は、転向によって芸術的な情緒に変化する。クライマックスにおいては興奮が主であったが、緊張から解放されると、観衆の心に主人公の運命を凝視しようという欲求が起ってくる。作家が芸術的に腐心するのはこの場所で、古今の偉大な劇作家は皆成功して来た。この場所においては、主人公の崇高とか悲壮とかいう高い芸術的な内面が表現され、作家の描く悲劇美が観衆の情的琴線にふれて美しく鳴りひびくのである……。

以上が小林氏のアンティ・クライマックスに関する説であり、今までこの部分に関する研究が不足していたことも事実だし、私としても大体この説に賛成である。

ペリ・ペティア（急転）とは、アリストテレスに従えば「劇的事件が一つの状態からその反対の状態へ変転することで、それは事件の必然的な、そして当然あり得べき連関においてなされなければならない」ものだと説かれ、その当時のギリシア劇の場合は、エスカトス（頂点）と呼ばれているいわゆるクライマックスと同じ重要さをもって検討されている。『格子なき牢獄』の前掲の部分につづくそれを引用してみよう。

○アペルの部屋

イヴォンヌが来る。そしてアペルと話している監督に座をはずさせる。

アペルは愛想よく迎えて喋舌りだす。

「いかに公明正大でも、こんなことになるなんて、ほんとに悲しいことですね。わたしには初めからちゃんとわかってたんですけどね、でもあなたがわたしのいうことをお聞きにならないものだから……とうとう……でもまあ、今夜の教訓は十年の経験の値打がありますよ、十年のね。……これからはまたきちんと規則を適用することが出来るし……初めが悪くてもあとが良ければ、なんだって結構です。あなたはまだお若いんだから、間違いを起すくらい無理ありませんよ」

「ネリーの赦免状を出してください」

アペルが誇らかに赦免状を出してわたすと、イヴォンヌはすぐそれにサインする。

「な、なにをなさるんです?」

「ネリーは立派な娘です」

「な、なんのことだかちっともわからない……」

イヴォンヌは初めて微笑をうかべる。

そしてこのあとへ、文字通りに最後の「結末」が来るのである。フライタークの説くところでは、クライマックスは、そこを頂点として上昇して来た劇的事情がそこで更に新しい悲劇的要因をはらんで下降してゆく部分で、作家自身の人柄が一番はっきり感じられるのもこの部分だが、しかし劇自体としては各人物の相克が既に宿命的な結末に近づいているので、従って観客の関心は、頂点までは主要人物のとった方向に引きつけられているが、そこを過ぎると静止の瞬間が生まれ、観客の緊張は別の新しいものに向かって起されている。といって、この部分で新しい人物や新しい事件が登場すれば劇全体の効果が破壊される危険が多分にある。

――今はもはや、細かな技巧、細心な仕上げ、個々の美しさ、適切な動機といったような道具立てで劇を構成している余裕はない。観客は諸々の事件の因果関係を既に理解し、作家の最後の意図を悟っている。作家は今は観客を最高の作用の虜《とりこ》としなければならない。(中略)この部分で用いるべきは、太い線、大きな作用のみで、あえて挿話的なものを入れるとすれば、それには特に何等かの特別な意味と力とが付与されなければならない――

と彼は説いている。いずれにせよ、クライマックスの再検討と共に、この「転向」の部分の再吟味もまた緊急の必要事であろう。なおこの「転向」を「結末」のなかに繰り入れて、それを「破局」Catastropheと呼んでいる人もある。

結末

——元来、脚色という仕事の一つの目的は、テーマを説明することにあるともいえるのだから、その意味で、テーマはなるべくシナリオの前段、少くとも劇がクライマックスに達する以前に、その方向を明示し、それが証明しつくされると共に劇もまた終りを告げるように計画せらるべきである——。

とフランセス・マリオンは説いている。

こういういい方は、一見、あまりにも計算的であり、潤いがなさすぎるようにも考えられようが、しかし、これは遠くサイレント時代からパラマウントやM・G・Mにあって『ユモレスク』“Humoresque”『ダーク・エンゼル』“Dark Angel”『ステラ・ダラス』“Stella Dallas”などという数々の優秀なシナリオを書いてきた彼女の豊富な経験から割り出された一つの結論であろうし、事実、劇の結末というものは、事件そのものが解決することによって終わるという考え方よりも、マリオンがいうように、テーマが語りつくされた時に終わるべきだという考え方の方が間違いがないようである。

というのは、もしテーマを無視して事件だけを主にして考えるなら、どんな劇でもその最後の結末を起点として、そこから更に新しい劇的局面を発展させてゆくことが出来るものだともいえるからである。たとえば『心の旅路』の場合を例にとってみても、その結末は、過去の記憶を喪失した主人公のチャールスが現在の名ばかりの妻のマーガレットこそかつての彼の最愛の妻のポーラであることを悟るというその場面で終っていて、それはそれなりに、そのテーマとしての明確な結末になってはいるものの、しかし、今もし、そういう過去を持っている夫婦の今後の生活を更に追求してゆくとすれば、そこからまた別の新しいテーマによる劇的局面を発展させてゆくことも決して不可能ではなかろうし、しかもこれはあらゆる劇についていえることで、あえて詭弁を弄するなら、主人公が死んでしまうようなものでも、その死後に残された人々の運命を追求することによってそこにまた新しい劇的事件を盛り上げ得るものだともいえよう。イプセンの劇がその当時における一般の劇の第五幕目から始まっているといわれながら、なおかつ、その『海よりの夫人』のエリーダは『人形の家』のノラの家出後の姿を追求しているものだといわれていることなども、その一つの証左だといえよう。

そこで、今また、ここで改めて考えられることは、劇はそれ自体のテーマを中軸とした一つの統一体でなければならないということである。いい換えれば、作家は無限の人生の事実の中から彼が最も心を惹かれた部分を中心としてその題材を切り取ってくるのだから、所詮そこに扱われる各人物の生活そのものはいずれもその全生活の中途から始まって中途で終らなければならないはずのものであり、従って、もし作家のテーマが明確に掴まれていなかったら、結局その作品は「組み立てられた全体」Organic wholeとしてのまとまりを見失うことになり、局面はいたずらに次から次へとだらしなく伸びてゆくばかりで、どこに結末を置いていいのかわからないものになってしまうだろうからである。

それは前にもその一部を引用した『路傍の石』の映画の場合の結末などについて考えてみると一層よく判ると思う。『路傍の石』の主人公は向学心に燃える吾一という少年で、時は明治の末、所は地方の小さな町である。吾一の父は母と彼とを捨てて長く行方不明になっているので、母子は町の書店稲葉屋の主人泰吉の庇護を受けながら貧しい長屋住まいをしている。吾一はその貧しさの故にいつも周囲から見さげられ、しかもまたその貧しさの故にいつも歯を喰いしばって我慢している。小学校を出ると泰吉の計らいで中学へやって貰えることになるが、そこへ図らずも父親が帰って来て、母と泰吉との間に不純な関係でもあるかのように疑い、そのために彼のせっかくの喜びも束の間の夢と消えて、彼は町の呉服屋伊勢屋の丁稚《でっち》として住みこむことになり、名も吾助と呼び変えられて、朝から晩までこき使われ、しかもかつては小学校の同窓だったその家の子供たちからも虫けらのように見さげられ、たまたま僅かの閑《ひま》を盗んで読書でもしていれば何か大へんな悪事でも犯しているかのように主人や番頭から叱り飛ばされる。父は再び母を見捨てて東京へ去り、母もやがてその不幸な一生を終る。伊勢屋の主人は母なき後の彼を厄介者扱いし、番頭に命じて東京の父親のもとに送り返させる。番頭は更に旅回りの染物屋に彼を託し、彼はまるでその染物屋の小僧ででもあるかのような扱いをされながら、それでもとにかく父が同棲している東京の女の家へ送り届けられる。女は娘と二人で素人下宿を営みながら暮らしているが、そこでもまた彼は奉公人扱いにされ、下宿人の使い走り、庭掃除、雑巾がけ、ランプ掃除と、朝から晩までこき使われる。わずかに彼を慰め激励してくれるのは下宿人の熊方という貧乏画家だけである。熊方は女主人と娘が芝居見物に出かけた留守に開化丼を取って吾一にご馳走してくれる。そしてその翌日――

○**裏庭**

吾一が濡れ縁で例の如くランプ掃除をしている。傍に本が開いてあって、読みながらの掃除である。台所の方で――

出前持の声「毎度有難うございます。丼を頂きにあがりました」
加津子の声「あら、あんたんとこのものなんか来てないわよ」
出前持の声「いいえ、きのう開化を二つ、あ、ここにございました」
加津子の声「お母さん、きのう取ったの?」
住江の声「わたしは知りませんよ、小僧に聞いてごらん」

吾一、ホヤの掃除を続ける。加津子、ガラリと障子をあけて

加津子「きのうの開化、誰が取ったの?」
吾一「熊方さんです」
加津子「お客さんでもあったの?」
吾一「いいえ」
加津子「じゃ、どうして二つなんか取ったの?」
吾一「――わたしが一つご馳走になったんです」

加津子「まあ」

住江の声「小僧！　ちょっと此処へおいで」

　吾一、動こうともせず、ホヤの掃除を続けている。

加津子「さ、早くお母さんとこへおいでよ」

　邪けんに腕を引っ張る、吾一、振切って
吾一「今ランプ掃除をしてるんです」

加津子「馬鹿——生意気——」

　と足で本を蹴飛ばす。本は庭に飛んでダルマの漫画がはみだす。瞬間、吾一は怒りに燃えて加津子の足もとにホヤを叩きつける。

加津子、悲鳴をあげて逃げこむ。

住江が出てきて吾一を睨みつける。

吾一、本を拾って懐に入れる。

住江、奥に消える。

吾一、黙々と再び縁側で別のホヤの掃除にかかる。

奥から、泣いているらしい加津子を住江が慰める声が聞える。

住江の声「いいよ、いいよ、愛川が帰って来たら、この家から放りだしてしまうから——」

　瞬間、吾一の手が震えたと思うと、手に持ったホヤを地面に叩きつける。

また一つ、――また一つ――。

○廊下――小部屋

吾一、来て、自分の鳥打帽子を持って出てゆく、何のたじろぎもなく。

○家の前

吾一、出てゆく。

○小路――本通り

吾一、小路を本通りの方へ進んでゆく。

都会の騒音が波のように寄せてくる。

吾一姿が見えなくなる。

これが全編の結末で、今後この可憐な主人公がどこへ行ってどういう生活をするであろうかについては全然何も語られていないし、仮に今、このあとに幾つかの劇的局面を設定して、より以上に劇的事件を盛りあげてゆくとしても、その方法次第では、そのために特に不自然さが目に立つというようなこともないかも知れない。が、しかし作家が意図した内容からいえば、今まで何事によらず一途に隠忍して来た温和な少年が、その日頃の温和さにも似ず突如としてランプのホヤを叩きわるという決然たる行動に出ることによって暗示されているように、今後この少年はおそらく何者に向かっても敢然として立ち向かってゆくだけの強い精神を持って生きてゆくであろうことを予測せしめ、それによってもはやテーマは語りつくされているのだから、結局このあとにどういう新しい局面を展開させてみたところで、所詮それは蛇足たるに過ぎないものになってしまうわけで、一見、なおまだ展開の余地がありそうに見えるこの結末も、その「組み立てられた全体」としての観点からみれば、立派に一つのまとまりを持っているわけである。ドタバタ喜劇の結末などにしばしば見られる追っ駆け場面をもって終るというような形もまたこの範疇に入れてよかろう。ところが、こういうのとは反対に、主人公が死んでしまうとか、悪人が征服されてしまうとかいうように、事件的には一応片付いてしまったかのように見える場合でも、テーマとしては語りつくされず、何かまだそこに未解決な煮え切らないものが残っているというような作品も事実としては少なくない。注意すべきである。

いずれにせよ、結末はテーマの結論であると共に、劇的事件の上からみても、それの合理的な帰結でなければならない。テーマとしては語りつくされていながら事件的にはなおまだ未解決なものが残っているというような場合があるとすれば、それはテーマと題材との間に矛盾があるか、あるいはプロットの構成上に錯誤があるかする場合のことで、もしその間に何の狂いもなければ、当然、テーマが語りつくされると共に劇的事件もまた解決するはずである、従って、テーマの白熱的な燃焼点ともいうべきクライマックスの部分を過ぎれば、事件としてももはやいたずらに低迷することなく、出来るだけの簡潔な方法によって一気に転向部から結末へと進められるべきである。簡潔なほどよく、停滞は禁物である。

厳密にいえば、映画の場合の結末は、演劇の場合のそれと違って、事件的な結末と情景的な結末とに区別して考える方がいいかも知れない。というのは、映画の場合の最終場面 Last scene というものは、時として、事件的な結末としてのピリオドが打たれたあとに、もう一つ重ねていわゆるラスト・シーンとしての情景的な場面が付け加えられる場合が多いからである。俗にはそれを「大（おお）ラスト」とも呼んでいる。これは特に例証しなければならないほどのことでもないとは思うが、たとえば『望郷』の事件的な結末は、手錠をはめられたぺぺが波止場の鉄格子を通して岸壁の汽船の甲板にガビイの姿を認め、声を限りにその名を呼ぶが、その声が折からの汽笛の響きにかき消され、やがて汽船が出航するとぺぺは絶望して手錠をはめられたままの手で密かにポケットからナイフを取り出して脇腹に突き刺し、情婦のイネスが驚いて鉄格子ごしに縋《すが》って詫びる間に息が絶える、というところで終っているのだが、画面としてはそのあとにつづく情景として、港を出てゆく汽船の遠望と海面を群れ飛ぶ鷗《かもめ》の生態とが付け加えられて、そこに一脈の余韻を残している。こういうラスト・シーンの特殊な情景というものは、いわば演劇における幕切れ直前の「間（マ）」の効果と同じように、それが直ちに結末の余韻となって、そこに情緒的な効果をあげるものだけに、決してそれが内容から遊離しているものだとはいえない。『長屋紳士録』ではせっかく自分の子供にして育てようと決心した少年をその実父につれ去られた女主人公が「あたしゃ悲しいんで泣いているんじゃないんだよ、あの子がどんなに嬉しかろうと思ってさ。さぞ不人情なお父さんだろうと思ってたらどうしてとてもいいお父っさんで、仲よく親子が一緒にいいお正月が出来るんだと思ったら、どんなに嬉しかろうと思って」というような述懐をしたあとに、上野の西郷さんの銅像の下で日向ぼっこをしている戦災浮浪児たちの姿が映し出されてラストになる。これなどは、その場面があるのとないのとでは、その劇の全体の印象を単なる人情物語として終らせるか、あるいはそこに社会問題的な余韻を残して終りにするかという上からみても、大へんな違いが出てくるわけである。ただしかし、ラストの締めくくりのためだけにそういう情景的な場面を付け加えて終りにするという在来の定石だけは充分に反省されるべきである。

なおまた、今もってアメリカ映画などの結末にしばしば見られる全く蛇足的なハッピー・エンドというものも、そのためにかえってそこに木に竹をついだような商業主義的なマンネリズムの不純さだけが残って、むしろ逆に全体の印象を悪くする場合さえ少なくないといえる。たとえば『ガス灯』のラスト・シーンにしてもその内容の上での結末は、それまで狂人扱いをされていたポーラが、常人としての意識に目覚めるや否や、ある限りの憎悪をこめてグレゴリーを罵り、警官に引っ立てられてゆく彼を冷やかな眼で見送るというだけで充分に終っているにもかかわらず、そのあと更に、ポーラとブライアンとが親しく語り合うバルコニーの場面を付け加えて、しかもその二人がやがて一つに結ばれるであろうことを暗示しているなど、全くその作品のテーマから遊離した蛇足的なラスト・シーンだといってよかろう。

とはいえ、しかし、実際の場合、作家の語ろうとする主要な部分が語りつくされても、なおまだそこに割り切れない滓《おり》が残る場合がしばしばある。たとえば『手をつなぐ子等』（伊丹万作氏脚本）を例にとってみても、作品自体としては「組み立てられた全体」としての結末が立派についているものの、あの結末で一般の異常児の問題までが完全に割り切れているとはいえまいし、また『失われた週末』“The Lost Weekend”（チャールズ・R・ジャクソン原作、チャールズ・ブラケット、ビリー・ワイルダー共同脚本、ビリー・ワイルダー監督）の場合にしても、たとえばアルコール中毒の青年の生活を描きながら、それを単なる禁酒宣伝の映画たらしめず、その人間性を執拗に追求しているところに作品としてのテーマの高さを保ち得ているとはいえ、しかし、あの結末が今後の主人公の生活を完全に立ち直らせ得るほど合理的なものだとは考えられまい。そこにはやはり割り切れない滓が残る。理由はその作品としての一応の解決だけはついていても、それが一般に通ずる普遍的な解決だとはいえないからである。それは勿論そういう題材そのものが既に解決を与えにくい性質のものだからだともいえようが、しかし、厳密にいえば、そういう場合でもなおかつそこに充分な考慮をめぐらすべきであろう。『失われた週末』の結末についての、志賀直哉氏の次のような感想は充分に味わうべきである。

――『心の旅路』の終りでもこれに近い感じを受けたが、これではそれ以上に呆気なかった。あの結末では此の映画の問題は片付かない。あれで、あの男が救われたと思えというのは無理だ。大体作品では途中の破綻はまだいいとして、結末だけはもっとしっかりと作らねば後に厭な味が残る。（中略）私は人に押されながら、もし自分があの映画の結末を作るならどうしたらいいだろうと云う事を考えた。主人公が小説家志望で、酒場で自分の小説の筋を話すところがあり、その小説が画面に現れるが、あれを仕舞いまで延長し、絶えず本筋にからまして行き、あの映画のハッピー・エンドはそのままで小説の方の大団円として、そのあとに更に本筋の結末をつけて、あの主人公が自殺してしまう事にしては如何かと思った。そうすれば筋も複雑になり、アルコール中毒というテーマ以外に通俗芸術への抗議というようなテーマも含まれるわけで、一寸皮肉な面白いものになるだろうと思った。

「自分は小説では心ならずもああいう結末にした。これは本屋の考えである。自殺さす事は風教上よくないし、とにかく、ハッピー・エンドにしなければ出版は断ると本屋は云う。自分自身も事実でそうなれるなら、それに越した事はないと思うのだが、アルコール中毒というものは仲々そんな生やさしいものでないという事を自分は知っているのだ。自分はそれを云って本屋と争ったが本屋は頑固にそれを拒んだ。彼は私の実生活をもそれで改めさせたいと思っていたのかも知れないが、このようなハッピー・エンドを主張し譲らなかつた。自分は酒を飲むためには盗みをさえした者だ。もう小説などはどうでもいい、とにかく、金を作って酒を飲まずにはいられないという気持ちになった。それで小説では御覧の通りの不徹底な結末にしてしまったのだが、作家として、この事は後まで自分を苦しめた。自分は酒を飲んだ。盛んに飲んだ。しかし本屋からの金もそう何時までも続きそうもない。そして最後に残されたものは死以外には何もないという事を自分は知っている。自分は今、あの小説の結末を事実をもって訂正する事にした」

こんな遺書を残して自殺する事にすれば、とにかく作品としては形がつく。しかし、小説ならば遺書で簡単に済むが、映画の場合はどうしたらいいものか、そんな事を考えていた――

今までの習慣に従えば、結末は大体、ハッピー・エンド Happy End とアンハッピー・エンド Unhappy End との二つの範疇に区別されてはいるが、それもいわば単なる便宜上のことで、事実そのどちらにも分類し難いような場合もしばしばあるのだし、要はその内容に最も相応《ふさわ》しい合理的な結果に終ることをもって第一とすべきである。もっとも形式の上だけから区別すれば、結末にはいろいろな形があるもので、その一、二の例をあげてみても、たとえばその劇の全編を通してまことしやかに展開された事件の全体が、ある人物の夢であったとか空想であったとかいうような、全く意想外な結末に終る場合は、特にそれをサプライズ・エンド Surprise End と呼んでいるし、あるいはまた『いちごブロンド』"Strawberry Blonde"（ラオール・ウォルシュ監督、ジェームス・ヘイガン原作、フイリップ・J・エプスタイン、ジュリアス・G・エプスタイン共同脚本。これはかつてのパラマント作品『或る日曜日の午後』"One Sunday Afternoon"スティーヴン・ロバーツ監督、C・グロヴァー・ジョーンズ、ウイリアム・S・マクナット共同脚本、と同じ原作によるものだが）のように主要人物の過去の思い出がその劇の主要な内容になっているとか、あるいは『マズルカ』"Mazurka"（ヴィリー・フォルスト監督、ハンス・ラモー脚本）のように法廷に立った被告の陳述がそのまま劇の主体になるとかいうような場合には、必然的にその発端と結末とが直結され、しかもその過去の物語の中にもまた別の発端や結末があるというようなこともあり得る。『追憶』"Remember the Day"（ヘンリー・キング監督、テス・スレスィンガー脚本）といい、『凡てこの世も天国も』"All This, and Heaven too"（アナトール・リトヴァーク監督、ラシェル・フィールド原作、ケーシー・ロビンソン脚本）といい、あるいは日本映画では木下恵介氏の自作自演出の『不死鳥』といい、この類のものは相当に多い。『第七のヴェール』“The Seventh Veil”（シドニー・ボックス監督、ミュリエル・ボックス、シドニー・ボックス脚本）は催眠術による一女性の告白が劇の大半を占めているものだが、その告白の中での出来事が直ちに現実の出来事に直結して、そこに全体としての解決が与えられている点、これもまたその類に属するものだといえよう。

いずれにせよ結末は、観客の側から考えれば、それまで劇中の事件に引き入れられていた感情の緊迫がその場へ来て一時に解放される部分なのだからその解放感を出来るだけ効果的に与えることが肝要であり、結末は簡潔なほどいいといわれるのも一つはそのためにほかならない。

映画的構成

シナリオ的構成

これまでに発端から結末まで一応順を追って述べては来たが、これは前にも断っておいたように、最も基本的な劇的構成の順序であり、ひとり映画の場合のみに限らず、一般の「劇」と呼ばれるもののすべてに適用されるはずのものだけに、これが映画の上に参酌《さんしゃく》される場合には、そこにまた映画は映画としての構成の特質が充分に考慮されるべきである。

いうまでもなく、映画の世界には、劇としての構成の美しさのほかに、映画そのものとしての構成の美しさがあり、その二つのものが両々相まって適当なテンポの流れに乗るところに独自の流動美が醸し出されるのだから、いかに劇としての構成だけがすぐれていようとも、それだけでは決して真にすぐれた映画とはなり得ない。映画は決してフィルムによる演劇の缶詰であってはならないのだし、もし単にプロットを数多くの場面に配分して劇的に組み上げることだけがシナリオの任務なら、それはただ場面数の多い戯曲を書くのと同じことになろう。

細流があり奔湍《ほんたん》があり、時には万古の碧《あお》をたたえて淀み、また時には千丈の滝となって落ちるところに水流の面白さがあり美しさがあるように、シナリオの構成もまた映画としての流れを潤達自在に駆使するところにその真価が発揮されるべきである。時にはあるかなきかの微風がそよそよと画面を撫でて過ぎるのもよかろうし、また時には峨々《がが》たる岩をも吹き飛ばし亭々たる大樹をも根こそぎにするような暴風がスクリーンいっぱいに荒れ狂うのも面白かろう。要は作家がその独自の眼をもって拾いあげた題材を、印象の統一と全体の効果に狂いなく、独創的な、論理的必然をもって、しかも映画独自の美しさを充分に発揮出来るように按配することがシナリオ構成の第一の要諦である。

テーマは勿論大切であるし、テーマのない映画などというものは考えられないが、しかしかつての戦時中のそれのように、いたずらにテーマだけがのさばり返って、それを包むべき映画独自の豊かな衣裳があることを忘れ、むき出しのまま、あたかも観念の化け物のような醜骸をさらけ出して、しかもそういう類の作品がベスト・テンの中に選ばれるなどという奇現象は、映画をその構成の美しさの上から見ずに、ただ観念を伝達するための道具としてのみ見る最も悪い傾向の現れで、在来の日本の映画批評家たちの間には時々そういう不思議な現象が現れはしたものの、しかし、映画はあくまでも映画としての美しさを堅持しなければならないはずのものなのだし、テーマなどというものは何もそれを真っ向に振りかざして力みかえるべきはずのものではなく、それが映画精神の中に渾然と溶けこんで、そこからしっとりと観客の胸に食い入って行ってこそ初めてその真の効果があげられるべきものである。フランセス・マリオンのいわゆるテーマの証明という考え方にしてもそういう精神によって処理されてこそ初めて生きてくるので、映画の構成は映画それ自体の本質の上に打ち立てられるべきものである。

――芸術的形象に体現された観念というものは、あらゆる芸術、絵画、彫刻、音楽、演劇、映画等々の創作に必要欠くべからざるものであるが、しかし、それは観念さえ正しく立派であればその作品は必ず価値のある良き芸術作品たり得るということとは全然違う。いかに観念が立派でありテーマが正しかろうとも、低劣な表現が与えられたら、それは決して良い作品だとはいわれない。芸術作品においては、あらゆる観念がその芸術に最も相応《ふさ》わしく正しく鮮明な方法をもって形象化さるべきものである――

これはソヴィエトの映画大学のテキストの中に述べられている言葉だが、芸術作品から観念とか思想とかいうものだけを抜き出して考えることは、その芸術の専門性を無視することにもなる。絵画の言葉が色と線であり、音楽の言葉が音であるように、映画には映画としての言葉がある。映画の構成はそういう映画自身の言葉をもってなされるべきである。

シナリオの視覚性

これは一つの思い出話だが、日本映画がようやく無音無声の世界から新しい有音有声の世界へと移行しはじめた昭和六、七、八年ごろには、脚本家も演出家も必要以上に音や声の効果に対して敏感になり神経質にもなって、そのほとんど誰もが、一作ごとに何か多少なりとも新奇な試みをしないではいられないような野心に駆られていたものであった。

今でこそ、映画はトーキーになって初めて思想を持ったなどといわれているものの、そのころの無音無声の映画にしたところで、必ずしも作家の思想を匂わせ得なかったものだとはいえないのだし、ただその不便さは何もかもをことごとく視覚的表現に移し変えなければならないという点にあったので、自然、その不便さを克服するための特殊な技術も懸命に研究され、それはそれとしての一つの完成に近い形態を整えるまでになっていたのだから、そこに新しく音が加わり声が加わる以上は、そのことによって余程の特殊な効果が現れない限り、何かそこに満足しきれない気持が残るのは当然のことであった。それはまた一面からいえば、それだけ当時の作家たちが、映画の視覚性と聴覚性とを調和させることに並々ならぬ努力をしていたということの証明にもなろう。

このことは、しかし、現在では、それと全然逆な立場から、もう一度反省してみる必要がありはしないだろうか。すなわち、現在、すべての映画が有音有声となった立場から、もう一度、映画の視覚性というものを検討してみるのである。

参考までに無音無声時代のシナリオの一部を抜粋してみよう。北村小松氏の『恋愛第一課』（清水宏氏監督）の一節である。

○…卓の上（F・I）
十銭白銅がコマのように回っている。やがて白銅はパタリとそこに静止する。

エンピツの先がその白銅をうまいぐあいにあしらって一方へもってゆく。

そこに数字をいっぱい書いたノートがある。エンピツは白銅をこのノートの上に上げることに苦心する。

やっと白銅がノートの上に上る。エンピツはその白銅をハカリの上にのせた絵を描く。
○…いたずらをしているのは正一である。
正一、ふと顔を上げて盗むように見る。
○…と、正一の前には家庭教師の岡田が、自分の校正の仕事を見ている。
○…その傍の小さい黒板には
「白銅はニッケル１と銅８の割合で出来ている。10銭白銅貨の目方は3.75グラムである。ニッケルと銅とは各幾グラムか」

と書いてある。

○…正一はふとまたノートに目を落し一生懸命に何か書き出す。
○…と、今度は岡田がふと気がついたように自分の校正から目をあげて、そっと正一のノートをのぞいて見る。
○…ノートにはさっきの図へいたずら書きがされている。エンピツが動いている。
○…と、それを見た岡田がいきなりいう。
字幕　正ちゃん
　答えは出来ましたか？
○…正一、驚いて顔を上げ、あわてて白銅をかくそうとするが、だめである。
　岡田は正一のノートをとり上げてガミガミ叱る。正一、頭をかく。岡田、ノートを正一に返して、
字幕　どうして君はそんなに
　算術がまずいのかな
　も一度やりなおし
　という。
○…「ちえッ！」というふうに、正一はまた、ノートへかじりつき、エンピツを鼻の穴へ入れる。
日本における最初の本格的なトーキーは、昭和六年に公開された『マダムと女房』（五所平之助氏

監督）だといわれているが、そのシナリオを書いたのも北村氏で、氏はその翌年上梓された氏自身のシナリオ集の自序の中で、そのシナリオを書くにあたっていかに無声映画の視覚性と発声映画の聴覚性とを調和させることに苦心したかについて次のように述べている。

——我々は、サイレント・ピクチュアのシナリオを書く時には、一つのストーリーを、視覚化することに専念しました。それは「無音・無声」への統一なのです。我々は与えられた、あるいは創作したストーリーを、専心、視覚的にアレンジし、コンストラクトすることに単一な努力をして来たのです。ですから、我々は、無音化されたイリュージョンにしたがってシナリオを構成して行きました。汽笛の音も、人の動きも、字幕の文章も、ひたすらに視覚的であるように——。

だが、私は『マダムと女房』を書きはじめた時、やっと今までに手に入れたストーリーの「視覚化」という単一な技術を混乱の中に陥らせてしまいました。というのは、「物をいい得る映画」を書くということによって、私が戯曲家として獲得して来た技術が頭を出して来たからです。

いうまでもなく戯曲の本体は台詞です。「演劇」は聞くものでなく、見るものであるのはいうまでもないが、その演劇を作り上げる「戯曲」は、台詞から成り立っているのです。で、戯曲の世界においては、我々はストーリーを言葉によってアレンジする、もっと極端にいえば、ストーリーを聴覚化することに専念したのです。

この、シナリオ作法の「視覚化」と戯曲作法の「聴覚化」との間には、かなりのひらきがありました。
そこで私は、物をいわせ出すと雄弁になりがちな私の「人物」をもてあまして見たり、口をつぐませると今度はいきなり重要な一言をいわせるのにきっかけを失ったり、台詞がもり上がって来なかったり、映画的な一、二カットを入れることによって台詞と台詞の「間」をもてあまして見たり、イリュージョンの中にはいって来る（サイレントの場合には無視した）色々の物音の取捨選択に困惑したり、さんざっぱら苦労をしました——

映画がことごとくトーキーになり、シナリオがことごとくトーキー・シナリオになってしまった現在では、誰もがトーキー的表現に慣れて来て、この北村氏の文章に見えるほどの苦労をしなくても、比較的自然にそういう技術を使いこなせるようになっていることは事実だが、しかしその反面、現在の一般のシナリオの傾向が稍々《やや》ともすれば無選択な台詞の羅列に頼りすぎて、うっかりすると映画の視覚性を忘れている場合がないともいえない点から見れば、この北村氏の文章をここで改めて再読再考してみることも決して無駄ではなかろう。と同時に、その点の認識さえはっきりしていれば、シナリオが場面数の多い戯曲と同じものになることは決してないはずでもある。その点、初期のトーキー・シナリオが動作と台詞と音響効果とを画然と区別して、今から思えばかえっていたずらに煩雑にすぎる形式を採っていたことも、いわば、そうすることによってそこにシナリオの視覚性というものを見極めようとしていた努力の現れだといえよう。次にあげる第一例は北村氏の『マダムと女房』の一節であり、第二例は島津保次郎氏が第二回目のトーキー作品としてみずから筆をとった『嵐の中の処女』の一節である。

（第一例）

（――EF とあるのは Effect の略で音響効果、Wというのは Word の略でシンクロナイズされるべき台詞の指定である）

○茶の間（F・I）

EF（長火鉢で薬罐がしゃんしゃんわいている）

その長火鉢のところで妻君がひどくくさった顔で座っている。火箸で火鉢の中をかきまわすと銭が出てくる。

それを猫板に放り出す。取り上げて蟇口《がまぐち》へ入れる。

EF（隣室から麻雀をやっている音が聞えてくる。そして最後にハハハハという笑声とパイをまぜる音――）

○妻君、吐息する。

EF（新作の声）「おーい、お茶！」

W（妻君）「はーい！」

とお茶を入れに立ってゆく。

EF（時計がチンチンチンと十二時を打つ）妻君、新作をひっぱってやって来る。

○妻君、低い声で新作に

W妻君（もう十二時よ！　マージャンなんかいいかげんになさいよ、泊られると困るわよ！
それに脚本の締め切りは十五日よ！）

（第二例）

（――三段にわけて書かれているその上段が動作で、中断がシンクロナイズされるべき台詞、下段が音響効果である）

綾子思い出したように	「母さんに叱られるといけないから、あたし帰るわ左様《さよう》なら」	
と扉の方へ行く		春雄「お待ちよ」
綾子、立ち止り	「だって……」	

春雄	「もっと遊んどいでよ」	
途端に扉が開く		扉の音
ダンサーの蘭子が顔を出す		
綾子、愕《おどろ》いて見る		
春雄	「よう！　お入んなさい！」	
蘭子、綾子を見て	「また後で——お楽しみのとこだから……」	
		春雄「いいじゃありませんか」
春雄	「構わないんです」	
閉った扉		
綾子、春雄をかえりみて	「誰、あの人。失礼ね」	

以上のような例をあげたからといって、それは、しかし、決して現在おこなわれているシナリオの「ト書き」の書き方を、現在以上に詳細にすべきだなどという意味ではない。というのは、シナリオの視覚性というものは単なる「ト書き」の多寡のみによって左右されるものではないからである。

○鬼子母神の境内の茶屋の座敷

菊之助、ひとり坐っている。

婆さん「ここですよ」

声がして、お徳がそっと障子を開いて

お徳「ま、若旦那」

お徳、上ってくる。

菊之助「よく出られたなあ」

お徳「わたしが雑司ヶ谷にいることを誰にお聞きになったんです」

菊之助「それがなかなかわからなかったんだよ。お前んちをやっと探しあてたが、入れないし、折よくやって来た小僧が何処かへ使いにゆくのを途中でつかまえたんだ」

お徳「兼吉ですわ」

菊之助「そうかい。何処にいるって聞いても、口止めされているのか云わないんでね、それから日参して口説いて、昨日やっとわかった」

お徳「(涙ぐみ)まあ、わたしみたいな者をそれまでに……」

これは『残菊物語』(村松梢風氏原作、依田義賢氏脚本、溝口健二氏監督)の一節だが、これはこれで、これ以上の詳細な「ト書き」がなくても、充分に視覚的な連想を喚び起し得るように書かれていることがわかろう。それはつまり「お徳、上ってくる」とか「兼吉ですわ」とかいうような簡単な表現の中にも、作家の映画的感覚が充分に働き、それの視覚性をハッキリ捉え得ているからにほかならない。

映画のそういう視覚性について、黒沢明氏の文章を次に抜粋させてもらう。

――説明の多い脚本は困る。映画は絶えず流れているのだから、説明するにはおよそ不適当な形式なのだ。逆説的にいうと映画で説明しなければわからないものは、説明してもわからない。説明に頼っている脚本は全く演出家殺しである。無味乾燥な説明に東奔西走し、しかもその実績はほとんど上らないのだから……。つまり、映画は感じさせることを主要な武器としている点で音楽に近い芸術形式であるが、音楽で何か説明することの愚を思えば、映画で何か説明する愚もよくわかるはずだと思う。近頃サイレント時代のシナリオをいろいろ読み返してみて、その明快なのに讃嘆したが、これは音や言葉がない不自由の故にかえって感じさせることに徹した結果だと思う。思えば映画はトーキーになって言葉や音を自由に取り入れて大へん豊かになったようだが、実はプラスしたものは決して多くない。むしろ、なくしたものの方が多いくらいである。その中でも最も大きなものは、今いった感じさせる能力の減退ということだと思うのだが、それに関連して、近頃のシナリオの画の不足という問題がある。元来、トーキーの力は見せる力プラス聞かせる力であるべきはずなのだが、実際上は大抵見せる努力の幾割かが、聞かせる力に割かれている。その結果、画の貧困に陥っている。しかし、聞かせるよりも見せる力の方が幾倍か強いのだから、こういう傾向はよほど考えなければならぬ問題だと思う。画の貧困と僕はいったが、僕がここでいう画とは、決して絵画的な画を意味しているのではない。映画の視覚的な表現力をいっているのだ。その場面構成や場面と場面との接続から生ずる表現力のことをいっているのだ。そういう表現力がヴィヴィッドに感じられるようなシナリオは、われわれの最も望むところである。一読して画が出て来ないようなシナリオこそ、どこかに映画になるためには弱いところがあるのだと思う。（中略）近頃のシナリオは戯曲とくらべて見て大した差異の感じられないようなものが多い。たまには演劇的な制約のもとにシナリオを縛ってみるのも面白いだろうが、そういう意図があるわけでなく、ただ映画精神の薄弱から、そういった傾向が見られるのはなさけない

——

たとえば、演劇の舞台を撮影するために、もしシナリオが書かれるとすれば、そのシナリオはその舞台の戯曲よりも遥かに豊富な視覚性を持つであろうことは、想像するに難くあるまい。その相違はエルマー・ライスがその舞台脚本を原作としてみずからシナリオを書いたキング・ヴィダーのかつての作品『街の風景』“Street Scene”が、場面を街上の一ヶ所に限定しながらも、なおかつ、そこに映画として充分な視覚的効果をあげていたことから推しても納得されるはずである。

要は視覚性と聴覚性との調和の上に立つ複合的な統一体たらしめることをもってシナリオ構成の目標とすべきであり、そこに一般の劇の構成と映画の場合の劇的構成との相異があるのだし、事実、映画は演劇よりも遥かに豊かな視覚性を持つべきものであるのだから、その点にさえ狂いがなければ、

あとは各自の自由さにおいて、最も効果的だと考える道を進むべきである。

映画的話術

これも昭和七、八、九年ごろのこと、日本映画の、それも特に時代劇の構成に関して、「映画の話術」という言葉が批評家の間に作り出され、たとえばその構成があたかも講釈師の張り扇からでも叩き出されるような調子で展開されてゆく場合に、特にその言葉が適用されたことがあった。その初めは、伊藤大輔氏がみずから脚色演出したサイレント映画『忠治旅日記』の三部作「甲州殺陣篇」「信州血笑篇」「御用篇」などが、字幕を極度に活用して話をトントン拍子にたたみこんで行ったり、あるいはまた、字幕の使い方ひとつで時間や場所を奔放に飛躍させて行ったりしたことなどに端を発して、そういう手法がやがて一部の時代劇作家たちの間の主要な傾向となり、次第に張り扇式の流暢な講釈調を加えて行って、悲喜交々《こもごも》、偏《ひとえ》に大衆的な興味を唆《そそ》る方向へ進み始めた結果、果たしてそれが映画としての正道であるかどうかという点で問題視されることになったのであった。

とはいえ、しかし、それが耳で聞くべき「話術」を眼で見る「話術」として映画の中に移入しようとした試みであったことだけは争えない事実であり、そういう点では批評家たちのさまざまな論難にも関らず、トーキーになってからも依然としてその傾向は絶えなかった。

いうまでもなく、一つのストーリーをシナリオ化するにあたって、それをどんなふうに構成するかと考えることは、そのことが既に一つの話術的なものを含んでいるわけであり、これを特に時代劇の場合にだけ取り立てて云々するのはおかしな話だとも考えられようが、しかし、その当時の話術なるものが、それまでの一途に正攻法的だった構成様式とは別に、たとえばAがBに「つまらない話さ」というのをキッカケに次の場面に移り、そこでは別の話題でCがDに「なるほどつまらない話だね」と受けているというような、ほんのわずかな台詞のつながりだけで場面を転換したり、「逃げて」「のがれて」「春だった」というような幾つかの字幕の間々にそれぞれの情景を挾んで環境を飛躍させて行ったり、または道中の宿場々々で次々に起こる出来事を順々に捌《さば》いてゆくために、道中双六とか、広重の錦絵とか、あるいは地名にちなむ旅籠《はたご》屋の看板や行燈《あんどん》などを点出することによって、転々と場面を換えて行ったり、更にはまた、ちょっとした小道具の類似や相似音を場面転換のキッカケに使ったり、等々、それもいわば、そうすることによって大衆文芸的なプロットを出来るだけ話上手に器用に面白く運ぼうとしたところから企てられたことには違いなかったのだが、それが次第に高じて来て、映画としての描写の困難さをケレン味の多い話術で逃げるというような場合も生じ、それが論難の的にされたわけであった。

次に抜粋するのは、子母沢寛氏の原作によって伊藤大輔氏が脚色した『唄祭三度笠』の一節だが、いわゆる張り扇式な話術の一例である。

18 鉄五郎宅の茶の間

乾分六、七名に壺振りの青タン、正座の鉄五郎。

相対して新三と、末座に旅籠屋の主人仲蔵。

新三「お恥ずかしい次第でござんすが一両ぽっきりのケチな勝負、恐縮でござんす」

勝負。新三の勝。二両にして、四両にして、八両にして、その四回目が新三の負。

新三「折入って御無理なお願いがござんす。もはや一文の場銭もなく、重ねての勝負――」

五光の松「賭け代によっては否やはござんせんが――」

新三「指一本ツメさせて頂きまして――十両！」

鉄五郎「おやりなせえ」

新三の負。

新三「親指一本お預け致しますんでござんす。なお重ねてお願い出来ますならば――」

鉄五郎「お続けなせえやし」

新三の負。

新三「人差指、お預かり願います。重ねて高指一本十両と張りますでござんす」

新三の負。遂に小指まで、五本とも負けてしまった。仲蔵、周章。

新三、右手を差出す。

新三「恐れ入りましてござんす。ではお預け致しました指五本、どおぞお取りなすって――」

鉄五郎「こういう野放図な渡り者を、そのまま追ッ払っては後世のしめしがつかねえ。約束だ。

一本ずつ離しっちめえ！」

乾分五光の松、匕首を小指にあて、大きな鉄火箸で叩き斬ろうとする、刹那に親分のお声が掛る。

鉄五郎「待て！　たかが十両そこいらの金を目当に五本の指を捨てようという、ともかく一応の仔細を聞こうか」

鉄五郎、新三を奥の間へ招じ入れる。

なおこのシナリオには説明的なアナウンスが随所に使用されているので、その部分の例も次に引用させて貰う。

51　鉄五郎宅の表

旅仕度して入り来る新三。

新三「お暇乞にまいりやした。鵜沼のお貸元さん、申上げます、伊吹の三太討手の仰せつけ、お身内衆各々様を差しおかれまして、旅者中乗り新三お名差し忝《かたじけの》うござんす。渡世御仁義の表、三太儀討果しませぬ以上、新三一命かぎりの御奉公にござんす」

52　月影に歩く新三、追うてお美代。

「一宿一飯の恩義といいます。たとえ一夜の宿り一椀の飯を恵まれても、これに報ゆるには一命をもってし、その是非善悪を不問、命の儘に赴かねばならぬという、やくざ渡世の不文律。中乗り新三、縁も怨みもない三太を討ちに、あてどもない旅に踏みださねばならぬのでした――」

53　村外れ

常夜燈に柳が垂れて月光に煙っています。

立止る新三の足。

お美代、はや満眼の涙。

(――つづいてその二人の纒綿《てんめん》たる別離の台詞が二十幾つかあって――)

吹き乱れる柳の糸。

別れなづむ二人。

「泣いて、別れて、やがて一月。待っていました。二月、三月待っていました。夏も過ぎて、秋風に柳が散ります。散って枯れて、はや半年。待っていました。すでに木枯、雪、霰。やがてに年も空しく暮れて、明けて、立返る春の気配に再び柳は芽ぐむというに、中乗り新三、何処の空を、三度笠、どうして歩いていることやら――」

54　柳の変化、夏から秋へ、冬へ、春へ――

55　柳が芽ぶいて、やつれ果てたお美代。
「そうして一年。折柄夏の日も暮れ方、美濃の渡し場で中乗り新三、とうとう一年越し、探し歩いた伊吹の三太に出ッ喰わした！」

56　走る路、磧

斬り裂かれて飛ぶ笠。

57　斬った新三

磧《かわら》の夏草に倒れた三太。

こうなってくると、なぜそれが論難されたかという理由もおのずからわかるであろうが、しかしそれによってそこに醸し出されている緩急抑揚の呼吸そのものには、充分に映画的な考慮も払われているし、その点、この話術なるものが一概に貶《けな》し去れない理由を持っているわけでもある。

なおまた、伊藤氏の場合には主として動的な面でその効果を示していた話術的手法が、今は亡き山中貞雄氏に継承されると、静的に沈潜して、そこに市井の庶民的な人情談を展開するに適した手法が編み出されるに到ったことなども、その話術なるものが必ずしもケレン味ばかりに終始するものでなかったことの証拠だといえる。またそれが当時の一般のシナリオに大なり小なりの影響を与えたことも事実である。

次に挙げるのは、山中氏の昭和九年頃の作品『雁太郎街道』の一節で脚本は三村伸太郎氏である。山中氏、三村氏、稲垣浩氏等数人が梶原金八のペン・ネームで盛んに共同製作をやった、これはその最も初期の作品の一つで、原作者の名が梶原金六となっていることなども今では懐しい思い出の一つである。

4　玄関

「いってらっしゃいまし」

乾分（喜三郎たち）の声に送られて伝兵衛親分。

「今夜も帰らねえから……」

5　居間

長火鉢の前で親分の女房のおとしが乾分の一人安公に愚痴っている。

「いやんなっちゃうね本当に……」

6　元の部屋

喜三郎、戻って来て雁太郎に

「姐御の怒るのも無理はねえ、親分と来た日にゃ、ここんとこ十日ばかり家で寝たことがねえんですからね、三日に一度の夫婦喧嘩はあたりまえでさア」

「ほかにいいのが出来てその方に夢中なんだね？」

「親分にしてみりゃ夢中になるのも無理はねえんで……　その女にくらべりゃ、云っちゃ悪いが、ここの姐御なんざお月様とすっぽんですからね」

「そんないい女がこんな田舎にいるかなア」

「まあこの界隈じゃ評判の女ですね、もっとも姐御に云わせると」

7　居間

姐御の愚痴。

「ふん、たかがうす汚いだるま茶屋のすべたじゃないか。あんな女のどこがいいんだろう」

8　部屋

喜三郎、なおも雁太郎に話す。

「とまあ、姐御は申して居りますがね、なかなかどうして、こんな田舎には勿体ねえような代物ですよ」

「そんな女がよくまア、親分のあんなまずい面に惚れたもんだね」

「と仰しゃるのもこれまた無理もねえが、へへ、本当はね」

9　居間

姐御、なお話す。

「開きゃアその女は親分を嫌ってるっていうじゃないか、別に嫌われてまで毎晩通わなくたって」

10　部屋

喜三郎、なお話す。

「と云ったってそうはいかねえ、嫌われりゃ嫌われるほどノボセ上るんだから、色恋って奴は妙なもんですね」

11　夜の通り、杉屋の表

伝兵衛親分、やって来た。
表の行燈――家の中が何となくザワザワしています。

外国の場合にしても、エルンスト・ルビッチのサイレント時代の作品『結婚哲学』"The Marriage Circle"（パウル・ベルン脚本）あたりに端を発して今もってアメリカ映画の一つの作風となっている有閑遊戯的なソフィスティケーションと呼ばれる類のものも、いわば一種の話術的構成を持っているものだといえる。

ルビッチの一九三二年度の作品『極楽特急』"The Paradise Express"（ラスロ・ラーダル原作、サムソン・ラファエルソン脚本）のなかに、ある夫人がいろんな店でいろんな買物をする場面がある。初めだけは、夫人がこれを頂戴といい、店員が「はい、奥さま」"Yes, Ma'am"と頭をさげる。が、それでワイプすると、次の店ではただ店員が「はい、奥さま」と頭をさげるだけでワイプし、つづいて、次々にそれが三、四回軽快なテンポで繰り返される。これなどはルビッチ的話術の代表的なものであろう。また、こんなのもある。中年の男が初めての女の部屋を訪れる。初めはドアの前でネクタイを直し、手袋をとって、丁重にノックする。女がドアをあける。でワイプすると、今度は男が手袋のままでノックする。女がドアをあける。で、またワイプして、今度は男がステッキの頭でドアを叩く。女がドアをあける。そこで更にまたもう一度ワイプすると、男はもうノックもせずにいきなり女の部屋へ入ってゆく。これもまたルビッチがオスカー・ワイルドの戯曲を映画化した『ウィンダーミア夫人の扇』“Lady Windermere's Fan”のなかの一節である。

黒沢明氏の監督作品『生きる』（黒沢明、橋本忍、小国英雄氏共同脚本）のなかにも、そういう形の一節がある。

4　土木課　　（ワイプ）

最前のおかみさん達に窓口の男が話している。

窓口の男「お話の件は地区の保健所の仕事になっておりますから……」

5　地区保健所　　（ワイプ）

おかみさん達と係員。

係員「あ、それは衛生課の方へ」

6　同衛生課　　（ワイプ）

「環境衛生課へどうぞ」

7　環境衛生課

「予防課……十二番です」（ワイプ）

8　予防課
「防疫係の方へどうぞ」（ワイプ）

9　防疫係
「ええと……蚊が多いんですな……すると虫疫係の仕事ですな」（ワイプ）

10　虫疫係
「我々としてはD・D・Tを撒くぐらいが関の山で……下水の水をどうするということは市役所の下水課の管轄でして……」（ワイプ）

11　下水課
「元来あすこは暗渠になっとったところで、つまり上は道路になっとったんでしてね、道路課の了解を得ないとどうも……」（ワイプ）

12　道路課

「都市計画部の方針がきまりませんのでね」

（ワイプ）

13　都市計画部

「区画整理課の方へどうぞ」

（ワイプ）

14　区画整理課

「……たしかあの水溜りを埋める埋めないで消防署ともめたことがありましてね。何しろあの辺は水の便が悪くて……」

（ワイプ）

15　地区消防署

「冗談じゃない。我々の方としてはただ水が必要なだけで、それが蚊が湧いたり発疹が出たりする汚水である必要は少しもありません。第一あんな腐れ水を使ったらホースの掃除が大へんですよ。あの辺に子供のプールでも出来たら、我々としては大助かりですがねえ。どうです、一つ区の教育課へ相談してみたら。たしか児童福祉係というのがあるはずですよ」

（ワイプ）

16　市役所・教育課

「成程、しかし、これは児童だけの問題ではないですね。それに校舎の復旧もなかなかという状態でして……こういう大きな問題は、やはり、その地区から出ておられる市会議員の方に話をされるのが、どうも一番手取早いようですね……」

（ワイプ）

17　市会議員の家、玄関

「フム……じゃ僕が市の助役に紹介状を書きましょう。なアに、僕の名刺を持って行きゃアすぐ会ってくれますよ、ハハハハ」

（ワイプ）

18　助役室

「さ、どうぞおかけになって……さ……いや、どうもご苦労さまでした。実は皆さんのように、いろいろな苦情を卒直に申し述べていただくのは、われわれの一番歓迎するところなんです。また、市民課という窓口を新しく設立したのも、そのためなんでして……どうかご遠慮なくどしどし……君……この方達を市民課へご案内して……」

（ワイプ）

19　市民課

窓口の坂井とおかみさん達。

「そのお話でしたら、土木課へどうぞ。八番の窓口です」

おかみさんの一人、いきなり怒鳴り出す。

「なにいってんだい！　馬鹿にするのもいい加減におし！　このポスターはいったいなんのために貼ってあるのさ！　あたし達に暇をつぶさせるためなのかい！」

おかみさんたち、最初にこの窓口に立った時は、夏の服装であったが、今日は冬仕度である。怒るのも無理はない。

要するに、話術はそれがシナリオの構成を安易にするための詐術として使われたり、またはある部分の描写の困難さを回避するための手段として用いられる場合には、それが映画の正常な発達を妨げるものであることは明らかだし、勿論排斥されなければならないものであろうが、しかし、もしそれが映画本来の性能と無理なく結びついて、しかもそこにより一層映画的なものを発揚させる事の契機を作り得るならば、それを取りこむことに決して躊躇すべきではなかろう。

かつての話術的手法が、主として講談や落語など、過去的な話術から出発してその道を切り拓いて行ったのに対して、更に近代的な話術の在り方を分析研究してみることも、そこに何かをプラスする契機となるかも知れない。

近頃、物語を過去へ戻して、その時間的連絡を随所随所に適宜に飛躍させ、それによって物語の中心の部分だけを表現してゆこうとするような構成様式が目立って多くなって来たのも、この話術的手法の一つの現れだとも見られようし、特に『失われた週末』の場合など、主人公の計画している小説の構想として語られる過去の出来事が、いつともなく過去と現在との境界を越えて、結果、われわれをして主人公の生活そのものの在り方に溶けこませるという効果をあげていることなども、この話術的手法の一つの新しい方向を暗示しているものだと見られよう。

性格

性格の問題

劇に限らず小説でも、それが巧みに構成されている場合には、その構成の綾を辿《たど》ってゆくだけでも相当な興味を唆《そそ》られるものだし、特に大衆小説やメロドラマなどの場合には、それが興味の中心ともなっているものだが、それにしても、もしそこに登場する人物の性格に統一がなかったら、決して充分な効果をあげ得るものではない。

というのは、我々は現実の社会での実際の出来事を考えるに際しても、なされた事となした人とを関連させて考えたがるように、特にそれが小説とか劇とかいうような物語的な性質を持っているものの中では、その二つのものを切り放して考えることは到底不可能だといってもいいからである。従って、たとえば探偵劇のような事件本位のものにあってさえ、そこに起こる事件とその事件に絡む人物の性格との関係が充分な合理性を持っていないかぎり、そこに作為の嘘らしさが目立つことになるのは当然であろう。

勿論、作品の中の人物は作家が創り出すものであり、その人物がいかなる事件を惹き起こすかもまた作家の意志によって決定されるものであることはいうまでもないが、しかし、いったんそこに人物が創り出された以上、その人物の行動を支配してゆくものは、もはや、単なる作家の意志ではなくて、人生の法則そのものでなければならない。いい換えれば、その人物は作家の筆の先で動くのではなくて、その人物自身の生活を生活してゆくことによって動くべきものでなければならないのである。従って、それは時としては作家が予定した筋書きのような行動を簡単には取らないことになるかも知れないし、また時にはその予定以上に突きぬけて行動する場合があるかも知れない。と同時に、その人物の人間性の深さは、作家自身の人間観察の深さに比例するものだともいえよう。

（七月十日）

三枚書いた。思うように筆がのびないからやめる。私が今、頭に描いていることは、谷村夫妻が現在夫婦である以外に精神につながりが感じられなくなっていること。二人はそれに気付いている。世間的に云えば二人は円満以上にいたわり合っている夫婦だ。そこから、この小説を始めることが分かっているだけだ。岡本という人物は、谷村夫妻の心象世界を説くための便宜なので、今はそれ以上のことを考えていない。

今日はだめだ。あした、また、やり直しだ。私は筋も結末も分らず、喧嘩するのだか、いつまで仲がいいのか、浮気をするのか、恋をするのか、全然先のことは考えていない。作中の人物が本当に紙の上に生まれて自然に生活してゆくはずなのだが、今日はまだ、本当に生きた人間が生まれてくれないからやめだ。

（七月十一日）

四枚書いて、また、やめる。午後、また、始めから、やり直し。六枚書いたが、また、やめる。また、やり直しだ。谷村と、素子が、いくらか、ハッキリしてきた。始め、私は谷村をあたりまえの精神肉体ともに平々凡々たる人物にするつもりだったのに、どうもだめだ。今日は、すこし、病身の男になった。そして私は伊沢君と葛巻君のアイノコみたいな一人の男を考えてしまっているのだ。素子の方は始めからハッキリしている。岡本もハッキリしている。

（七月十二日）

五枚書いて、また、やめる。谷村が、どうも駄目なのだ。谷村の顔もからだも心も、本当の肉づきというものが足りない。私の頭の中に、まだ、本当に育っていないのだろう。

これは日記体に書かれている坂口安吾氏の『戯作者文学論』の中から特に必要な箇所だけを抜粋させてもらったものだが、作中の人物を具体的な人間としていきいきと描き出すことのむずかしさが、これをもってみても充分にわかるであろう。

——稗官者流《はいかんしゃりゅう》は心理学者の如し。宜《よろ》しく心理学の道理に基づき、其人物をばつくるべきなり。苟《かり》にもおのれが意匠を以つて、強いて人情に悖戻《はいれい》せる、否、心理学の理に戻れる人物なんどをつくりいださば、其人物は已に既に人間世界の者にあらで、作者が想像の人物なるから、其脚色は巧なりとも、其譚は奇なりといふも、之を小説とは云うべからず――

これは明治十八年に上梓された坪内逍遙博士の『小説神髄』の中の一節だが、小説といい、シナリオといい、その人物を『人間』として描かなければならない点においては変わりない。

そこで考えられることは、では何故それを人間として描くことが必要なのかという問題であろう。ひるがえって考えてみよう。われわれが、現実の生活ではそれに近づくことさえ怖れるような陋巷《ろうこう》の淫売婦とか、ギャング団の首領とか、それが実際の場合だったら眉をひそめて避けるであろうような、そういう人物に対してさえ、小説や演劇や映画の中だと、進んで親しみを感じ、その心境に同感し、時には同情の涙さえそそぐのは何故であろうか。勿論それらの人物からの直接の被害を受けないですむということもその理由の一つではあろうが、それの最も大きな原因となっているのは、それらの人物の外貌に接しただけでは到底覗うことも出来ない人間性の秘密が作家によって描き出され、同時にまた、その人物がそういう種類の生活者たちの代表的な象徴として描かれているからにほかならない。いい換えれば、われわれはその人物を通して、そこに、そういう生活者たちの生活の在り方を好奇的にうかがい得るとともにリップス心理学のいわゆる感情移入によって、その人物の内心の動きにまで立ち入り、その人間性と共鳴して一喜一憂を共にすることが出来るからだといえよう。日常の生活でだったらほとんど何の興味も持てないような平凡人の平凡な生活が、作品の中では、時として波瀾万丈の物語以上の感興を抱かせ得るのも偏《ひとえ》にそのためであり、もしそこに新しい人間性の発見がなかったら、そういう平凡人の平凡な生活などというものはおよそ退屈極まるものであろう。

大体、作品の中の人物の人間性というものは、それを普遍的な面と個性的な面との二つにわけて考えることが出来る。普遍的な面とは、その人物の善悪美醜を越え、時と所を越え、一切の境遇的な外観を越えて、その奥にひそんでいる最も人間的な「変わらぬ人情」の面であり、作品の中の人物の行動が我々の心を打つゆえんの拠《よ》って起こるところのものである。従って、作家の筆がそれを描き出していない限り、悪漢は単なる悪漢としてのみ映って、そこにわれわれの共感を呼び起こすような何物をも示し得ないものだといえる。が、しかし、その一方また、そういう普遍的な面のみによって描かれた人物は、ややもすれば抽象的に過ぎて、観念的な「型」に陥りやすいものだともいえよう。メロドラマの中の人物が、概して作家の意図するプロットに引きずられて、観念的な類型以上に出ていないのは、そこにその人物特有の個人的な特色が裏づけられていないからである。

もっとも、演劇や映画の中に登場する人物の個性的な面というものは、それに扮する俳優その人の個性によってその特徴が二重に色づけられるものではある。が、しかし、それにしても、普遍的な面と共にその個性的な面をも併せて描き出さない限り、いわゆる「血の通った人間」としての全貌は浮び上がって来ないものである。従って、この二つの面はそれが総合されて初めて全き姿となるべきものので、たとえばスラップスティック Slap-stick と呼ばれているドタバタ喜劇の人物などが、強い個人的特徴を具有していながら、なおかつ真の人間らしさに欠けているのは、その一方に普遍的な面を欠いている場合が多いからだといえよう。

更に別な考え方をしてみれば、われわれは作品の中の人物がギャングであるとか淫売婦であるとかいうその境遇だけに心をひかれるのではなくて、そういう境遇の中でそれ等の人物がいかに生活し、いかなる出来事を惹き起こすかという点に興味を感じるので、たとえば『我が道を往く』"Going my Way"（レオ・マッケリー原作、フランク・バトラー、フランク・カヴェット共同脚本）の場合を考えてみても、われわれの興味の中心は、オマリー神父が牧師であるというその境遇にあるのではなくて、そのオマリー神父の濶達自由な性格が、牧師という境遇の中で活動してゆく間に起こるさまざまな出来事に繋がれているのだということは誰にも異論がなかろう。

こうなってくると、そこでまた考えられることは、シナリオの創作にあたっては、人物の性格や行動を主体としてそれを追ってゆくところに劇を構成してゆくべきか、それともまた、自分の意図する大体の劇的構成を主体としてそれに人物の性格や行動を適合させてゆくべきかという問題であろう。それについて三村伸太郎氏は氏自身の態度を次のように述べている。

――最初のシーンを書くときに、すでにラストのシーンが自分の頭の中にこびりついているということははなはだ不愉快である。天地創造の悦びを書くことが、宇宙壊滅のための前提であるようなことは、おまんまを食うための仕事にしても、あまりに味気なく、空虚に感じられ出して、天地創造も、宇宙壊滅もなく――あるところに一人の人間がありました、と始めも終りもなく、ぶらぶらと人生の道草を食うところから始めてみたまでのことである。

これはわたくし自身のためにやっていることで――最初のシーンの人物が、次のカットでどんなことをするか、わたくしにも分らない。ふとすれ違った人間の後をのこのことついて行くこともあろうし、石を蹴ってみて、その方向へ歩き出すこともあろうし、またふらふらと他人様の家に上りこんで、無遠慮に飯を食うこともあろうし、惚れた女が出来て逃げだすこともあろうし等々、考えてみれば、人生、また、シナリオも愉し――

これは多分に比喩的に書かれている文章であり、小説の場合にしても、サッカレーやツルゲーネフなどはとくにプロットというべきものを持たず、まず人物の性格的な動きを追うことをもってその創作の基端としたといわれ、前に引用した坂口氏の文章からもそういう創作態度が感じられるが、しかし、それにしても全然ストーリーがないわけではなく、ことにシナリオの場合には長さにもおのずから制限があり、全体のシークエンスの配列にもバランスを保たせる必要があったりするのだから、三村氏の場合にしても、つまりはあらかじめ全体の構成を逐条《ちくじょう》的に計画してかかるような方法をとらないというだけのことで、人物の行動を追いながらも、一方、氏自身の頭の中にあるストーリーの方向を次第に整理しつつ筆をすすめてゆくという意味であろう。

人物の性格を主体として劇を構成してゆくということは、しかし必ずしも三村氏のような方法をとる場合ばかりをいうのではない。いやむしろ実際としては、あらかじめ各人物の性格的な動きを見通して構成のプランを立て、その上でシナリオにかかるという人の方が多いといえよう。前に「構成」の項で「そういう予定を立てたからといって、いざ実際に筆をおろしてみると、数学の式から答えを出すのと違って、なかなか予定の通りに進まないのが普通であり、多くの場合そこに伸び縮みが生じてくるものである」と述べたその伸び縮みが生じるのも、主として人物の性格的な動きを追ってゆくことに原因する場合が多く、三村氏の文章に見えるほどではなくても、たとえば予定のプランではAが何かの事でBの家に謝まりに行くというだけのことにしておいたものが、いざ実際に書いてゆくと、その計画がたちまち狂って、せっかく謝まりに行ったAがBの出方ひとつでそう簡単に謝れないことになってしまったり、あるいはAよりも先にBの方から仲直りの口を切ってしまったり、等々、そういう場合が生じてくるのはしばしばのことである。

一方、大体の構成を先に考えてそれに人物の行動を適合させてゆく場合にしても、結局はその劇的局面にもっとも相応《ふさわ》しい性格の人物を拉《らっ》して来ることが必須の条件であり、もしその人物の動きに人間的な真実性がなく、性格に統一がなかったら、いかに作家の意図が素晴しかろうとも、そこに十全の効果をあげ得るものでないことはこの項の冒頭で述べた通りなのだから、いずれにせよ人物の性格を誤りなく描き出して行かなければならないという点では、人物を主体とする場合も、構成を主体とする場合も全く同じであり、そのいずれを選ぶべきかという問題は、その問題々々の各自の好みによるもので、簡単にその優劣を云々すべきではなかろう。

性格描写

戯曲やシナリオの場合の性格描写が読み物の場合の性格描写と明らかに相異する点は、たとえば『とらんぷ譚』におけるナラタージュのような特殊な方法による場合を別にしては、作家自身の主観的な説明がいっさい加えられないという点にある。従ってそれは作中の人物自身の言動によっておのずからそれを描き出すか、さもなければ作中の他の人物の言葉によって説明する以外にはない。なお、その二つの方法がしばしば混用されることも周知の通りである。

このことを観衆として考えてみると、作家はその作中の人物と観衆とを直接面接せしめて自身何らの説明を加えることなく、観衆みずからがおのずからのうちにその人物の性格を誤りなく了解するようにしなければならないわけである。

1　金沢の裏町

その風物——築土の塀、朝。

2　堀川家の玄関に近く——

草花が咲いている。伜良平（小学校六年生位）が、袴ばきの登校姿で、父の靴を磨いている。

3　一室

中学教師堀川先生が出勤の用意をしている。

良平、来て

良平「お父さん、靴墨もうのなった」

堀川「そうか、じゃ今日買って来よう」

良平「あの靴も、もう駄目やね、いくら磨いても、ちょっとも光らんよ」
堀川「あれは、まだいい」
良平「あかぎれ、随分きれて来たよ」
堀川「まだまだはける……良平、お前、忘れもんないか」
　良平の時間割を読み上げる。
堀川「修身――算術――歴史――読方――手工……」
良平「あ、しもた、きりだし忘れたあ」
堀川「ほら見い！」
　良平、きりだしを取って来る。
　堀川、伜の身だしなみを注意してやりながら
堀川「円の面積は？」
良平「半径の二乗に三・一四かける」
堀川「うん――円錐形の体積は？」
良平「半径の二乗に三・一四かけて高さかける」
　良平、行きかけてつけたす。
「それを三で割る」

これは池田忠雄氏と柳井隆雄氏と小津安二郎氏との共同脚本『父ありき』の最初の部分だが、早くもここにこの父と子との性格的なものがその言葉と行為とによって描き出されつつあることが感じられよう。

作中人物の性格的な特徴は、普通出来るだけ早く、印象的に描かれるのがいいとされている。が、しかし、それはその人物の観衆への第一印象を利用して、出来るだけ早く劇的局面を設定せんがためにいわれることで、厳密には、性格描写はその劇の発端から結末までの人物に関することごとくの叙述をもってなさるべきであることはいうまでもない。そういう意味からいえば、作中人物の性格というものもまた作家によって「構成」されるものだといえよう。性格は作中のある部分だけで描かれるのではなくて、その人物のあらゆる行為やあらゆる台詞が積み上げられて行って、そこに初めてその描写の完成が期せられるべきものである。

性格描写の要素となるものは、風采、境遇、地位、教養、気質、思想、表情、用語、行為、などがその主なものだといえよう。『父ありき』の発端が、その簡潔な描写のうちに、早くもその大部分のものを提示している点を見るべきである。

次にあげるのは、ジュール・ルナールの原作によってジュリアン・デュヴィヴィエが脚色した『にんじん』“Poil de Carotte”の映画から採集したその発端の部分だが、性格がその人物の言動以上に他の人物によって描かれているものの例として見るべきものである。

○（F—）ルピック家、部屋

ルピックが階段をおりてくる。（その足元からパン・アップして全身になる）
オノリーヌ（女中）の声「おや、旦那さま、お元気ですかね」
奥さんの声「オノリーヌ、旦那さまに何だね、その口のきき方——」
オノリーヌの声「だって奥さま、旦那さまはそんなこと気にする方じゃありませんよ」
奥さんの声「かも知れないけどさ、人には身分ってものがあるんだからね。女中はどこまでも女中だよ」
ルピックはそういう女たちの会話には無関心に階段をおり、パイプを片手に、壁の猟銃をとり、上衣を着る。
オノリーヌ「お出かけですかね、この暑さに上衣はいらないでしょうに」
ルピック「……」
オノリーヌ「今日から暑中休暇でしょう。お子さん達を駅へ迎えにいらっしゃることをお忘れなくね、行李《こうり》を運ぶ車を持っていくように小作人にそういっときますから」
ルピック、答えず、麦藁帽子をとってかぶろうとする。
奥さん「ほんとよ、この暑さに麦藁帽子でもなかろうに」
ルピック、相変らず無言のまま別の帽子をかぶり、外へ出てゆく。
奥さん「コチコチ頭！　あたしとは口をきかないつもりなんだ。こんな調子で二十年間、これが家庭というものかしら、やれやれ」

○作文のノート

それを読む先生の声「家庭とは同じ屋根の下に、到底解け合うことの出来ない人間が、無理やりに集っている所である」

○学校、教室の中

そのノートを持って立っている先生とそれに向い合って項垂《うなだ》れている少年にんじん。

先生「これを書いたのは君だね、フランソワ・ルピック」

にんじん「……」

先生「君はこれから二ヵ月間休暇で家へ帰るんだ。だから君のこの作文の文句について、先生は是非説明を聞きたいんだ。君の考え方はどうもおかしい。君の両親は何のために君を学校へよこしてると思うんだね？　君のお父さんは好い人だろ？」

にんじん（顔をあげて）「ルピックさんは……」

先生「ルピックさんだって？」

にんじんはスーツケースを下げているが、休暇で帰る嬉しさなどは少しも見えない。

にんじん「ええ、ルピックさん、僕のお父さんです」

先生「ふむ、ではそのお父さんは？」

にんじん「大抵はパリか裁判所か猟に行くかしてるんです。滅多に家にはいません。家にいたっても口をききません。兄貴がへんな事でもすると、その時だけ髭の中で笑います」
先生「しかし君を可愛がってはくれるんだろ?」
にんじん「ええ、そりゃそうらしいんですけど、でも一風変わった可愛がり方なんです、黙ったままで」
先生「それで……君のお母さんは?」
にんじん「ああ奥さんですか、あの人はいつも喋り通しで、ひとりで喧嘩します。ルピックさんが黙ってれば黙ってる程、奥さんはみんなに話しかけます。犬にだってです」
で先生とにんじんは顔を見合わせて何となく笑う。

なおまた、その性格を人物自身の言動によって浮かび上がらせているものとしては、フィルス・トングの原作を彼自身とブルーム・ホルムスが脚色したキング・ヴィダーの作品『南風』"The Stranger's Return"などにその顕著な例が見られる。これも映画からの採集によるものだが、南北戦争の生き残りの勇士で今は田舎の農園に隠棲している老人の一徹な性格の描写が、開巻と同時に始められている。その家に寄食している亡妻の連れ子だとか姪の寡婦だとかいう連中と朝の食卓に着く場面である。

老人、ぶっきら棒に食卓の中央に腰をおろし、食前の祈祷を捧げる。
老人「神様、今日の糧をお与えくださったことを感謝いたします。御子の名によりて我らを祝福し守り給え、アーメン」

一同、黙祷。老人は黙祷を終わって卓上の料理を見ると急に不機嫌になり、その皿を持って出てゆく。

一同、不安そうに見守る。

○庭

老人、庭を横切って鶏小屋へゆき、皿ごと料理を投げ捨てる。

そして井戸端のポンプの脇に下男のサイモンが二日酔らしい姿でうずくまっているのを尻目に見ながら戻ってゆく。

○台所

老人はそこに入ってくると、冷蔵庫からベーコンを取出し、それを調理台へ持って行って切り始める。

○居間

アレン、テルマ、ピアトリスの三人は卓に向かったまま、不安そうに、顔を見合っている。

ピアトリスが立ち上がって台所の方へ行く。

○台所

老人、ストーブでベーコンをあぶっている。ピアトリスが来る。
ピアトリス「ま、お父さま——」

老人「何度いったと思う——あんな鶏の餌みたいな朝食はわしには食えんのじゃ」
ピアトリス「でもお医者さまが……」
老人「何の医者じゃよ」
ピアトリス「アレンがグラッサー先生に伺ったら、出来るだけ簡単なお食事がいいという話で、あれは特に取り寄せたものなんですわ、フライなんか一番お身体にいけないって——」
老人「余計なおせっかいじゃ、八十五年間わしはわし流の養生をして来たんじゃからな」
ピアトリス「でもお父さま、みんなが心配して……」
老人「聞きあきてるよ、用がなかったらあっちへ行ってて貰おう」
ピアトリス「でもね、お父さま——」
老人「もうわかった——わしは窮屈に百年生きるより、したい放題にして二日生きる方がいいんじゃ」

で、ピアトリスが仕方なく手伝おうとするのを、老人は寄せつけず、更に二三の品々を皿の上に並べる。ピアトリスは手持ち無沙汰になって去る。

○居間

ピアトリスが戻って来て、浮かぬ顔で腰をおろす。アレンもテルマも心配そうに落ち着かない。
老人が来て先刻とは別の椅子にどっかと腰をおろす。

ピアトリス「お好きなものならあたし達がこしらえますのに……」
老人「好きなものは、レバーとベーコン、ベーコン・エッグにハム・エッグ、ビフテキにジャガイモにポークチャップにラム・チャップにソーセージさ！　それから温いコーヒーだ！」
（そこで会話は今夜ニューヨークから来るはずの孫娘の話に移るが、そのあとすぐ続いて――）
老人「コーヒーを、も少しくれんか」
テルマ「でも、コーヒーはお医者さまが……」
老人「コーヒーぐらいが何じゃ。――南北戦争時分には、腐った肉をたらふく食っても何ともなかったわしじゃ」
と自分で注ぐ。と、テルマが不意に腹をおさえて出てゆく。
老人「あれはどうしたんじゃ」
ピアトリス「胃が弱いんです」
老人「フン、鶏の餌でも食いすぎたんじゃろう」
とコーヒーを持って立ってゆく。

要するに性格描写の問題は人間性探究の問題であり、技巧的にこれもまた、いかに簡潔に、いかに鮮明に、その人物の人間像を浮き彫りにするかという一語につきよう。

しかもそれは、主要な人物についてのみの問題ではなく、一般に端役と呼ばれているような、ほんの軽い役々についてまで、そっくりそのまま、同じことがいえるのだし、ことにその場合は主要人物の場合ほどに多くの描写を費すことが出来ない性質のものだけに、考え方によってはかえってそういう場合こそ、より一層簡潔な、より一層印象的な方法が講じられなければならないものだともいえようし、そこに一層鋭い人間観察の眼が働くことが必要だということにもなろう。そういう場合の性格描写について、グスタフ・フライタークはその『劇作法』のなかで次のように述べている。

——主要人物の場合でさえ、性格描写のために作家が示し得る作中人物の生活表現の数、すなわち特徴の総数というものは極めてわずかなものである。いわんや副人物の場合には二、三の暗示、ないしはわずかな台詞によって、極めて独自な生活の仮象を作り出さなければならない。どうしたら出来るであろうか、それは作家が自分の創作によって観客の追創作的な感覚を刺激する秘訣を会得するにある。事実、ある性格が理解されるためには、それを受け入れる観客側の独創性が作家の意図するところを補足し、かつ、熱心に迎え入れることが絶対に必要である。作家と俳優が実際に観客に与えるものは、それ自体では個々の線にすぎなくても、それが観客の熾《さか》んな想像力を刺激すれば、観客はそれによって自発的創造的に、それらの個々の線から豊富な像を生み出し、個性的な性格を感得するものである——

『南風』で、ニューヨークから来る孫娘のルイズを、老人が下男と一緒に、夜、駅まで迎えにいって帰ってくると、それを見た例の女たちは、玄関口で早くも次のように囁きあう。

ピアトリス「小柄な女ね」
テルマ「そうね」

この、一見、なんでもないような簡単な会話が、この場合、いかにこの女たちの性格を躍如たらしめているか、そしてそれがいかに彼女たちのルイズに対する複雑な心理を暗々の裡《うち》に表現しているか、しかも彼女たちの会話はこれだけで打ち切られて、あとはピアトリスもテルマも、ルイズを迎えて親切ごかしにつべこべと世話をやくことになるのである。見事な性格描写の一例だといえよう。

そこで、反省されることは、こういう場合、われわれは、とにかく、われわれ自身をピアトリスやテルマの上に乗り出させて、彼女たちの言葉としてよりも、むしろわれわれ自身の言葉をもって、もっとあからさまな、もっと説明的な、念の入った会話をさせがちになりはしないかということである。いい換えれば、こういう淡々たるわずかな会話だけでは、何か描きつくされていないような不安が感じられて、つい、われわれ自身がその人物の上に乗り移ってしまうというようなことがありはしないかというのである。アメリカでも一流といわれているベン・ヘクトのような人の作品にさえ、私はしばしばそういう過誤を発見する。

「女と別れるってことは時間と労力のいる仕事だよ、たとえば風の中で蠅取紙《はえとりがみ》と戦うようなもんさ。第一、僕は女に対しちゃ普通の男が止《よ》すところから始めるんだ。手を握るくらいじゃ足りないで、相手を分解してみないと気がすまない。征服し、併呑《へいどん》するんだ。だから僕が別れようとすると、女どもは大騒ぎをするってわけなのさ」

たとえばこれは彼がチャールス・マッカーサーと共作した『情熱なき犯罪』“Crime without Passion”の中で、主人公の弁護士ジェントリーにいわせている言葉だが、それが女秘書のリーキーに向かっていわれているだけに、これは明らかにジェントリーその人の言葉ではなくヘクト自身の言葉であるという感が深い。

もっとも彼は、それまでのアメリカ映画の中には見られなかった特異な性格をスクリーンの上に新しく生み出した一人だといわれているくらいで、それだけに野心的でもあり、自然その作中の人物を多分に彼的に観念化する傾向が強く、ともすれば警句的な台詞をいわせたがる癖もあり、それがまた彼の作品の特徴の一つともなっているので、彼自身としては百も承知でそういう強引な方法をとっているのかも知れないが、しかしそれが欠点であることにおいて変わりはない。その点ではロバート・リスキンも癖の強い作家で、時としてはいささか鼻につくほどまでに器用な縦横の才気をもってその作品の全体を蔽《おお》っているし、下男とか女中とかいうようなほんの端役までが、いかにも彼好みらしい人物として描かれ、彼好みらしい台詞を吐き、彼好みらしい行動をとってはいるが、しかしリスキンの場合はそれが決してその役自体としての性格を歪曲しないだけの用意が施《ほどこ》されている。たとえば『オペラ・ハット』で、急逝した千万長者の遺産相続者がある田舎町に住んでいるロングフェロー・

ディーズという男だとわかり、故人の秘書だったコップ、お抱え弁護士だったシダア、その助手のアンダースンという三人がその田舎町へ出かけてゆくと、ちょうどそこの小さな駅の前で、貨物係の爺さんがそこに積まれた貨物を一つ一つ倉庫に担ぎこんでいるので、幸い、その爺さんにディーズという男の評判を訊ねてみようということになる。その爺さんの描写である。

○貨物置場

三人が上ってくる。

シダア「お早よう」

爺さん「やアお早よう、お揃いですね」

と愛想よく答えて貨物を担いでゆく。

コップ「調子がいいや。これなら見当がつきそうだ」

爺さんが戻ってくる。

シダア「ねえ君、ちょっと物を訊ねたいんだがね、ロングフェロー・ディーズという男を知ってるかい」

爺さん「ディーズ？」

シダア「うん」

爺さん「ああ、知っているともさ、ディーズなら誰だって知ってらあ」

シダア「そうか、じゃアね……」
　爺さんは構わず貨物を担いで去る。
コップ「おかしな奴だな、どうも」
　爺さんはまた戻ってくる。
シダア「大事な用件で会いに来たんだがね」
爺さん「誰にさ」
シダア「ディーズにだよ、誰の話をしてると思ってるんだい」
爺さん「そうか、そうそうディーズのことだね、気さくな人だから面倒なこたあねえ、誰とでも会うよ」
　とまた貨物を担いでゆく。
シダア「こりゃアいかん、ほかの奴にきいた方がよさそうだ」
コップ「いや、大丈夫、今度出て来たら僕がつかまえちまうから、もう一度きいてみたまえ」
　爺さんが戻ってくる。そしてそこにまだ三人が立っているのを見ると、
爺さん「お早よう、お揃いで」
　コップがすかさず爺さんの肩をつかまえる。
コップ「われわれを覚えてるかい、つい今やって来たものだ」
爺さん（いささかあおられて）「ああ覚えてるとも、忘れもしねえ」

コップ「ねえ君、われわれはニューヨークからわざわざそのディーズという男に会いに来たんだ、大事な用件でね」
爺さん（コップの手を押しのけて）「何も手を出すには及ぶめえ、いったいお前さんたちア何がききてえのさ」
コップ「じゃアきくがね、その男はいったいどこに住んでるんだい」
爺さん「誰がさ」
アンダアスン「ロングフェロー・ディーズだよ、家はどこなんだい」
爺さん「なんだ、そんならそうと早くそういやアいいものをさ、回りッくどい人たちだな。じゃ、おれが車で送ってやらあ、早くそういやア手数がかからねえのにな」

○ディーズの家

玄関のドアにノックの音がして、家政婦がドアをあけると、爺さんの案内で三人が訪ねて来ている。
家政婦「おや、いらっしゃいまし」
シダア「ディーズさんはご在宅でしょうか」
家政婦「生憎《あいにく》ただいま公園へバザーの仕度にお出かけになってますけど。消火ポンプを買うためのバザーが開かれるもんですから……（そして爺さんに）お前さんだってディーズさんが公園にいってらっしゃること知ってるはずじゃないの」

爺さん「そりゃ知ってるともさ、でもこの人たちァ家へつれてけッていうんだよ。用件の話はしねえし、どういう考えなんだかおれにァわからねえからな」

と帰ってゆく。

これは、しかし、決してリスキンのすぐれた性格描写の一つとして引用したものではなくて、いわば、端役の描写の一例として手近かにあるものの中から取り出してみたまでのものなのだが、これを見ても、この爺さんがリスキン好みの人物でありながら、しかも飽くまでも爺さん自身の性格として描かれ、その上にリスキン自身が乗り出していないことがわかろう。のみならず、この爺さんの性格を全体の構成の上からみると、こういう一見偏屈とも見える性格がこのマンドレーク・フォールスという田舎町に住む人々の気風の一つとして、主人公ディーズの性格への伏線にもなり、更にまた、この劇の最後の場面の公判廷に証人として登場するやはりその土地生まれの型変わりな老嬢姉妹の性格への伏線にもなっているのである。そこにリスキンがヘクトに比べて、性格描写の上でははるかに細心な注意を払っていることが観取される。とはいっても、私はここでリスキンとヘクトの優劣を論じようなどというのでは決してなく、うっかりすると自分が作中人物の上に乗り移るというそのことが、いかに作家にとって油断のならない陥穽《かんせい》であるかということをいいたいのである。

こういういい方は、あるいは、私がただひたすらに誇張のない平坦な性格描写のみを主張しているかのように誤られる恐れがあるかも知れない。勿論極端な誇張は作家自身がその人物の上に乗り出す結果にもなって、断然私としては賛成できないところだが、しかし、作家は当然、現実における生命以上の生命をその作中人物に与え得るのだし、その点では現実以上にその性格が強調されることも決してとがめるべきではないと私は考えている。ただそこには「生きている人間」としての真実さを超えてはならないという限度がある。そしてその限度は、作家がその作中の人物を作家自身の傀儡《かいらい》とせず、一人一人の人間として凝視することによっておのずから守られるものだといえる。

なおまた、こういういい方は、私が作中人物の性格を終始一貫不変なものと考えているかのようにも誤られるかも知れない。が、それもまた決して私はそういう考え方の上に立ってこのことをいっているのではない。勿論性格は発展もすれば変化もする。それどころかグスタフ・フライタークなどは性格のそういう生成変化にこそ最高の戯曲的生命があるとさえいっているくらいだが、その場合にしてもその発展や変化の間にはその人物として充分うなずけるだけの理由がなければならないわけだし、その理由がその人物自身の理由でなしに、作家が勝手に作り上げて押し付けた理由であってはならないというのである。

性格の発展と変化

性格の生成変化にこそ最高の戯曲的生命があるというフライタークの意見にも関らず、戯曲の場合は、性格のそういう面を扱っているものが古今の例に徴《ちょう》してみても割合に少ないのではないだろうか。もっともこれは私が寡聞なせいかも知れないが、大体において、戯曲では既成の性格間の互いの交渉相克を描いているものが大部分を占めているようである。

では、性格をその発展や変化の面で描いている戯曲にはどういうものがあるだろうか。最も人口に膾炙《かいしゃ》している戯曲の中から拾ってみれば、たとえばマイヤー・フェルスターの『アルト・ハイデルベルク』などがそれであろう。『アルト・ハイデルベルク』は今までにも直接にそれを原作として、さまざまな形で映画化されているものだが、これはザクセン、カールスブルクの古い宮廷内で旧慣と因襲との窮屈な型のなかに押しこめられていた若い公太子がハイデルベルクの大学の一学生として留学することに端を発する五幕の戯曲である。

――ネッカ河に臨む南ドイツの風光明媚なハイデルベルクの大学では、学生たちは本を読むひまにビールを飲み、生活の歓びを歌い、腹の底から大きな声で笑い、そして時には決闘までしてあくなき青春の歓びを満喫している。公太子カール・ハインツはそこで学生組合の一員となり、酒場の娘ケティーとの間に恋も芽生え、やがては深夜学生たちと町中を暴れ回るほどにもなるが、四ヵ月が過ぎた時、突然、老太公危篤の報に接して、再びザクセンの古い宮廷へ帰ることになる。それから二年あまりの月日が過ぎて、今はその国の主権者たるカール・ハインツは、しかし、今もって過ぎし日のハイデルベルクにおける自由奔放な生活が忘れられない。しかも政略のための結婚の日は間近に迫っている。憂鬱でなくて何であろう。と、そこへかつての日、自分が太公の位に即いたら必ず任用してやろうと約束した大学の小使いがその口約を頼みにして訪ねてくる。聞けば今ではハイデルベルクの様子もいろいろと変わり、ケティーも彼が去ったあとは何か元気がなく、そのために酒場の繁昌も昔のようではないという。若い太公の心は怪しく騒いで直ちにハイデルベルクの微行を決意する。心なき結婚式をあげる前に、初恋の娘ケティーと相見ずにはいられなくなったのである。しかし彼が再び訪れたハイデルベルクは既に昔のハイデルベルクではない。顔馴染みの学生たちは四散して、たまたま彼の招宴に応じて出席する者も今は燕尾服に威儀を正して、太公に対する儀礼一片の挨拶をするに過ぎない。かくして彼のあらゆる期待がことごとく裏切られ去ろうとする時、ケティーが町への買物から帰ってくる。しかも彼女は彼を見ると昔のままの喜びの叫びをあげて、昔のままに彼の胸に飛びこみ、温かい懐旧の涙をそそぐ。彼はそこに初めて過ぎし日のハイデルベルクを感じるが、しかしそれももはや返らぬ日の夢にすぎない。彼女はやがてその従兄と結婚すべき娘であり、彼はやがて新しい妃を迎えるべき男である。「ただ二人が愛しあっていたことだけはいつまでも忘れずにいましょう」とケティーはいう。そのケティーの言葉を胸に秘めて彼は心なき結婚の王座へと帰ってゆくのである——。

こんなふうに梗概だけを述べたのではよくわかるまいが、しかし、これだけでも、カールスブルクの古色蒼然たる宮廷内の旧慣と因襲との殻の中に閉じこめられていた公太子カール・ハインツの性格が、ハイデルベルクへの留学によって、初めて一個の自由な青年としての性格にまで発展し、そこに別人のような新鮮さが生み出されていることがわかろう。あとはむしろその変化した性格と周囲との相克の姿を描いているもので、初演以来すでに五十年近くになるこの戯曲がいわば一編の通俗劇たるにすぎないものでありながら、今もって洋の東西を問わず直接間接にしばしば問題にされるのも、その根本の原因は一つの性格が別の形に発展するというその点に魅力があるからだと考えてもよかろう。

イプセンの場合にしても、たとえば『人形の家』のノラなどには確かに性格としての発展の契機が見られるが、他の作品にはあまりそういうことは扱われていないようだし、三十篇からのシェークスピア劇についてみても、変化し発展する性格が扱われているのはほんの数編にすぎないようである。たとえばハムレットの性格描写は勿論それ自体不朽の価値を持ってはいようが、しかし、それは一つの定まった性格の掘り下げであって、発展や変化の面において描かれているものではない。

戯曲にそれが少ないのは、舞台機構というものとの関連において戯曲が当然甘受しなければならない宿命的な形態の上からいって、次第に変化し発展する性格を時間的に跡づけることが比較的困難であるためもあって、結果、それよりもむしろ一つの性格と他の性格との現在的な相克面を描く場合の方が多くなってくるのであろうが、しかし、われわれはある人物がはなはだしくひねくれた性格の持ち主であるという事実を見せられるよりも、いかにして彼がそういう性格を持つようになったかとか、あるいは彼のそういう性格がいかなる経緯を経て緩和されるかという推移変化の跡をたどることの方により以上の興味を感じる場合が決して少なくない。しかもその点、映画は演劇よりも遙かにそういう表現に相応《ふさわ》しい自由な形式を持っているし、事実また、われわれはそういう類の映画をたちどころに幾つかあげることが出来る。特にそれの変わった例として『暗黒街の顔役』“Scarface”（ハワード・ホークス監督）などもその一つであろう。ベン・ヘクトのシナリオによるものだが、いわゆるギャング映画の代表的なものとして問題になった作品である。

——トニーはギャング仲間の大親分コステロの用心棒だが、自分のことはとにかくとしてただ一人の妹チェスカだけは何とかして堅気な女にしてやりたいと考えている。ところがたまたま敵方の親分ロヴォに買収されてコステロを暗殺し、その殊勲によって計らずもロヴォの副親分たるの地位を与えられてみると、彼の野心は忽然として湧きあがり、今度は彼みずからが親分たらんとするの下心を抱くようになる。しかも彼はロヴォの情婦ポピーに心を惹かれ、自分の腕の凄さを見せようがために、南地区を縄張りとする親分オハラを襲ってこれを射殺し、ビール密売の権利をその手に握る。こうしてトニーの名が次第に仲間内に売れてゆくと、彼の野望はますますふくれあがり、ポピーの心もまた彼に向かって動き始める。かくて彼は更に北地区へ向かってもその触手をのばそうとするが、さすがの親分ロヴォも彼のその底知れぬ不逞《ふてい》さには心中おのずから戦慄を覚えないではいられない。が、かねて待望していた機関銃を手に入れたトニーにとっては、もはや天下は無敵であり、ロヴォの命令など一顧にすら値するものではない。彼は全市を銃声と雄叫びの巷と化し、狂気の如く暴れ回って、たちまちにして北地区を掌中におさめる。ポピーの心はますます彼に傾き、ロヴォは秘かに乾分《こぶん》に命じて彼を暗殺させようとする。トニーは危くもその手をのがれ、弟分のリカルドと共に逆にロヴォを襲って、泣き叫んで憐みを乞うロヴォを情け容赦もなく一撃のもとに倒し、そのほとぼりのさめるまで、ポピーを誘って高飛びする。やがて一月ほど過ぎて彼が再び帰ってくる頃には、世論もギャングの跳梁に義憤して、政界には新しい統治者が送られ、ギャングの一掃を目ざしている。トニーの心は勿論それに対して憤然と反発するが、しかしそれにもまして彼を激怒せしめたのは、弟分のリカルドが彼の最愛の妹チェスカと同棲していたことである。彼は直ちにそのアパートを襲って有無《うむ》なくその場にリカルドを射ち倒す。が、その直後チェスカの口から彼女がリカルドに満身の愛情を捧げ、しかも正当な結婚式まで挙げていたという事実を聞かされると、さすがの彼も彼としては初めての深い悔恨の思いに胸を責められる。チェスカはその最愛の夫リカルドの無残な最期に昂奮し、前後を忘れて兄の所行を警察に密告する。欣喜《きんき》した警察は直ちに警官隊を動員して、彼が鉄壁の備えを誇っているアパートを包囲する。チェスカはしかし一時の昂奮から醒めると、さすがに肉親の愛情に目ざめ、彼のアパートに駆けつけてその防戦に加担する。妹の助けを得た以上トニーはもはや千人力である。彼は大言壮語して警官隊に応戦する。が、そのチェスカがやがて敵弾に倒れ、彼ひとりがそこに取り残されると、彼の剛気は一瞬にして挫け、しかも彼が唯一の頼みとする機関銃までが敵弾に打ち砕かれると、その凛然たる意気もたちまち沮喪《そそう》して、彼はただ命惜しさのためにのみその場の危急を脱せんとあせる卑怯者になりさがる。今や彼は一個の怯懦《きょうだ》な鼠賊に等しく、ただ一途に逃れんとのみ焦慮しつつ、ついに警官隊の銃火の下にいぎたなく死んでゆくのである。

これもまたこういう梗概だけではわかりにくいかも知れないが、それにしても、この作品の興味の中心がトニーの性格の発展とその最後における急激な変化とにかかっていることだけはわかろう。

そこで今、性格に対するわれわれの興味の在り方というものを考えてみると、性格自体の発展や変化が中心になって劇的局面が生み出されてゆく場合は、たとえば心理描写に対する興味の在り方と同じように、一つの方向へ向かって、次から次へと加速度的にその興味が増してゆく性質を帯びているものであり、それに対して、既定の性格と性格とがぶつかり合って醸し出される劇的局面への興味は、そこに生み出される事件の種類に従って、次から次へと変化する性質を持っているものだといえる。前者が直線的だとすれば、後者は並列的だといってもよかろう。

ところで、直線的に進む興味というものは、稍々《やや》ともすると単調感を招く恐れがあり、その加速度の度合に余程の考慮工夫が加えられない限り倦怠感を覚えさせる結果に陥りやすい。勿論、次々に変化する並列的な興味というものにも、うっかりすると散漫に流れやすい弊はあるが、それは見た眼の移り変わりによって救われる場合が多分にある。それだけに、性格の変化や発展に取材する場合の描写の方法や環境の選択には、それが単調に陥らないだけの充分な用意が必要だし、全体の構成の上からいっても各シークェンスの選び方に特に細心な工夫が施されることが必要にもなってくる。もっとも、どういう性格にしろその性格だけが他から全く独立して変化したり発展したりするということはあり得ないことだし、ことにシナリオの上では常に他の性格と関連してそれが描かれるわけだから、その点そこに幾分の余裕が生まれることは確かだが、それだけに、ともすると周囲の人物の描写が、ただその中心の人物の性格を際立たせるためのみの材料として粗雑に扱われやすい傾きがある。誰もが陥りがちなことで、誰もが充分に警戒しなければならないことである。

人物の数

チェホフの戯曲『煙草の害について』の登場人物は文字どおりただの一人きりだが、しかしそれははなはだ特殊な例で、普通は、少くとも二人以上の人物が登場するのが劇的構成の常道であり、ことに映画の場合は、それがよほど象徴的な作品でもない限り、人物が二人きりしか登場しないなどということはほとんどないといってもいい。

が、しかし、私がここでいおうとするのは、そういう意味での登場人物の数のことではなくてそれとは別に、いったい、作品の中の各種の人物というものは、どういうふうにして設定され、どういうふうにしてその境遇や性格が決定されるものかという問題である。

一つのストーリーが生まれるためには、テーマを中軸とする幾つかの挿話が互いに因果の連絡を保って一連の形に繋がることが必須の条件であることは、前に、シュークリームに中毒する子供の例をあげて述べた通りだが、今それとは別に、例えば、子供がシュークリームをたべて中毒したという着想だけがあったと仮定してみよう。勿論それだけの事柄の中にも、子供がシュークリームをたべたという原因があり、そのために死んだという結果があって、一応の因果関係が保たれてはいるが、しかし、そこには更に、ではどうしてその子供がシュークリームをたべることになったかというもう一つの原因があるわけであり、それが母親から貰ったのだということになれば、そういう親子の関係というものは彼らをどういう境遇に置くのが一番適切に表現出来るかという問題が生まれ、そこで同時にまたその親子の大体の性格をも決定しなければならないことになってくるわけである。なおひいては、たとえばその親子を囲む隣人たちの境遇や性格というものまでもがそこから決定されてくることにもなろう。そこで更に進んで、その母親がシュークリームなどというものをそう簡単に買えない境遇にあったとすれば、当然それは誰かから貰ったものだということにもなろうし、では誰がそれをくれたのかということになって、そこで彼女がかつて女中奉公をしていた主家というものが考え出されてくることになろう。そしてまたそこから進んで、その主家が下町の老舗であるか山手のお邸《やしき》であるかということにもなって来て、その主家の人々の境遇や性格、並びに彼女のかつての主家における位置、たとえば彼女がただの女中であったか、それとも主家の子供たちの乳母であったかというような関係までが決定されてくるという順序になろう。こうなってくると、ある子供がシュークリームをたべて死んだという着想の表現のために要する登場人物の最低の数と、その登場人物たちの境遇や性格というものがおのずからそこにきまってくるわけである。実際の作品に例をとってみよう。

『安城家の舞踏会』（吉村公三郎氏原案、新藤兼人氏脚本）は、没落する華族階級の最後の姿をこの国自体の傷つき疲れた現実の縮図として、そこから必死に立ちあがろうとする人々の姿を描いているものだが、そこにはまずそのことを表徴するに相応《ふさわ》しい二人の人物が選ばれている。すなわち、一人は古い殻から抜け出して敢然新しい世界へ踏み出してゆこうとしている人物であり、もう一人はその対照としての過去の生活への郷愁から抜けきれず次第に時代の激しさに押されつつ没落への過程をたどろうとする人物である。前者は娘の敦子であり、後者はその父、安城家の当主忠彦である。そしてその二人の対照を一層強調するために、そこには更に別の二人の人物が選ばれる。一人は過去の生活への執拗な執着を抱きながらもなおかつその中から新しい時代への生き方を発見しようと焦慮している人物であり、もう一人は過去の生活にも新しい時代にもさしたる熱意がなくただ刹那《せつな》々々の事情のままに生きている人物で、敦子の姉の昭子とその兄の正彦がそれである。

以上の四人が華族としての没落の最後の段階に立たされて、それをどう切り抜けてゆくかというのがこの作品の構成の基本であり、その基本に従って更に他の人物の境遇や性格が設立されているわけである。まず第一には当主の忠彦がその経済的危機の救いを求める相手が必要になってくる。そしてそのためには、彼が戦時中そこの看板社長に祭りあげられていた会社の現在の社長で、いわゆる新興成金の紳士新川斉三郎なる人物が設定されている。しかも両者の関係を一層密接ならしめるための楔《くさび》として、その新川に娘を設け、それと安城家の長男正彦とを婚約の関係に置く。その上さらに両者の交渉の斡旋《あっせん》役として当主忠彦の弟由利武彦なる人物が設けられる。

次に敦子の立場から考えれば、父が頼みとする新川に誠意を見出し得ない限り、ほかに当面の急を救ってくれる相手を求めるのが当然であり、しかもこの場合プロットのいたずらな混乱を防ぐためには、それを彼女の身辺に近い人物として登場させることが策の得たものだといえよう。そこでかつては安城家のお抱え運転手であり今は運送業に転じて巨万の富を有している遠山庫吉なる人物が設定される。しかも長女昭子の性格を明瞭ならしめるためにはその遠山がかつては彼女に失恋し今なおその愛慕の情を持ちつづけている人物として描かれている。

なおまた長男正彦の性格を明瞭ならしめるための相手としては彼がその情欲の対照として選んでいる小間使いの菊が登場するし、没落の過程に沈湎《ちんめん》する当主忠彦の心境を明瞭ならしめるための相手としてはその愛妾千代や家令の吉田が登場する。

以上でこの作品における登場人物の最低の数が決定したわけで、これらの人物がテーマを中軸として織りなすそれぞれの性格の綾がやがてこの作品全体の風貌を決定するわけである。華族としての最後を記念する舞踏会の蔭には安城家最後のあがきがあり、新川の援助を断られた結果遠山に縋《すが》ってようやくその当面の危機を脱し得たものの、やがては没落の悲運をたどるべき安城家であり、既に老境に達している忠彦としては堪え難い苦悩である。華やかながら心寂しい舞踏会が終って、人々が散り去ったあと、忠彦の心は堪え難い憂愁の底に沈む。

55　客間

敦子、くる。
父の姿は見えない。
急ぎ廊下の方へ――。

56　廊下

人影のない廊下。

57　客間

敦子、くる。
不安な顔で佇む。
と――彼方、広間のベランダから静かに入ってくる忠彦の姿。
忠彦、先代の肖像画を仰いで佇む。
敦子、そのただならぬ様子に、息をつめてそっと寄ってゆく。
忠彦、拳銃を出す。
敦子「お父さま」
忠彦、はっとひるむ時、敦子、駆けて飛びつく。
どっとソファに倒れる二人。
拳銃が忠彦の手を離れて床を滑り、爆発する。
敦子「お父さま！……お父さま！……」
父の胸に顔を押しつけてしがみつき、小さくふるえている敦子。
敦子「死ぬなんて事を！……どうしてこんな事を、お父さま！……」
忠彦「敦子、許してくれ……お父様の生涯は、もう今夜で終わったんだ」

敦子「いいえ、いいえ……これからお父様の新しい生涯が始まるんだわ、ほんとの生活が始まるんだわ」

忠彦、敦子の肩を抱きしめて

忠彦「敦子、お父様はやはり古い人間なんだよ、弱いんだよ……お父様にはもう生きてゆく元気がすっかりなくなったんだよ」

敦子「私がついてるわ……千代さんもいらっしゃるわ……ねえお父様、お元気をお出し遊ばして……みんなでこれから新しい出発をしようじゃございませんか」

父と娘、涙の顔を間近に見交す。

敦子「お父様、ごらん遊ばせ……お祖父様もみていらっしゃるわ」

父と娘、先代の肖像画を仰ぐ。

敦子「ねえ、お父様……お祖父様はわたし達に笑ってらっしゃるようじゃございませんか」

二人を優しく見おろしているような肖像画。

敦子「お父様、踊りましょうか」

忠彦「…………」

敦子「ねえ、踊りましょう」

忠彦「ああ……」

敦子「古い生活も、今夜が最後ですもの……」

見交す微笑。

敦子、傍らの電蓄にレコードをかける。

父と娘、そっと腕を組む。

メロディに二人の足が静かに乗る。

これがこの作品のクライマックスであり、結果としては、あらゆる人物の設定がこの一点の強調のために指向されているのだともいえる。しかし、こういういい方は、稍《やや》ともするとクライマックスを構成する主要な人物とその環境の描写だけが特に慎重を期せられるべきだというふうに誤解されるかも知れない。が、決してそういう意味ではない。そういう誤解を防ぐために、次に人物の設定に関する新藤氏自身の言葉を引用しておこう。

――冷たい眼、あたたかい眼、という風なことは、描いたあとで作家の個性についていわれることで、描く前に対象に向けられる眼は、冷たいとか、あたたかいとか、最初からそれをきめたような只一つの眼ではいけないと思うのです。対象に向けられる作家の眼は人間が持ち得るあらゆる眼がまず向けられなければいけないと思います。冷たく観、静かに落ち着いて観察し、あたたかく観る眼の角度からも充分にうかがい、掌に乗せて眺めるようにこまかな観察を下し、突っ放し、引き寄せ、上から、下から、縦から横から、斜めから――これだけでも充分ではありますまいが――とにかく、ざっとこれくらいの眼が用意され、そこからはじめて、作家の個性に従った表現の眼がきまるのだと思います——。

しかも人物描写のむずかしさは、その性格や環境や相互関係が正確に描かれなければならないばかりでなく、作品全体の均衡の上から見た場合、そこに生じてくる各人物に対して許される描写の量の比率を狂わせることなく、そのそれぞれの適量の中において充分に行われなければならないという点にあろう。

心理の具象化

映画がいくらかでも心理描写に目を向けはじめたのは、歴史的には一九一〇年前後、それまでは場面（シーン）を編集の単位として何よりもまず物語の筋（事件）を伝えることに専念していたが、やがて新しい技法の発見とともに画面（カット）を単位とする編集に切り替えられた結果、そこに物語られる事件のもう一つ奥にある人間そのものの姿を描き得るという自信を持つに至って、必然的に人物の心理——というよりも正しくは感情だが——が追求されることになった時からだといえよう。このことは見方によれば、その時から映画が微かながらそれの芸術としての基礎を固めはじめたのだとも考えられようが、それはとにかくとして、そのころの映画で特にそういう印象を私が強く受けたものに、一九一三年ごろのドイツの作品でラインハルト門下のアレキサンダー・モイッシュが主演したビオスコープ映画『一人息子』“Only Son”と、これもまた一九一三年のD・W・グリフィスの作品でヘンリー・ウォルソールやチャールス・レイなどが主演した『恐しき一夜』"The Avenging Conscience"の二つがある。

勿論その二つとも大正何年というころに公開された古いサイレント映画で、今ではほとんどその梗概さえ忘れてしまったが、なんでも『一人息子』の方にはある長老の一人息子として豊かに育てられた青年が三角関係か何かで相手を殺す場面があり、それが自分の部屋へ逃げ帰って来て、今更ながらその犯した罪の恐しさにおびえていると、窓のカーテンが折柄《おりから》の微風になびいて彼の頰をサーッと撫でる。彼はゾッとしておそるおそる振り返り、慌ててその窓の隙間をしめる。と今度は入口のドアの下から何か白い小さな紙きれが差しこまれる。彼はまたも固唾をのんで、おびえきった顔でそれを見守る。ドアの外では郵便配達夫が彼宛の郵便を差し入れている。というように、今から見れば幼稚だともいわれようが、ともかくもカーテンとか郵便とかいうものによって彼の恐怖感をはっきり具体化している描写が当時としてはまことに印象的であったし、『恐しき一夜』の方では、これも殺人か何かの嫌疑でヘンリー・ウォルソールの扮する男が刑事の取り調べを受ける場面があり、頑強に黙りこんで容易に口を割らない彼に対して刑事は根気よく訊問をつづけながら、手にした鉛筆の先で絶えずコツコツコツと無心に机の端を叩いている。彼は次第にその音が気になってくる。コツコツコツコツと刑事はしかしそれが癖のように叩きつづける。彼はだんだんイライラしてきて膝頭においた手が慄《ふる》えてくる。頰の筋肉がピクピクと痙攣してくる。そしてついに堪えきれなくなって、その叩くのをやめてくれと叫び、それが動機で一切を自白する。というように、これまた鉛筆の音（といってもサイレント作品のことで実際の音は聞こえないのだが）によって具象化された心理描写として、それまでの映画にはあまり見られなかった手法であった。

ところで、心理の具象化ということの問題は映画が声を持つようになった現在においては、更に一層慎重に考えなければならないものだと私は思う。勿論、何らかの意味での心理の裏づけのない人間の行為や言葉というものは考えられないし、厳密にいえば人間の言動のすべてが結局は心理を具象化しているものだともいえようが、そういう考え方は、しかし、映画に関する限りはなはだ危険を招きやすい。今までにも繰り返して述べて来たように映画はその本来の性質からいっても豊かな視覚性を保有すべきもので、かつて一九二七、八、九年のころ、映画が初めて「声」を持った当時、それがその「声」のために、それまでのサイレント時代に獲得した具象化の技術を根底から動揺せしめられ、加うるに不慣れな機械操作に災いされて、結果は流動感を失って極端な「声」の氾濫を招き、一時はそのまま窒息してしまうかに見えたことがあったが、その事実こそその間の微妙な関係を物語ってあまりあるものだといえよう。ルネ・クレールは一九三二年、彼のトーキーの第四作『巴里祭』“14 Juillet”を完成した直後、次のように語っている。

――トーキーは行き詰まっている。その最大の原因はフィルム化された演劇の流行である。演劇の場合はその動作が当然台詞の中に含まれるから、われわれは人物の語る言葉を聞きながら劇の進行を追ってゆく。しかし映画の場合にわれわれに示されるものは動作そのものが主で、言葉はその動作の説明に必要な一つの補助として使われるべきものである。それについて私は次のようにいったことがある。本当の演劇に接する盲と本当の映画に接する聾と、この二人はそこに表現されるものの重要な一部分を失うに違いないが、しかし決してそのために本質的なものまで失いはしない——

クレールのこの言葉には幾分の誇張が感じられないでもないが、しかし映画が視覚に訴えることをもって第一とすべきだと主張している点は全く正しいといえよう。そういう意味で、人物の心理の動きもまた能うかぎり具象化されるべきだと私は考えるのである。

たとえば、これは演劇の場合の話だが、新関良三氏の『舞台芸術の心理』という文章のなかに次のような例があげられている。ある夫婦が何かの原因で激しく口論した末に、夫は家を出て行ってしまい、あとに残った妻もまた夫への愛情を感じられなくなってきて、もしそこに誘惑の手でものびればたちまちそれに誘いこまれそうな気持ちになるというような場面を演じる場合、もし彼女の昂奮が次第に落ちついてくるという経過をたどるだけならば、その演技はそれほど困難なものではあるまい。すなわち、初め彼女は昂奮した足どりで室内を歩き回り、それから何かに倚《よ》りかかって立ち止まる。そして凝然と眼を据えて考える。それだけの動作でも一応の心の動きは表現されようが、しかしそれだけではまだ彼女の心が誘惑に乗るまでに推移して来ていることの正しい表現だとはいいきれない。となると、そこにはその上のどういう描写が必要なのであろうか。そこで新関氏はフロイドの『日常の精神病理』という著書のなかにある実例を引いて、イタリアの名女優エレオノア・デューゼがそういう場合の心的経過を舞台でどういうふうに表現したかについて次のように述べている。

――デューゼはその時こういう演じ方をした。すなわち、彼女は結婚の指輪を神経的に弄《もてあそ》んだ。抜いてみたり、また、はめてみたり、指のまわりをくるくると回してみたり、（中略）その人物自身は何も今なしつつある動作と結びついた故意を自覚しているのではない。その発作的な動作が自分の目下の事情とどう関係しているのか少しも自分では悟っていない。しかし観客からいうと、その人物の意識せざる動作をかえってその心的経過の重要な徴候として認めることができる。すなわち舞台の上の人物自身よりも観客の方がより多く知っていることになる。ここが演劇のねらいどころの大きな一つである――

こういう場合の心理の具象化の問題は、映画の場合においても変わりはない。というよりも、この場合のデューゼの演技はむしろ演劇的である以上に映画的であるともいえようし、たとえば『一人息子』の場合の心理表現の方法と一脈通じているものがあるともいえよう。すなわち、人物が一人きりで他の人物との交渉を持たずにその心理が具象化される場合の例である。

心理は、しかし、人物間の相克的な対立の間にも具象化される。『恐しき一夜』のような場合がそれで、その方法が一層複雑な形をとると、劇的局面と心理の具象化とを同時に発展させ得ることになる。次にあげるのは黒沢明氏と植草圭之助氏との共作になる『酔いどれ天使』の一節だが、松永というのは闇市に顔をきかせている街のギャングで、ある折にその街に住む狷介不羈《けんかいふき》な町医師真田から肺結核の宣告を受け、内心激しい不安に襲われながらも、それをおもてに現わすことは日頃の彼の自負心がゆるさず、ことさらに平静を装って相変らずの不摂生をつづけているうちに、次第に自覚症状が昂進してくる。場面はある雨の日の真田医院の診室である。

「はい、次（と振り返る）」

入口に松永が立っている。

真田「（フンという顔になり）なんだお前か」

松永もフンという顔をする。

真田「何しに来た、仏頂面しやがって……」

松永「（黙って突立っている）」

真田「フン……大方、自覚症状でも出て来たんだろう、まアここへ来てかけて見ろ、熱でも出るのか？」

松永「熱なんか出るかって……ほら……この通り身体はピンピンだ」

真田「じゃ、何しに来たんだ？」

松永「（肩をすくめて馬鹿にしたように）雨が降ってしんき臭えから、お前の可笑しなツラ肴に一杯やりにゆこうと思ってな」

真田「よせよせ、可哀そうな野郎だ……。どうしてそう素直になれねえんだ」

松永「なんだと」

真田「フフフフフ、病気が怖いんだろう」

松永「(何かいいかける)」

真田(それにおっかぶせて怒鳴る)「馬鹿ッ……俺ア お前が病気を怖がってるのを笑ってるんじゃねえぞ。怖いものを怖がるのは当り前だ。……それを恥かしがる手前の根性が可笑しいんだ。お前達アそれが勇気だと思ってやがる。……フン……俺に云わせりゃお前達くらい臆病者はないよ」

松永「なに!」

真田「フン……じゃ何故こけおどかしにイレズミしたり、隠語つかったり衣紋竹《えもんだけ》背負ったように突っ張って歩かなきゃなンねえンだ。……ヘン……自分で自分が頼れねえからじゃねえか。おれにゃそんなハッタリは利かないよ」

松永「こ、こいつ!」

真田「フン……お前なんかより、いま出てったあの小さな女の子の方がどれだけドショウ骨があるかわからねえ。……あの子はな、病気と面と向かってしゃんとしてらあ。……お前と来たらそんな勇気はこれっぱかしもねえ。……暗闇を目をつぶって駆けぬけるって口さ」

松永「えいッ、畜生!」

真田「何をする!」

物音に美代が飛んでくる。

この場合、鉛筆で机を叩いているのは真田であり、弱点を衝く彼の言葉によって松永の焦燥感が一層掻きたてられ、その人間としての心の弱さがそれとは逆な怒りの形で爆発するというこの具象的な描写は、その根本において『恐しき一夜』の場合と変わりはない。

しかし、心理は必ずしも右にあげた二、三の例のように当面の人物の言動そのものを描写することのみをもって具象化されるものとは限らない。

——旧作『母』において、私は、心理的表現を、俳優に依らずにモンタージュによって示そうと試みた。牢獄につながれている息子が、突然、翌日救出される旨の密書を渡される。そこで重要なことはその喜びの表現を映画的に示すことである。喜びに昂奮した顔の実写だけでは効果がなかろう。そこで私は両手の動きと、笑っている口、すなわち顔の下半分を大写で示し、それ等の画面を次のような種々な画面とモンタージュした。奔流する春の小川、水面に燦《きら》めく日光の戯れ、養魚池に羽搏《はばた》く水禽《すいきん》、最後に、笑っている子供。そしてこれによって私は囚人の喜びの表現を果たすことができた——

これは例の「映画芸術の基礎はモンタージュである」と主張したプドフキンの実験報告の一節だが、これもまた心理を具象化する一つの方法であろう。もっともしかし、ここに例証されている方法それ自体は、どっちかといえば、シナリオの領分というよりもむしろ編集上のことに属すべきもので、その点、N・ザールヒイのシナリオ『母』（八住利雄氏訳）のその部分をみてもただ次のように描かれているにすぎない。

看守は去って行った。

パーシカは手をあげ、注意深く、畳んだ紙片をひろげる。扉に背をむけて読みはじめる。

「デモは十一時に牢獄へ来る。それは散歩の時間だ。騒擾《そうじょう》の間を利用せよ。右側の壁際に点燈夫の梯子があり、その横の角に橇《そり》がある……」

パーシカは読み終わった。訪れた希望に全身がふるえ、興奮を抑えることが出来ない……。うれしくて堪らないような動作……。

と、急にパーシカは歌いはじめた。大きな声で、晴れ晴れと、興奮して……。

心が昂揚し、用心を忘れて、パーシカは歌う。

廊下にいた看守がその歌を聞きつけた。

耳をそばだてた。……パーシカの独房へ近づいていった。


シナリオでのこういう記述がプドフキンをして前記のようなモンタージュを案出せしめたわけなのだが、しかし、そこに挿入されている春の小川とかその水面に燦めく陽光とかいうものは、突如としてその部分だけに現れているのではなくて、この牢獄を中心とするシークェンスの最初の部分がそう

いう風景描写から始められていて、シナリオの上でも、

春が返ってきた、日の光に雪がとけ、小さい流れとなって駆け出した。

凍りついた川面は、出口を求める水に攻められて今にも割れそうである——**数カット。**


と記されているその描写がこの場合の人物の心理の具象化にまで関連を持たされているわけである。

これはしかし、必ずしも編集の領分のみに限られている具象化の方法ではなく、シナリオの場合においてもまた環境の描写が直ちに人物の心理の具象化に役立つことは、既に幾つもの実例がそれを証明している。次にあげるのは内田百間氏の随筆を八田尚之氏が脚本化した『頬白先生』(阿部豊氏監督)のラスト・シーンだが、主人公の青路法二郎は性格的に相容れない妻君と別居して、ひとり悠然と清閑を楽しみながら、その一方では高利貸になやまされている大学教授であり、そういう彼が周囲の俗情から一応超脱して、最後にその清貧の友を訪ねるというのがこの場面である。従ってこれは環境の雰囲気描写がそのまま人物の心境の象徴にもなっている場合の例であり、下水に映る月の光は同時にまたそれが主人公の現在の心境でもある。

○杉原勾当の家

青路が一升瓶を抱えて佗しそうにくる。

○座敷

琴の二重奏がきこえる。

青路は弾奏の邪魔にならないように静かに入る。


すでに暗いが電燈はついていない。

青路、くる。

杉原勾当と川崎竜介（註、二人とも盲人である）が一心に弾いている。青路は電燈をそっとつけようとスイッチを捻《ひね》るがつかない。

一隅にランプがぽつんとある。青路はランプをともして部屋を見回す。柱時計は姿を消し、道具らしいものは一つもなくなっている。ただ勾当と竜介は琴の調べに陶酔している。

青路はじっと二人の弾奏を聞く。

絶妙の音律……。

神々しいような盲人ふたりの弾奏ぶり。

青路は粛然と聴いているが、ランプを吹き消して、盲人のように瞼を閉じて聴く。

弾奏する二名匠……。

消えている電燈。

二名匠の音律に酔っている姿。

○空

雲は流れて月の姿。

○地上

汚い下水も、庭の隅の濁り水も、月光を反映して不思議な美しさである。

○座敷

月光を浴びて音律の世界に遊ぶ二盲人、瞼を閉じて音律に酔う青路……。超現実的な光が交錯する。

なお、最後に、もう一つ、いかに環境の描写が心理の具象化に役立つかということの一例として、植草氏の『素晴らしき日曜日』の一節を引用させてもらおう。ある日曜日の一日を仲よく楽しもうとした恋人同志が行く先々でことごとくその期待を裏切られ、雨にまで降られて、男のアパートへ引きあげてくる、その部分の描写である。

雄造（熱情的になって来て）「昌ちゃん！　ぼくには君だけなんだぜ……温かいものは。……君ひとりだけなんだ……」

昌子「…………」

心搏《う》たれて凝《じ》っと聞いている。

パシャン（洗面器の中に雨漏りの雫）

雄造（衝動的に）「昌ちゃん！」

昌子「…………」

雄造「…………」

昌子、雄造の熱情にぐっと惹き入れられるが、雄造の眼をみてはっと退く。

雄造、つと立って扉のところへゆきガチャガチャと鍵を鍵穴に差しこむ。昌子、本能的な怖れで扉のところへ飛んでゆき、雄造の手に縋《すが》りついて

昌子「いや、いや、いやよ、いや、いや！」

雄造、硬ばった顔で昌子をつき戻そうとするが、昌子の真剣さに気押されて、

雄造「ちぇッ！　お嬢さんだな、いつまでも……」

昌子「（固い顔で）……帰る、あたし……」

雄造「フン……これでおしまいか……」

昌子、身体を固くしたままで出てゆく。

雄造はそれに背中を向けて白々とした顔で部屋の真中に突立っている。

扉のしまる音。

うつろな雄造の顔。

パシャン——洗面器へ落ちる雨漏り。張出棚の上の枯れ朽ちた植木鉢が冷たい雨に打たれ

ている。
雄造、唇を噛むと、いきなり足元に忘れられて行った昌子のハンドバッグを蹴飛ばす。
そして、薬かんの水を立ったままごくごく呑んで、部屋の真中に大の字に寝そべる。
じっと天井を睨んでいる。
パシャン。
その顔に雨漏りの水滴がかかる。
雄造、急に立上ると扉の方へツカツカとゆく。
把手を掴む。しかしそのまま何かひん曲ったような表情を浮べて考えこんでしまう。
パシャン。
雄造、檻の中の獣のように、狭い部屋をウロウロ歩く。
パシャン——パシャン——。
ふと、一方を見て立ち止まる。
部屋の片隅に口を開けてころがっているハンドバッグ。
その口から転げ出ている小さな熊の縫いぐるみ。
何か胸をつかれた思いでそれを見つめている雄造の顔。
パシャン——。
雄造、それを手にとってじっと見ている。

大きな掌の中の小さな熊の玩具。

雄造、その子供っぽい熊の玩具を見ているうちに、何かたまらなく昌子がいじらしくなってくる。

パシャン――パシャン――。

小熊を見つめたまま凝っと動かない雄造。

パシャン――パシャン――。

雄造、小熊をハンドバッグに返すとそっと机の上におく。

扉のあく音。

雄造、ふっと見る。

真青な顔の昌子が入ってくる。

昌子、震える手で扉の鍵穴に差し込まれたままになっている鍵をカチカチとかける。悲痛な顔――。

抜き取った鍵を握りしめ雄造の顔を瞶《みつ》める。

雄造、何か言おうとするが、ただならぬ昌子の面持に言葉もなく見まもる。

凝っと雄造を瞶めている昌子の顔。

昌子、泣きながらレインコートのボタンをはずしはじめる。

雄造、茫然と昌子のすることを見まもっていたが、昌子のその真意を感じると、はげしく

心を搏たれた面持で

雄造「昌子ちゃん……いいんだ……わかった……ばかだな、いいんだよ……いいんだよ……」

真蒼になってガタガタ慄えている昌子。

これもまたその描写が幾分シナリオの領域を越えて演出の分野にまで侵入している傾きがないとはいえないが、しかしそれはそれとして、この中に取り入れられている扉の鍵とか雨漏りの雫とかハンドバッグとか熊の縫いぐるみとかいうものが、いかにその時その時の人物の心理の過程を具象化することに役立っているか、しかも、そう考えてくると、女がレインコートのボタンをはずすという一つの簡単な動作までがいかに彼女のその場における悲壮な決意を具象化しているか、そしてそれがまたいかに台詞によって表現される以上の強い印象を与えているか、等々に思い至ることが出来よう。勿論、しかし、こういったからといって、何もかもをことごとく具象化すべきだというのではない。稍々《やや》ともすれば具象化の効果を忘れて一切を台詞に託しがちになる傾向を、ここでもまた充分に反省すべきだと私はいいたいのである。

本当の映画に接する聾者《ろうしゃ》が、スクリーンからの「声」を聞き得ないために、そこに表現されるものの重要な一部を失うにしても、決してそのために映画としての本質的なものまでも見失いはしないというクレールの言葉は、充分に味わうべきである。それが映画と演劇との最も根本的な相異でもあるし、同時にまた、そのことさえはっきり認識していれば、シナリオがいたずらに場面数の多い戯曲と同じものになるなどという心配もないといえよう。

結論

以上本書に集録したものは、いわばシナリオの基礎的常識に関する部分であり、盲人象を探るの例えに倣えば、ようやくシナリオという巨大な象の胴体を探りあてたというくらいのところであろう。シナリオの真のむずかしさはむしろこれからさきにある。

いうまでもなく、シナリオは単なる技術だけでは割り切れないものがある。と同時にまた、いかに作家の人生探究の精神が真摯苛烈であろうとも、それだけでも決して割り切れるものではない。

そういう意味からいえば、シナリオの作家は、人生探究の面においては新鮮孤高な直観力を持つ芸術家であり、その作品処理の点においては冷静水のごとき判断力を持つ技術家でなければならないともいえよう。

シナリオの問題は現在においてさえ山積《さんせき》している。将来、それがいかに進むべきかに関しては、映画そのものの方向に予断が許されないのと同様に、到底、軽々に決定されるべきものではない。はっきりいえることは、それが常に新鮮にして真実な境地を孜々《しし》として開拓しつつ進まなければならないということだけである。

前にも述べたように、映画がその芸術への道を発見したのは、まだわずかに三十年ほどの昔である。

いい換えれば、その時期において映画はやっとシナリオの重要さを発見したのだともいえる。そのようにシナリオは若いのである。まだまだ固定した理論に支配されるような時期ではないし、また、固定した理論などがあるべきはずの時期でもない。

そういう意味からいっても私は決してシナリオの理論を固定させようなどというのではない。いわばこれは私としてのシナリオ探究の記録の一部である。私はさらにシナリオの各般に関して私の貧しい探究をつづけてゆきたいと思っている。主役、脇役、敵役、三枚目などという人物の分類上の位置に関する問題、台詞や環境描写や「時間」に関する問題、伏線、枷《かせ》、省略、反復、サスペンス、ギャグなどという各種の技巧に関する問題、等々、考え方によってそういう技術的な問題こそむしろシナリオそのものの在り方に直結するものだともいえようし、私のこの貧しい著作もそういう各般の技術の探究と併せて初めてまっとうされるべきものだと考えている。

従ってこの書はこの書だけをもって終るべきものではない。

あとがき

たしか終戦の翌年だったと思う。なんでも大へん寒い雪の日であったことをおぼえている。僕は小川記正君に招かれて芝浦のある家へいった。

小川君と僕とは、むかし撮影所が蒲田にあったころからの古い仲間だし、席上には三村伸太郎君や八木保太郎君の顔も見え、ほかに八住利雄君や小国英雄君なども来るはずだという話だった。

そこでの小川君の相談というのは、戦争で荒された日本の映画界をたてなおす運動の一つとして、シナリオ専門の雑誌を出し、それを一つの連絡機関としてシナリオ作家全体の交流を図るようにしてはどうだろうかということだった。もちろんみんな賛成だったし、招かれたその芝浦の家というのも実は日本橋のある出版社の主人の別宅だったことがあとでわかった。

そんなわけでその年の六月だったかに、初めて『シナリオ』という雑誌が出ることになったのだが、その時分、僕はひどい胃潰瘍で、このままだと三年目ぐらいには癌になりますよなどとおどかされ、本業のシナリオの仕事も出来ず、一方、小川君からの強引な懇請《こんせい》もあって、半分は毎日の退屈しのぎに、シナリオ随想といったようなものをその雑誌に連載することになった。

そして第一巻第一号のための最初の原稿を小川君に送って、やがて雑誌が出たのを見ると、それに「シナリオ方法論」というういかめしい題がついていた。小川君が勝手に変えてしまったのである。しかし、それだと少し意味もちがうし、困ったなとは思ったのだが、この方がいいよ、大丈夫だよ、という小川君の強引な頑張りにその時もまた押しまくられてしまった。

そんなわけで、僕がこんなものを書くことになった因《もと》はといえば、僕自身の胃潰瘍と小川君の強引さだったのだが、それよりもっと直接に僕の気持ちが動かされたのは、その前から何かにつけてしきりに僕にそれをすすめていてくだすった城戸さんの鞭撻によるところが少なくない。蒲田から大船へと二つの時期にまたがっての撮影所長だった城戸さんは、所長であると同時に、常に僕たちに映画論や脚本論を吹きかけてくる頑強な議論相手でもあった。いまもってそうである。

ま、とにかく、そんなわけで、その雑誌が今やシナリオ作家協会の機関誌になった現在でも、僕はまだそのままの題でずっと書きつづけているのだが、昭和二十三年の秋、その前半の部分を一つにまとめて出版したのが前著『シナリオ方法論』であったのである。その時も書名だけはなんとか変えたいと思ったのだが、当時の困難な出版事情のなかで、ともかくも僕のいろんなわがままを通させてくれた小川君の厚意に対して、またもや甘んじてその強引さに押されてしまったわけであった。

ところが今度、宝文館から『シナリオ方法論』を再出版したいという話があり、今度は小川君の手を離れることになったので、書名も遠慮なく変えていいことになり、ごらんのとおりにしたわけである。

もっとも、多少手も入れたし、数十枚書きたしもした。というのは、映画の歩みが速くて、前のままでは説明不足になるような箇所が相当に出てきたからである。

なお、前著の書名を見て、シナリオを方法で書かれてはやりきれないと言った批評家があると聞いたが、あえて弁解するまでもなく、僕がこの著書のなかで一番強調しようとしていることは、シナリオには一定の方法などあるべきでないということだぐらいは、よく読んでもらえば誰にだってわかってもらえると思う。

今度の出版にあたっては、宝文館編集部の藤田辰雄君に大へんお世話になった。感謝に堪えない。

昭和二十七年六月

著者

シナリオ用語

アイデア（Idea）着想。狙い。思いつき。P. 140 参照。

アイリス・イン（Iris In ＝略符 I, I）画面内の任意な一点を中心として丸く（あるいは任意の形に）拡大しつつ映し出す技法。その反対がアイリス・アウト（略符 I. O）である。P. 89 参照。

アクション（Action）演技者の動作。“Action!”という場合は「用意、始め！」の「始め！」にあたる。

アダプテーション（Adaptation）小説や戯曲を映画的に「潤色」すること。従ってそれらの原作のストーリーやプロットを、単に映画化に適するように仕組み変えるだけの場合もアダプテーションというし、またそれを脚色する場合もアダプテーションという。“Scenario by”とか“Screenplay by”などという場合より意味が広い。

アップ（Close-up の俗称）P. 92 参照。

アトモスフィア（Atmosphere）雰囲気。通り抜け程度の人物のことをそう呼ぶ場合もある。

アフター・レコーディング（After Recording）初めにサイレントで撮影しておいて、後から声や音を録音すること。俗にアフレコともいっている。

アレンジ（Arrange）小説とか戯曲とか、あるいは自分の着想とかを、一応映画的に整理按配してみる時にこの言葉を使う。あらかじめ大雑把に取捨選択してみる場合に「アレンジする」という。

アングル（Angle）キャメラの角度。

イメージ（Image）映像、画面の意味に用いる場合もある。

インサート（Insert）挿入画面。P. 96 参照。

イントロダクション（Introduction）劇の導入部。発端。P. 196、P. 200 ～ 207 参照。

イーストマン（Eastmann）一八八六年に世界で初めて柔軟なセルロイド・フィルムを作った人、ジョージ・イーストマン。しかし現在ではフィルムそのものの名称になっている。世界的に優秀なフィルムである。

ウイット（Wit）機智。頓智。

エロキューション（Elocution）セリフの抑揚。発声法。

エピソード（Episode）挿話。各シークェンスの含む断片的なストーリーのこと。

エディター（Editor）編集者、すなわち、撮影されたフィルムを台本に従って一貫した内容に編集する人。

エフェクト（Effect）効果。主として画面外の音響効果のことをいう。

オープン・セット（Open-Set）屋外に作られる舞台装置。

オーヴァラップ（Overlap ＝略符 O. L）一つの画面の終わりを、次の画面の初めに重ね合わせながら、軟らかく場面を繋いでゆく技法。俗に「ダブる」ともいう。P. 90 参照。

オリジナリティ（Originality）独創性。P. 39 ～ 41 参照。

オリジナル・シナリオ（Original Scenario）創作シナリオ。文芸作品などに原作を借りない「書きおろしシナリオ」のこと。

カタストロフ（Catastrophe）破局。大詰。主として悲劇的なものの場所に用いる。P. 198、P. 242 ～ 255 参照。

カット（Cut）撮影されたフィルムの断片。P. 94 参照。

カット・イン（Cut in）一つ画面へ他の画面を切りこむこと。P. 97 参照。

カット・バック（Cut Back）切り返し。たとえば追っ駆けの場合などで、一つの場面と他の場面とを幾度も交互に切り返してゆくこと。P. 94 参照。

逆回転　高い塀に後ろ向きで飛び上がったりするトリック撮影の技法。

ギャグ（Gag）場当りの笑いを呼ぶセリフや動作。特にそういうことを専門に考案する役を受け持つ者をギャグ・マン（Gag-man）という。

クイック・モーション（Quick Motion）低速度撮影による画面の効果は、すべての動きがたいへん速くなるので、笑劇の追っ駆けなどに用いられる。

クライマックス（Climax）劇の最高潮点。P. 198、P. 231 ～ 242 参照。

クランク（Crank）カメラの把手。転じてクランク・インといえば撮影開始、クランク・アップといえば撮影終了のこと。

クライシス（Crisis）劇的危機。クライマックスの一歩手前である。P. 198、P. 224〜230参照。

コスチューム・プレイ（Costume Play）衣裳の豪華さを売りものにしている劇。主として歴史劇に多い。邦画では「源氏物語」などもそれであろう。

コンストラクション（Construction）構成。組み立て。P. 165〜174参照。

コンティニュイティ（Continuity）演出台本。すなわち、シナリオに基づいて作られる現場用の演出覚書である。普通には、出来あがる映画と同じ手順が文字か略画かでメモされている。従ってそれがしっかりしていない限り、出来上る作品も悪いということになる。略してコンテともいう。

サスペンス（Suspense）劇的危惧感。すなわち観客に不安な感じを抱かせながら劇を進行させてゆく技法である。

サブ・タイトル（Sub-Title＝略符S. T）説明字幕。すなわち、画面の持つ意味を更に補足説明するための字幕のことである。

シークェンス（Sequence）一節二節という場合の「節」にあたる。一連のストーリーの中で、一挿話としてまとまっている部分のことである。P. 167参照。

シーン・ナンバー（Scene number）場面番号。実際の撮影にあたっての利便のためにシナリオの場面を追って順々に付ける番号。十巻前後のものになると大体シーン・ナンバーは百を越える。

シチュエーション（Situation）劇的事件の起こる局面。または境遇。それには大体三十六通りの場合があるといわれている。P. 138 ~ 140 参照。

シネマトゥルギー（Cinematurgie）映画劇の作法。

シノプシス（Synnopsis）梗概。荒筋。簡単に書かれたストーリー。

ジャンル（Genre）部門。種属。類。

ショット（Shot）撮影すること。従って映画の場合のショットは、一カットと同意義に用いられる場合があるが、しかし厳密にいえば、一ショットとして撮影されたフィルムでも、それを二つに切れば二カットになり、三つに切れば三カットになる。そこにショットとカットの違いがあるわけである。

シルエット（Silhouette）影絵。

シンクロナイズ（Synchronize）同時性を持つということ。

スーパー・インポーズ（Super-Impoes）画面に文字を焼き付けること。

スクリーン・プロセス（Screen Process）特殊な透過スクリーンに映画を映しその映画の前で行われる演技を撮影する技法。自動車や汽車の窓外の風景などは、現在このトリックによる場合が多い。

スタッフ（Staff）何々組という場合の「組」のこと。

ストラッグル（Struggle）争闘。葛藤。葛藤がなければ劇は成立しないといわれている。P. 219 ~

224参照。

スペクタクル（Spectacle）大景観。つまり、大宴会、大群衆、大火災、大雪崩、大地震、大暴風雨、大戦闘、等々、すべて大という字のつくようなスケールの大きい場面のことである。一番初めにそれを映画でやり出したのは「ポンペイ最後の日」「カビリア」などイタリアの歴史映画である。

スラップスティック（Slap-stick）ドタバタ喜劇。もちろんファルスの一種である。

スリル（Thrill）戦慄感とか恐怖感とかいう意味だが、作劇用語としては、例えば、列車の衝突とか、断崖上での格闘とか、いうようないわゆる手に汗を握らせるような技法のことである。

スリラー（Thriller）サスペンスを中心の技法として、観客の心理的な追求に訴えようとする劇の総称で、今次の大戦末期からアメリカで流行しはじめたものである。

スロー・モーション（Slow Motion）高速度撮影によるもので、実際の動きは大へん緩慢になるのでそれが夢とか喜劇の場合などに応用される。

セミ・ドキュメンタリー（Semi-Documentary）記録映画的な手法を取り入れた劇映画。「裸の町」などがその代表的なものである。

ソフィスティケーション（Sophisticatin）都会的なモダニズムの遊戯感情とでもいえばいいのだろうか。映画としては一九二四年ごろからエルンスト・ルビッチが好んでやりはじめた一傾向である。マンキーウィッツの「三人の妻への手紙」などもそれに属する。

ダーク・ステージ（Dark Stage）サイレント時代は、屋内撮影の場合も天然光線を主要な光源にしていたが、トーキーになってからの屋内撮影は、ほとんど人工光線だけを光源とするようになったので、現在、ステージといえば、どれも真っ暗なダーク・ステージになったわけである。

ダイアローグ（Dialogue）セリフには、対話、独白、傍白など、種々あるが、その中での対話、すなわち問答体のセリフのことである。

ダイアローグ・ライター（Dialogue writer）シナリオの中のセリフだけ書く人。アメリカやフランスではそれが分業的に行われているが、日本には現在まだない。

ダブル・エクスポージャー（Double Exposure）二重露出。幻想または幽霊の出現などに用いる技法。これも俗に「ダブる」という。P. 90参照。

テーマ（Theme）主題。P. 140～145参照。

テクニック（Technic）手法、技法。あるいは専門語の意。

ディゾルブ（Disolve＝略符DIS）現在ではオーバーラップと同じ意味に用いているが、その場合、正しくはDisolve intoというべきで、単にDisolveという場合はFadeと同じ意味である。事実かつてはFade inをDisolve inと書いていたこともある。P. 90参照。

テンポ（Tempo）速度感。P. 223参照。

ディテール（Detail）細部。

トーン（Tone）調子。音調。色調。

ト書き　シナリオの中でいわゆる「地の文」と呼ばれている部分。

ドキュメンタリー・フィルム（Documentary-film）記録映画。

止め写し（Stop-Motion）画面の人物や物体が、一瞬にして消えたり現れたりするトリック撮影。昔、忍術映画などに用いられた。P. 86 参照。

トラック・アップ（Truck Up）カメラを被写体に向かって前進させる撮影法のこと。反対の場合はトラック・バック（Truck Back）という。P. 90 参照。

ナラタージュ（Naratage）naration と montage を一つにした新造語で、説明態のセリフと共にその画面が現れる技法のことである。従って時間的には急に場面が昔に戻ったりする。P. 214 参照。

ネガティブ（Negative）陰画、すなわち原板のこと。略称ネガ。

バイプレーヤー（Byplayer）脇役。助演俳優。

バーズ・アイ・ヴュー（Birds-eye-view）高所から見下した俯瞰撮影。

バック・グラウンド（Back Ground）背景。

パノラマ（Panorama ＝ Panoramic view ＝略称 Pan）カメラの軸を固定させて、方向だけを上下左右など任意に動かして撮影する技法。それぞれ、パン・アップとかパン・ダウンなどといっている。P. 90 参照。

パントマイム（Pantomime）黙劇。無言劇。

ファルス（Farse）笑劇。にわか芝居。茶番狂言。

ファースト・シーン（First Scene）トップ・タイトルが終わってからの最初の場面。P. 207～218参照。

ファンタジー（Fantasy）幻想劇。夢幻劇。

フィーチャー（Feature）だいたい八巻以上程度の長い作品のこと。

フェイド・イン（Fade-in＝略符F. I.）溶明。画面を次第に明るく写し出してゆくカメラの技法。その反対がフェイド・アウト（Fade-out＝略符F. O.）溶暗。P. 89参照。

フラッシュ・バック（Flash Back）長くても二、三尺以下の短いカットの切り返し。八コマとか五コマとかのコマ数で切り返してゆく場合もあるP. 94参照。

フレーム・アウト（Flame out）画面外へ切れてしまうこと。

プログラム・ピクチャー（Program-Picture）六、七巻ぐらいまでの作品のこと、つまり内容的にもプログラムを埋める程度の作品のことである。

プロデューサー（Producer）製作担当者。映画製作の企画面、製作事務、経済面などを代表して担当する人。大プロデューサーとしてはイギリスのランクとかアメリカのザナックなどがそれだが、日本では実際には仕事の範囲が大分小さい。

プロローグ（Prologue）序曲、序詞。その反対はエピローグ（終曲）。

ペーソス（Pathos）哀愁感。ホロリとするような感じ。

ポジティヴ（Positive）陽画。すなわち原板から焼き付けられたフィルム。一般に公開されるのはこのフィルムである。

本読み　シナリオが完成していよいよ撮影が開始されるに先立って、関係者一同が一堂に会して読み合わせをし、打合わせをすること。もとは演劇の方から来た言葉である。

メイン・タイトル（Main Title）映画の最初に出る題名、スタッフ、配役などを記した字幕。トップ・タイトル（Top-title）ともいう。

メロドラマ（Melodrama）性格の追求よりも筋の変化で観客の涙をしぼることを目標にした劇。劇の種類からいえば邪劇に属する。

モティーヴ＝モティーフ（Motive＝Motief）動機。機因。きっかけ。

モブ・シーン（Mob Scene）群衆の出る場面。

モノ・ドラマ（Mono-Drama）一人芝居。独劇。

モノローグ（Monologue）独白。

モンタージュ（Montage）フィルムの編集技術。P. 83 参照。

ラスト・シーン（Last Scene）最終場面。P. 250 参照。

リハーサル（Rehearsal）演技の練習。

リリカル（Lyrical）抒情的。情緒的。

レーゼ・シナリオ（Lese Scenario）シナリオの形を借りた新しい文学形式。従って、映画化されることはその場合第一の目的ではない。

ワイプ・アウト（Wipe Out＝略符 W. O）画面が拭うように消えてゆくと同時に、その消え行く部

分に他の画面が現れてくる技法。従ってワイプ・アウトすることは同時にワイプ・インすることでもある。（著者校閲済み）

後記

本書は昭和二十七年八月五日初版、宝文館出版から出版された野田高梧『シナリオ構造論』の復刊である。

復刊にあたって、難読漢字にルビを振り、あるいは旧字を新字に改め、送り仮名を追加し、人名等は現行の呼び名に改める等々の「現代化」を行ったが、書かれている文章は原文そのままである。文中の「フィート・メートル換算表」や「トリック」についての解説、あるいは巻末の「シナリオ用語」はこのデジタル時代にそぐわないのではないかとの声もあったが、原典の歴史的価値も考えてあえて削らないこととした。

本書の出版の話が持ち上がったのは、あたかも私たちが、野田が愛した長野県蓼科での「野田高梧記念蓼科シナリオ研究所」の設立に動いていたときであった。私たちも記念出版に本書の復刊を考えていたときであったので、話は早く、以後事態は迅速に進んだ。まさに「死せる野田、生ける我々を走らせる」という趣きであった。

本書を読み返すと、種々引例される作品は当然ながら古く、未見のものも多いが、そのため却って野田の言わんとする論理が鮮明になってくるという逆説が成立しているように思う。言い換えれば、それは野田が我々に伝えたいことが時代を超えた普遍性を持っているということでもある。

その「普遍」を再び私たちに届けるべく、この書物を世に出す労をとられたフィルムアート社の薮崎今日子、津村エミ、山本純也、千葉英樹の各氏と、日本シナリオ作家協会の加藤正人氏にこの際お礼を申し上げたい。

渡辺千明

野田高梧記念蓼科シナリオ研究所
http://www.noda-tateshina.jp/

野田高梧年譜

凡例

・映画作品の監督名は［　］内に表記した。
・（案）は野田高梧原案。（構）は野田高梧構成。（T）はトーキー作品であることを示す。

年月	経歴	映画作品題名［監督名］	原作
明治26（1893）年	十一月十九日、父・鷹雄（45）、母・勢似（37）の五男、末子として函館市に生まれる。		
明治29（1896）年 三歳	父の長崎税関長転任に伴い長崎に移る。 小学生の頃、父に連れられて初めての活動写真『月世界旅行』『ロンドンの大火』を見る。		
明治37（1904）年 十歳	名古屋の小学校に転校。		
明治41（1908）年 十四歳 ― 十八歳	菅原小学校高等二年を修了、県立愛知一中に入学。スプリンターとして鳴らす。 同級に後に脚本家となるきっかけをつくった小田喬がいたが小田は東京の中学に転校。		

	母が芝居好きだったため、家では映画・芝居見物は公認だったが、学校ではご法度で停学処分七回。五年生になる頃、仲間と同人誌をつくり「文章世界」などに投稿、幾度か入選して文科志望となる。		
大正2(1913)年 十九歳 ― 二十二歳	早稲田大学英文科入学。まだ「活動」よりも芝居好きで、もっぱら市村座に通う。ギリシア劇を専攻するが、卒業論文は「芭蕉」。		
大正6(1917)年 二十三歳	早稲田卒業後、雑誌記者となり「飛行少年」「活動画報」「活動倶楽部」「活動評論」などを転々、傍ら緑川春之助のペンネームで映画批評を書く。		
大正10(1921)年 二十七歳	義兄・小暮理太郎の勧めで、定収入を得るべく東京市役所市史編纂室に入る。六月、山田静(19)と結婚。		
大正12(1923)年 二十九歳	九月、関東大震災。先に松竹蒲田脚本部に入っていた小田喬に誘われて、撮影所長		

	の野村芳亭と会い、試作シナリオ『櫛』を書く。		
大正13（1924）年 三十歳	一月、松竹蒲田脚本部に正式入社。月給百円。最初の仕事は、広津柳郎「骨ぬすみ」の脚色。 七月、所長、城戸四郎に代わる。	四月　骨ぬすみ［島津保次郎］ 十二月　呪はれたる操［島津保次郎］	広津柳浪
大正14（1925）年 三十一歳	春、城戸の了解を得て、一時松竹を退社し、連合映画芸術協会に移り、早稲田以来の親友高田保演出の『水の影』を手伝う。	一月　新己が罪［島津保次郎］ 一月　新乳姉妹［島津保次郎］ 五月　椿咲く国［吉野二郎］ 五月　空は晴れたり［五所平之助］ 七月　郊外の家［重宗務］ 七月　夕立勘五郎［吉野二郎］	
大正15（1926）年 三十二歳		一月　毀れた人形［池田義信］ 二月　小夜子［池田義信］ 三月　若き女の死［重宗務］ 三月　運命の子［鈴木重吉］ 四月　紅燈の影［島津保次郎］ 五月　家［池田義信］ 六月　霧の中の灯［鈴木重吉］ 八月　若き日の罪［重宗務］ 十月　俄か馭者［野村芳亭］ 十一月　コスモス咲く頃［野村芳亭］ 十二月　妖婦五人女・第一篇弁天おさく 十二月　妖婦五人女・第五篇令嬢おすみ	菊池幽芳 城戸四郎 土岐白露 鈴木重吉 山路昇 重宗務 池田義信

昭和2（1927）年 三十三歳	小津安二郎監督昇進第一作『懺悔の刃』を書く。	一月 地下室［蔦見丈夫］	中村吉蔵
		三月 女［島津保次郎］	松居松翁
		五月 新珠［島津保次郎］	菊池寛
		旅役者［島津保次郎］	長田幹彦
		六月 白虎隊［野村芳亭］	岡本綺堂
		七月 処女の死［五所平之助］	五所平之助
		九月 島原美少年録［斎藤寅次郎］	木村毅
		十月 懺悔の刃［小津安二郎］	小津安二郎
昭和3（1928）年 三十四歳	城戸と話らって松竹蒲田脚本研究所を開く。	一月 青春の小径［池田義信］	池田義信
		一月 好きなればこそ［五所平之助］	五所平之助
		三月 海に叫ぶ女［清水宏］	清水宏
		四月 恋愛二人行脚［清水宏］	清水宏
		四月 永遠の心［佐々木恒次郎］	本城学
		六月 富岡先生［野村芳亭］	国木田独歩
		六月 踊れ若者［清水宏］	清水宏
		六月 人の世の姿［五所平之助］	田村平三郎
		十月 愛の行末［池田義信］	
		十一月 陸の王者［牛原虚彦］	畑耕一
		十二月 さらば故郷よ［重宗務］	
昭和4（1929）年 三十五歳		一月 愛人時枝の巻［池田義信］	細田民樹
		四月 雲雀なく里［野村芳亭］	野村芳亭
		五月 浮草娘旅風俗［清水宏］	清水宏
		六月 新女性鑑［五所平之助］	菊池寛
		七月 和製喧嘩友達［小津安二郎］	
		八月 陽気な唄［清水宏］	清水宏
		十月 会社員生活［小津安二郎］	

十一月 ダンスガールの悲哀［佐々木恒次郎］
十一月 明眸禍［池田義信］
十一月 突貫小僧［小津安二郎］
十二月 母［野村芳亭］
十二月 情熱の一夜［五所平之助］

村岡義雄
菊池寛
野津忠二（野田・小津・池田・大久保（忠）の合同ペンネーム）
鶴見祐輔（脚色・池田忠雄）
五所平之助

昭和5（1930）年 三十六歳

一月 結婚学入門［小津安二郎］
一月 鉄拳制裁［野村員彦］
二月 紅唇罪あり［清水宏］
三月 進軍［牛原虚彦］
五月 女は何処へ行く［池田義信］
六月 姉妹篇 母［野村芳亭］
七月 その夜の妻［小津安二郎］
七月 大都会爆発篇［牛原虚彦］
七月 エロ神の怨霊［小津安二郎］
八月 海の行進［清水宏］
九月 青春の血は躍る［清水宏］

大隈俊雄
畑耕一
清水宏
ジェームズ・ボイド
瀬田広吉
久米芳太郎
オスカー・シスゴール
野田高梧
石原清三郎
志茂田照（清水宏や野田の合同ペンネーム）
（脚色・志茂田照）

年	事項	月	作品	
		十月	足に触った幸運［小津安二郎］	
		十月	絹代物語［小津安二郎］	
		十月	恋の借金狂ひの戦術［斎藤寅次郎］	赤穂春雄
昭和6（1931）年 三十七歳	『東京の合唱』執筆。	一月	感激の春［池田義信］	
		一月	餓鬼大将［清水宏］	津島対三
		三月	壊け行く珠［野村芳亭］	菊池寛
		三月	受難の青春［佐々木康］	佐々木康
		五月	街の浮浪者［池田義信］	下村千秋
		六月	暴風雨の薔薇［野村芳亭］	吉屋信子
		八月	人生の風車［清水宏］	湯原海彦
		八月	ルンペンとその娘［城戸四郎］	
		八月	東京の合唱［小津安二郎］	北村小松
		十月	青春図会［清水宏］	菊池寛
		十二月	七つの海　前篇・処女篇［清水宏］	牧逸馬
昭和7（1932）年 三十八歳		二月	七つの海　後篇・貞操篇［清水宏］	牧逸馬
		二月	相思樹［池田義信］	牧逸馬
		三月	満州行進曲［清水宏／佐々木康］	蒲田脚本部
		八月	輝け日本の女性［野村浩将］	水島あやめ
		九月	白夜は明くる［清水宏］	久米正雄
		十月	青春の夢いまいづこ［小津安二郎］	
		十一月	学生街の花形［清水宏］	藤代千里
		十一月	また逢ふ日まで［小津安二郎］	
		十二月	生さぬ仲［成瀬己喜男］	柳川春葉
昭和8（1933）年 三十九歳		一月	眠れ母の胸に［清水宏］	
		二月	東京の女［小津安二郎］	エルンスト・シュワルツ

		三月　応援団長の恋（T）［野村浩将］	
		三月　孔雀船［池田義信］	加藤武雄
昭和9（1934）年　四十歳		五月　日本女性の歌（T）［池田義信］（脚本斎藤良輔）	（構）
		五月　母を恋はずや［小津安二郎］	小宮周太郎（構）
		七月　新婚旅行（T）［野村浩将］（原作戯曲）	野田高梧
		七月　光輝満州国［石川和雄］	（構）（脚本斎藤良輔・潤色王之祐・満州国で公開）
		十月　都会の感傷［勝浦仙太郎］	野田高梧
昭和10（1935）年　四十一歳	都新聞に小説『麗人社交場』連載。この年から翌年にかけて脚本部長となる。	一月　箱入り娘［小津安二郎］	式亭三右
		三月　妹の告白［深田修造］	
		九月　麗人社交場（T）［野村浩将］	野田高梧
		おやじ教育［宗本英男］（未公開）	高木俊朗
昭和11（1936）年　四十二歳	撮影所、大船に移転。 十一月、各社の脚本家が集い、シナリオライター協会を創立、初代会長に推される。	一月　奥様借用書（T）［五所平之助］	アンリ・パニヨル
		一月　車に積んだ宝物［斎藤寅次郎］	斎藤寅次郎
		五月　下田夜曲［宗本英男］	本間一
		六月　結婚の条件（以後全部T）［池田義信］	菊池寛
		十月　嘆きの母［宗本英男］	宗本英男
		十一月　新道　前篇・朱実の巻［五所平之助］	菊池寛
		十一月　愛の一つ家［佐々木康］	佐々木康
		十二月　新道　後篇・良太の巻［五所平之助］	菊池寛

昭和12（1937）年 四十三歳	日華事変勃発。	一月 秋怨［深田修造］ 一月 花籠の歌［五所平之助］ 三月 桃子の貞操［深田修造］ 六月 仰げば尊し［斎藤寅次郎］ 八月 男の償ひ 前篇［野村浩将］ 八月 男の償ひ 後篇［野村浩将］ 十月 吼えろ銀ちゃん［斎藤寅次郎］ 十一月 暁は遠けれど［佐々木康］ 十一月 母の勝利［斎藤寅次郎］	片岡鉄兵 岩崎文隆 宇野千代 国木田独歩 吉屋信子 吉屋信子 竹田敏彦
昭和13（1938）年 四十四歳	『愛染かつら』が予想外の大ヒット作となる。	二月 風の女王［佐々木康］ 四月 生活の勇者［深田修造］ 四月 わが心の誓い［宗本英男］ 六月 国民の誓［野村浩将］ 九月 愛染かつら 前後篇［野村浩将］ 十月 西海岸の娘達［佐々木啓祐］ 十月 美枝子の兄［原研吉］ 十一月 第一戦の人々［深田修造］	片岡鉄兵 小田優 リヒアルト・アングスト 川口松太郎
昭和14（1939）年 四十五歳	映画法施行、政府による映画統制強化。	一月 向日葵娘［佐々木啓祐］ 一月 まごころ繁盛記［深田修造］ 二月 女こそ家を守れ［吉村公三郎］ 五月 続愛染かつら［野村浩将］ 六月 栄華絵巻［蛭川伊勢夫］ 七月 母を讃へる歌［原研吉］ 十一月 愛染かつら 完結篇［野村浩将］	宇野千代 竹田敏彦 川口松太郎 片岡鉄兵 川口松太郎

		十二月　新妻問答［野村浩将］	
昭和15（1940）年　四十六歳	内務省による脚本の事前検閲が始まる。『西住戦車長傳』シナリオ執筆のため、原作者菊池寛らとともに中支を巡る。	十月　冬木博士の家族［大場秀雄］ 十一月　西住戦車長伝［吉村公三郎］ 或る女の日記（映画化中止） 女三人（映画化中止）	鈴木彦次郎 菊池寛 窪川稲子
昭和16（1941）年　四十七歳	十二月、太平洋戦争勃発。昭和九年頃から始まった早稲田映画科の講義ノートを少しずつまとめはじめる。	一月　妻の楽園［佐々木康］ 四月　父なきあと［瑞穂春海］ 五月　元気で行かうよ［野村浩将］ 五月　脂粉追放［佐々木康］ 十月　何処へ［佐々木康］	 氏原大作 竹田敏彦 石坂洋次郎
昭和17（1942）年　四十八歳		一月　家族［渋谷実］ 六月　日本の母［原研吉］ 十二月　京洛の舞［野村浩将］	
昭和18（1943）年　四十九歳		十月　仮面の舞踏［佐々木啓祐］ 十一月　母の記念日［佐々木康］	 佐々木孝丸
昭和19（1944）年　五十歳	映画の製作本数激減。もっぱら読書に明け暮れる。	一月　おばあさん［原研吉］ 九月　君こそ次の荒鷲だ［穂積利昌］ 十一月　野戦軍楽隊［マキノ正博］	獅子文六 田辺新四郎
昭和20（1945）年　五十一歳	大井の長兄宅に置いたままの蔵書、空襲で焼失。 八月、終戦。 十一月、松竹大船撮影所従業員組合結成。担がれて二十一年四月まで委員長を務める。	怒濤の進撃（映画化中止） 歌の風（映画化中止）	（案）

	年末の団体交渉で城戸四郎と対立。		
昭和21（1946）年 五十二歳	小川帰正の尽力で六月より創刊した同人誌「シナリオ」に「シナリオ方法論」の連載開始。 九月、松竹の体制変更に伴い退社。	四月　お笑ひ週間「笑ふ宝船」［川島雄三］ 四月　女性の勝利［溝口健二］	
昭和22（1947）年 五十三歳	九月、戦時中解散させられていたシナリオ作家協会再結成。会長に選任される。 終戦前後より持病の胃潰瘍悪化。 この頃、日大芸術科の客員教授となるも、一、二年で辞める。		
昭和23（1948）年 五十四歳	十月、「シナリオ方法論」をまとめ、シナリオ社より出版。	五月　かくて忍術映画は終わりぬ［小杉勇］	池田忠雄（構）
昭和24（1949）年 五十五歳	戦後の小津との連作第一作『晩春』執筆。 以後『東京物語』まで、湘南・茅ヶ崎館に三〜四ヵ月合宿してシナリオ執筆。	二月　わが恋は燃えぬ［溝口健二］ 九月　晩春［小津安二郎］	（案） 広津和郎
昭和25（1950）年 五十六歳	一月、シナリオ作家協会、社団法人となり、引き続き会長に推される。 十一月より「続・シナリオ方法論」を「シナリオ」誌に連載。	一月　宵待草恋日記［原研吉］ 八月　宗方姉妹［小津安二郎］ 九月　火の鳥［田中重雄］	立野信之 大仏次郎 川口松太郎

昭和26（1951）年 五十七歳	『麦秋』執筆。	二月 善魔［木下恵介］ 十月 麦秋［小津安二郎］	岸田国士
昭和27（1952）年 五十八歳	十月、「シナリオ方法論」に「続・シナリオ方法論」の一部を加え、『シナリオ構造論』として宝文館より出版。	七月 母の山脈［佐々木康］ 十月 お茶漬の味［小津安二郎］	清閑寺健
昭和28（1953）年 五十九歳	『東京物語』執筆。	二月 夢見る人々［中村登］ 五月 落葉日記［瑞穂春海］ 十一月 東京物語［小津安二郎］	吉屋信子 岸田国士
昭和29（1954）年 六十歳		五月 陽は沈まず［中村登］	
昭和31（1956）年 六十二歳	『早春』執筆。	一月 早春［小津安二郎］	
昭和32（1957）年 六十三歳		四月 東京暮色［小津安二郎］ 十一月 大根役者［小津安二郎］（映画化中止）	
昭和33（1958）年 六十四歳	『彼岸花』執筆。 十一月、神奈川文化賞を受ける。	九月 彼岸花［小津安二郎］	里見弴
昭和34（1959）年 六十五歳	『お早よう』執筆。 『浮草』執筆。	三月 風のうちそと［岩間鶴夫］ 五月 お早よう［小津安二郎］ 七月 背中を掻いて頂戴な［尾崎甫］ 十一月 浮草［小津安二郎］	吉屋信子

昭和35（1960）年 六十六歳	『秋日和』執筆。 十一月、紫綬褒章を受ける。	十一月　秋日和［小津安二郎］	里見弴
昭和36（1961）年 六十七歳	三月、小津とともに芸術選奨文部大臣賞を受ける。 『小早川家の秋』執筆。	十月　小早川家の秋［小津安二郎］	
昭和37（1962）年 六十八歳	『秋刀魚の味』執筆。	一月　千客万来［中村登］ 十月　続・愛染かつら［中村登］ 十一月　秋刀魚の味［小津安二郎］	川口松太郎
昭和38（1963）年 六十九歳	十二月十二日、小津安二郎逝去		
昭和40（1965）年 七十一歳		一月　母の歳月［水川淳三］	
昭和41（1966）年 七十二歳	ドラマ『焚火のけむり』でTVドラマにも仕事を拡げる。		
昭和42（1967）年 七十三歳	四月、勲四等旭日小綬章を受ける。		
昭和43（1968）年 七十四歳	九月二十三日午前五時二十分、蓼科・雲呼荘で急性心筋梗塞のため死去。 九月二十六日鎌倉円覚寺でシナリオ作家協会葬。		

（作成・山内玲子）

本書について

・本書は野田高梧著『シナリオ構造論』（一九五二年、宝文館出版）の復刻版である。
・今日の人権意識に照らして不当・不適切と思われる語句や表現については、本書の時代的背景と歴史的価値を鑑み、そのままとした。

【著者略歴】野田高梧（のだ・こうご）

一八九三（明治二六）年一一月一九日、北海道函館で生まれる。早稲田大学卒業後、雑誌社、東京市役所を経て一九二四（大正一三）年、松竹蒲田脚本部入社。第一作『骨盗み』（広津柳浪原作）を脚色、以後一貫して松竹の代表的脚本家として活動。一九二七（昭和二）年には小津安二郎の監督昇進第一作『懺悔の刃』を書く。翌二八年撮影所長・城戸四郎と語らって「松竹蒲田脚本研究所」を開設。一九三六（昭和一一）年、初代日本シナリオ作家協会会長。一九三八（昭和一三）年の『愛染かつら』は爆発的なヒットとなる。

戦後は『晩春』（一九四九年）以降、『麦秋』『東京物語』の「紀子三部作」を始めとする小津安二郎との共同脚本でも知られ、とりわけ後期の『東京暮色』（一九五七年）以降は蓼科の野田山荘（雲呼荘）が二人の仕事場となった。

一九六八（昭和四三）年九月二三日、雲呼荘で急性心筋梗塞のため死去。

シナリオ構造論

2016年7月15日　初版発行
2025年5月25日　第4刷

著者　野田高梧
デザイン　松田晴夫
発行者　上原哲郎
発行所　株式会社 フィルムアート社
〒150-0022
東京都渋谷区恵比寿南1-20-6 プレファス恵比寿南
tel 03-5725-2001　fax 03-5725-2626
https://www.filmart.co.jp/
印刷・製本　シナノ印刷株式会社

Printed in Japan
ISBN978-4-8459-1613-9　C0074